AF542982

La sabiduría del Tarot

La sabiduría del Tarot

Arcanos mayores

Rachel Pollack

Traducción de Natalia Barry

KEPLER
Argentina – Chile – Colombia – España
Estados Unidos – México – Perú – Uruguay

Título original: *Tarot wisdom spiritual teachings and deeper meanings*
Editor original: Llewellyn Publications
Traducción: Natalia Barry

1.ª edición: octubre 2025

Este libro se publica en virtud de un acuerdo con Llewellyn Publications Woodbury, MN 55125 USA
www.llewellyn.com

López de Hoyos, 92, Planta Baja Derecha – 28002 Madrid
www.edicioneskepler.com

ISBN: 978-84-19656-05-6
E-ISBN: 978-84-10495-35-7
Depósito legal: M-15.462-2025

Fotocomposición: Urano World Spain, S.A.U.

Impreso por: Rodesa, S.A. – Polígono Industrial San Miguel – Parcelas E7-E8
31132 Villatuerta (Navarra)

Impreso en España – *Printed in Spain*

Dedico este libro a Zoe Matoff, quien organizó el curso intensivo que luego sufriría durante los meses de escritura del libro surgido de aquellas clases, y a todas las personas maravillosas que brindaron su tiempo, conocimiento y entusiasmo en los talleres, especialmente a Carey Croft, a Barbara Eres y a Scott Martin.

«Nada se aprende si no es con diversión».

IOANNA SALAJAN

Índice

Introducción

Mi primer encuentro con el tarot fue a principios de la década de 1970, cuando tuve mi primera lectura. Para cuando salga a la luz este libro habré trabajado y estudiado con esas cartas, y también jugado con ellas, durante más de cuarenta años. El número no es casual: es el total de las cartas numeradas, del as al diez, en cada uno de los palos, de la parte del mazo conocida como «Arcanos Menores». Fue gracias al tarot que aprendí sobre algunas tradiciones espirituales y esotéricas de cuya existencia ni siquiera sabía. He presenciado unas cuantas sorpresas y verdades de gran sutileza en el comportamiento humano, y he alcanzado, podría decirse, una mejor comprensión de temas como el libre albedrío y hasta del significado de lo «sagrado».

Me pasé la vida escribiendo historias, pero me convertí en escritora de no ficción para poder contarles a las personas lo que entendía de las cartas (mi primer libro sobre tarot se publicó al mismo tiempo que mi primera novela). Fue gracias al tarot que viajé por distintos países, invitada por personas que querían aprender de mí, y he forjado amistades que mantengo desde hace décadas, sin importar en qué parte del mundo vivimos.

Aquel primer libro sobre tarot era *Los setenta y ocho grados de sabiduría del tarot*, y en inglés se publicó en dos partes: la primera en 1980 y la segunda en 1983. Su contenido provenía de un curso semanal que impartí en Ámsterdam, Países Bajos, ciudad donde viví durante diecinueve años. Me pareció que había logrado acercarme a las cartas desde un lugar que hasta entonces no había visto en ningún otro lado. En parte tenía que ver con usarlas, al momento de la lectura, como el principal modo de adentrarnos en los niveles más profundos de su significado, también en cuanto a sus verdades y secretos espirituales y metafísicos. En aquel entonces, las lecturas tendían a basarse en significados que eran como fórmulas para cada carta o, en otros casos, en un sistema estricto de ideas ocultas. Mi enfoque tenía un énfasis en la psicología, el mito, la filosofía esotérica; y la interpretación de las cartas que surgía de la lectura era como la suma de momentos distintos de la vida de alguien, o de un relato, o de un sueño.

Con los años, numerosas personas me han dicho que encontraron grandes beneficios en la lectura de esta obra, y aun así, desde entonces, ha habido muchas novedades en el mundo del tarot: se publicaron muchos mazos nuevos, entre ellos el mío, llamado «tarot de la Tribu Luminosa»; y surgieron interpretaciones brillantes, junto con mazos y libros que relacionan las cartas con algunas mitologías específicas o tradiciones esotéricas puntuales. Por fin fueron publicados muchos materiales que se habían mantenido en secreto durante generaciones. Además, sabemos más sobre la historia del tarot, y por eso sé que no son ciertas algunas ideas que afirmaba en mi libro; por ejemplo, que las cartas de juego derivan de las de tarot.

Con todos estos avances, sumados a que mis propias ideas habían evolucionado, me pareció que era buen momento para volver con otro libro con una interpretación detallada del mazo completo, una vez más, carta por carta. Y, por cierto, así como *Los setenta y ocho grados de sabiduría del tarot* había surgido de mis clases en Ámsterdam, *La sabiduría del tarot* nació de unos talleres que ofrecí, de un día de duración cada uno, y que por eso los llamé «Intensivos de tarot». En esas clases podíamos pasarnos la mañana o tarde entera trabajando con una o dos cartas como máximo, intercambiando sobre todo tipo de enfoques: desde comparar entre diversos mazos hasta analizar el significado histórico de las cartas y el modo en que evolucionó durante los últimos dos siglos, o también cómo realizar una lectura completa basada en las ideas centrales de una sola carta.

Una particularidad de esos intensivos era que estudiábamos la historia y analizábamos el significado que las primeras personas en practicar la cartomancia (la lectura de cartas) le asignaban a cada una de ellas. En estas cuestiones nos ayudó mucho un texto de aquel momento, *Los orígenes místicos del tarot*, de Paul Huson, cuyo primer libro, *El libro de imágenes del Diablo*, era uno de mis preferidos cuando empecé a aprender sobre las cartas.

Este segundo libro de Huson sobre los orígenes del tarot forma parte de un conjunto de obras nuevas y muy emocionantes de distintos autores que intentan acercar posturas entre el estudio académico de la historia del tarot y la tradición de la interpretación oculta o espiritual. El conocimiento de la historia del tarot viene dando pasos agigantados en la última década. Ahora sabemos mucho más sobre los orígenes de las cartas del mazo y, no solo eso, también sobre la fuente más probable en la que se inspiraron la mayoría de las imágenes. En cierta medida, quienes escribieron esta investigación parecían defender algunos intereses que iban en contra de lo oculto; consideraban que de lograr refutar la doctrina mística que justificaba el origen secreto del tarot harían que todos los conceptos y el simbolismo construido a su alrededor se vieran como un absurdo. Y así, todas las personas que, como yo, creemos que hay una verdad espiritual en las cartas del tarot, tendríamos que aceptar que todo es un palabrerío sin sentido, que el tarot se inventó nada más que como un juego, y que todo el resto es mera fantasía. En contra de esta visión extrema de las cosas, la reacción de algunos y algunas tarotistas fue la de ignorar por completo la perspectiva histórica. Visto así, el tarot puede provenir o del antiguo Egipto, o de la Atlántida, o de donde sea (hay más ejemplos más adelante) sin importar lo que digan esas dichosas investigaciones.

Pero hubo también personas que abordaron la cuestión de otro modo, como Huson, Mary K. Greer y Robert Place, entre las menciones más destacables. Para este grupo, las investigaciones académicas pueden generar una visión más amplia de las cartas y, a su vez, deben poder incorporar conceptos que vienen construyéndose en torno al tarot desde el siglo XVIII (ver la breve referencia histórica a continuación), así como el misterio que implica la posibilidad de que aquellos primeros inventores del juego del tarot bien puedan haber concebido las imágenes como alegorías con una enseñanza.

Huson, en su libro, brinda una enumeración de los significados de las cartas según los primeros cartománticos, empezando por «Pratesi». Este fue un historiador contemporáneo que, gracias a un manuscrito que encontró sobre el tarot, pudo asignar unos cuantos significados simples a varias cartas. El manuscrito es anónimo, está datado alrededor de 1750 y, como los primeros significados publicados son de 1781, constituye la primera lista conocida de lo que hoy llamamos «significados adivinatorios». Y también la primera señal de que las cartas del tarot se usaban para leer el futuro.

Cuando iba leyendo las distintas interpretaciones históricas de cada carta una tras otra —Huson nos lleva desde Pratesi hasta principios del siglo XX—, me di cuenta de algo fascinante: para muchas de ellas, el significado más antiguo se aleja muchísimo del que le asignamos hoy. Por ejemplo, tomemos El Loco. Actualmente vemos en esta figura a un ser inocente y sabio, que se abre camino en el mundo con su intuición a flor de piel. Sin embargo, hace tiempo la gente lo veía como una suerte de esquizofrénico que vivía en la indigencia, sin hogar. Y no me refiero aquí a quienes leían las cartas sin saber nada del significado espiritual u oculto del tarot, sino justamente a quienes escribieron los libros y diseñaron las cartas. Cuando fui viendo todo esto, me empezó a parecer cada vez más válido dedicar algo de atención al estudio de la evolución en el tiempo de la interpretación de cada carta.

RIDER Y MARSELLA: *El Hierofante*

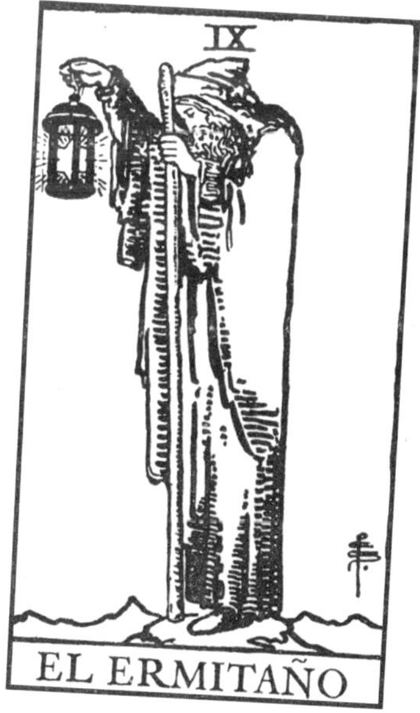

MARSELLA Y RIDER: *El Ermitaño*

Términos

Quizá sea momento de tomarnos una pausa y explicar cómo entiendo el uso de dos palabras importantes: oculto y esotérico. A algunas personas, la palabra «oculto» les hace pensar en sacrificios humanos, adoración del Diablo y otras prácticas aterradoras que solo están en películas de serie B o en las fantasías predicadas por ciertos fundamentalistas. Que algo está oculto no significa otra cosa que eso: que está «escondido», y el término hace referencia a una tradición y un conjunto de ideas cuyos seguidores piensan que son la descripción científica de las diferentes dimensiones de la existencia. Yo lo uso principalmente para referirme a símbolos y conceptos que han influido en el tarot durante los últimos dos siglos y medio.

«Esotérico» significa «enseñanzas o conceptos internos», que es lo opuesto de «exotérico». En la religión, el nivel exotérico por lo general implica códigos morales y mandamientos del tipo «Amarás a tu prójimo como a ti mismo» (tomado del Levítico y citado por Jesús como la enseñanza básica de la Ley). Esotérico, por el contrario, significa relacionado con los niveles más sutiles, esos que no pueden explicarse en términos simples y convencionales. De esta forma, para volver a citar a Jesús, cuando dice: «A menos que se vuelvan como niños no podrán ingresar al Reino de los Cielos», probablemente no se refiera a algo como que el cuerpo se nos ponga más pequeño y sano, y que nos olvidemos de todo lo que aprendimos desde la escuela. Esta oración podría considerarse esotérica, ya que no puede entenderse literalmente, sino solo en un nivel simbólico, interior.

Aquí me gustaría agregar que, en varias partes de este libro, voy a citar o referirme a diferentes tradiciones religiosas, en particular al cristianismo y al judaísmo. De ningún modo lo hago como aval de estas creencias, sino porque me sirven simplemente para ilustrar conceptos. El hecho es que el tarot surge de antecedentes cristianos —de la Europa del Medievo tardío e inicios del Renacimiento—, y esas eran las ideas e imágenes presentes en aquel momento, al igual que los ángeles que dieron origen a las imágenes. Y tal como veremos en un momento, el tarot se ha vinculado a la Kabbalah, una tradición mística originada en el judaísmo (por eso a veces vemos letras hebreas en las cartas), de modo que también se aplican las historias judías y sus símbolos. Pero todo esto se encuentra en el nivel esotérico, no es que se proponga un aval ni se requiera una creencia en las enseñanzas o reglas externas. También veremos historias e ideas del paganismo, del antiguo Egipto, de Grecia, del taoísmo, de los dioses hindúes y de otras fuentes. Y no hay que creer en algo o practicar ninguna religión para leer las cartas del tarot.

Un comentario final sobre el esoterismo: hay quienes usan este término para referirse a un conjunto de conceptos y datos que se alejan de lo considerado «normal». Por ejemplo, digamos que levantas el rey de bastos en una tirada: hay libros de tarot que indican que se refiere a una persona, un hombre de determinada edad, con un color de pelo y temperamento específicos; esto podría atribuirse al nivel exotérico. Sin embargo, otros libros dirán que se refiere a lo que se llama «Fuego de los Fuegos» (que explicaremos más tarde, en la sección sobre las cartas de la corte), el signo astrológico de Aries y otras informaciones de este tipo, que algunos llaman esotéricas porque no se las encuentra entre las definiciones más usuales, pero, a mi modo de ver, la información en sí no es esotérica, aun cuando provenga de fuentes oscuras o misteriosas.

Yo entiendo lo esotérico como algo que requiere un nivel de entendimiento más allá de lo que puede enumerarse en una lista. Necesitamos los niveles exteriores para despertar nuestra respuesta hacia las cartas, pero esas respuestas deben venir en parte del interior. Las cartas del tarot trabajan sobre nuestra conciencia con tanta fuerza porque las imágenes llevan en ellas siglos de información simbólica, y justamente por ser imágenes podemos responder en un nivel que no es racional.

Hay dos cartas del mazo que nos muestran los niveles de enseñanza exotérico y esotérico: El Hierofante y El Ermitaño.

Originalmente llamado «El Papa», El Hierofante nos muestra una tradición religiosa por la cual los discípulos deben inclinarse para recibir la palabra oficial de parte de un sacerdote. Por el contrario, El Ermitaño, se ubica en un sitio elevado y sostiene una lámpara que ilumina con la luz de la verdad, para todo aquel que logre subir tan alto que pueda verla y responder a ella.

Una (muy) breve historia del tarot

Para empezar, hablemos del mazo en sí: el tarot consta de setenta y ocho cartas divididas en dos partes llamadas «Arcanos Mayores» y «Arcanos Menores» («arcano» significa «secreto», es decir, oculto). Las cartas menores son las de los cuatro palos, por lo general llamados «bastos» (o tréboles, en los mazos de cartas de póquer), copas (corazones), espadas (picas) y oros (diamantes). Los palos han tenido diferentes nombres a lo largo de los siglos, los veremos más adelante, pero, por ahora, con esos cuatro estaremos bien. Los Arcanos Mayores constan de veintidós cartas con un número y un nombre. Los números van del 1 al 21, y hay una carta extra, el 0, que es El Loco. Hay personas que lo ubican por separado, pero la mayoría lo incluye entre las cartas Mayores, que también llevan el nombre de «triunfos», porque en el juego de cartas del tarot les ganan o «triunfan» sobre las cartas de los cuatro palos.

Tal vez sorprenda saber que existe un juego que se disputa con las cartas del tarot. En francés se llama *les tarots*, y en italiano *tarocchi*; hace cientos de años que se juega y aún es muy popular hoy día, incluso se disputan ligas y torneos internacionales.

Entonces, ¿de dónde viene el tarot? Antes de dar mi propio resumen de lo que entiendo que se sabe de la historia, vale la pena echar un vistazo a las diversas afirmaciones hechas —en general, con total confianza— sobre los orígenes del tarot. Lo que sigue es la lista que compilé para uno de mis libros, *El viaje del tarot: Un paseo por el bosque de las almas*.

> El tarot es la representación de los mitos sagrados de los romaníes (o gitanos), disfrazados en forma de cartas durante los siglos del exilio de su tierra natal Roma, en la India —o Egipto— u otras regiones. El tarot es un juego de cartas renacentista inspirado en

las procesiones anuales de carnaval, llamadas «triunfos». El tarot es un juego de cartas derivado de las procesiones anuales, llamadas «thriambos», en honor al dios Dioniso, creador del vino. El tarot oculta/revela las enseñanzas numéricas secretas de Pitágoras, un místico griego que vivió en la época de Moisés y que influyó en el pensamiento de Platón. El tarot representa las enseñanzas orales secretas de Moisés recibidas directamente de Dios. El tarot lleva en sí el conocimiento perdido de la Atlántida, un continente que se hundió y que fue descrito por primera vez por Platón. El tarot es un juego de cartas importado de Palestina y Egipto durante las cruzadas. El tarot es un sistema de memoria amplio para el Árbol de la Vida, un diagrama de las leyes de la creación. El tarot esconde a simple vista la sabiduría del dios egipcio Thoth, maestro de todo el conocimiento. El tarot muestra algunas iniciaciones al templo egipcio. El tarot muestra algunas iniciaciones a los templos tántricos. El tarot preserva la sabiduría de las brujas iniciadas por la Diosa, en los largos y oscuros siglos de la religión patriarcal. El tarot traza el mapa de los patrones de la luna en el sistema astrológico de Caldea. El tarot fue creado por el gremio de los papeleros, el último resabio de los catares, herejes del cristianismo perseguidos brutalmente por la Iglesia romana. Todo lo anterior y más. Quienes han escrito libros sobre tarot se han proclamado como su único y auténtico origen.

Curiosamente, de todas estas teorías, la más aceptada a día de hoy es la del juego de cartas simbólico, aunque hay quienes defienden (y a veces con vehemencia) distintas posturas sobre las fuentes y los conceptos originales de aquel juego y sus imágenes claramente alegóricas. A pesar de la insistencia en las fuentes orientales o misteriosas, las imágenes originales provienen de escenas conocidas, principalmente religiosas, halladas en el norte de Italia a finales de la Edad Media.

El primer mazo que se conoce casi completo —salvo algunas pocas cartas que faltan— data de 1450 y proviene de la ciudad-estado de Milán. Es el llamado «Visconti-Sforza» y probablemente fue pintado por un artista de nombre Bonifacio Bembo como regalo de bodas a un matrimonio entre dos familias nobles (los Visconti eran la nobleza gobernante en Milán en aquella época). Usaremos una versión contemporánea de este mazo, el «tarot Visconti», como uno de los mazos de base para las distintas cartas.

VISCONTI: *El Hierofante, ocho de copas y reina de bastos*

Entonces, si el tarot nació como un juego de cartas, ¿de dónde vienen estas otras ideas? ¿Y acaso se vuelven inválidas ahora que conocemos la «verdad»? Está claro que yo no pienso así, de lo contrario no estaría escribiendo este libro. Para empezar, recordemos que las pinturas originales eran imágenes simbólicas cuyos temas eran, por ejemplo, la justicia y la resurrección de los muertos. Puede que no procedieran de la Atlántida, pero se originaron en una tradición muy antigua de imágenes con varios niveles de significado. Y, aun así, no es esta la verdadera razón que subyace a todas esas afirmaciones descabelladas. La razón es el poder del mito.

En la segunda mitad del siglo XVIII hubo un erudito francés llamado Antoine Court de Gébelin que publicó un estudio descomunal de las tradiciones esotéricas titulado *Le Monde Primitif* («El mundo primitivo»).

Aquí «primitivo» no es sinónimo de tosco o salvaje, sino un estado más exaltado, una Edad de Oro. En el octavo volumen de esta obra grandiosa Court de Gébelin relata algo sorprendente: en una visita a una amiga suya, una tal Madame de la H., ella le habla sobre la nueva moda maravillosa que arrasaba en París: un juego de cartas estupendo llamado *les tarots*.

Al ver las cartas, Antoine queda muy sorprendido, porque de inmediato reconoce el equivalente pictórico de las enseñanzas antiguas del dios egipcio Thoth, también conocido como Hermes (véase la sección sobre El Mago para más información sobre esta figura y el término que deriva de su nombre, «hermético»).

En su capítulo sobre el tarot, Court de Gébelin desarrolló algunas ideas sobre el significado de las cartas y le dio espacio a un colaborador, el Conde de Mellet, quien agregó sus propios significados. La investigadora Mary Greer, entre otros expertos en historia del tarot, cree que toda esta historia del gran «descubrimiento» en realidad encubría algo. Ambos autores eran masones y es posible que esta sociedad tuviera una visión esotérica del tarot durante un tiempo. Por las razones que fueran, ya sean de la orden o de los hombres en sí, se decidió hacer pública la cuestión, y como los masones eran una orden secreta necesitaban anunciar lo que sabían de modo plausible.

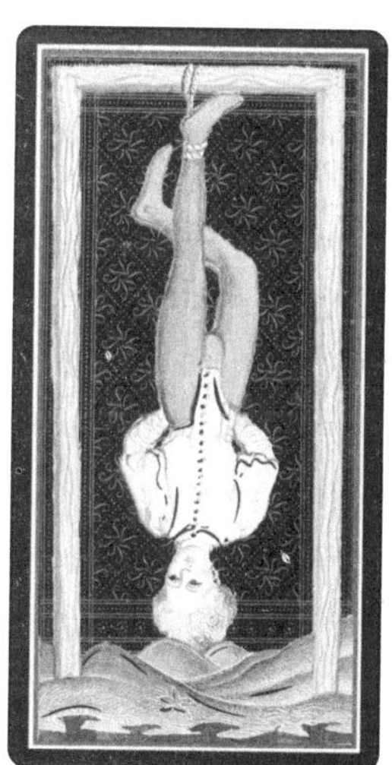

VISCONTI: *La Papisa/ La Suma Sacerdotisa y El Colgado*

MARSELLA: *El Mago y La Fuerza*

RIDER: *El Mago y La Fuerza*

Lo extraordinario de esta historia no es la información en ella, sino la idea que implica. El concepto de un gran secreto escondido en un humilde juego de cartas ha cautivado desde el siglo XVIII. Se ha vuelto el mito central del tarot, al punto de que hace ya más de dos siglos que se discute el tipo de sabiduría que ocultaban las cartas, y siempre se asume que hay algo oculto.

Es que no es fácil resistirse a esta idea. Muchas de las cartas de las épocas más antiguas parecen en verdad sugerir un significado oculto. Por ejemplo, ¿qué nos sugiere una mujer que lleva el atuendo de una abadesa y la triple corona del papa? ¿Acaso esta «papisa» (femenino de papa) no es más que una sátira del sacerdocio puramente masculino de la Iglesia, o podría sugerir algo más complejo? (Para más información sobre esta carta, véase la sección sobre La Suma Sacerdotisa).

¿Y qué hay de «El Colgado»? Según las investigaciones históricas, la imagen deriva de la costumbre de colgar traidores boca abajo, pero lo que llama la atención es la actitud tranquila y la expresión casi serena de las versiones más antiguas.

En la época de Antoine Court de Gébelin y del Conde de Mellet, las imágenes estándar del tarot eran de un estilo conocido como «el tarot de Marsella», llamado así por el puerto francés, aunque aparecen por toda Europa. Aquí también se observan posibilidades sutiles de simbolismo. En la carta que hoy llamamos «El Mago», el hombre lleva un sombrero de ala ancha que gira como un signo de infinito. Lo mismo ocurre con la mujer de La Fuerza. En mazos modernos vemos un símbolo en concreto por encima de las cabezas de estos dos personajes, pero la sugerencia ya estaba desde el tarot de Marsella.

Una tradición propia

El hecho es que el tarot no necesita un origen antiguo. Siguiendo la idea de que el tarot contiene verdades secretas, se ha desarrollado una tradición amplia y compleja de simbolismo y significados derivados de ellos. Aquí solo vamos a ver las líneas más generales de esta historia. En dos de los artículos de *Le Monde Primitif* los autores sugerían que a las veintidós cartas de los triunfos —que hoy llamamos «Arcanos Mayores»— se las podía relacionar con las veintidós letras del alfabeto hebreo. ¿Y por qué?

La respuesta sencilla es: la Kabbalah, esa antigua tradición del misticismo judío aceptada y adaptada por esoteristas cristianos en la misma época de las primeras cartas de tarot conocidas, y que trata a las letras como sagradas, implicadas en la creación misma del universo. Según el texto más antiguo de la Kabbalah, el *Sefer Yetsirah* («Libro de la formación»), el mundo fue creado a partir de diez números y veintidós letras. Esta comparación es sorprendente si tenemos en cuenta que los Arcanos Mayores del tarot son veintidós y cada palo tiene diez cartas (numeradas del as al diez).

A mediados del siglo XIX, un ocultista francés llamado Éliphas Lévi (por su lealtad a la Kabbalah tomó un nombre hebreo) desarrolló un sistema más completo de correspondencias entre el tarot y la Kabbalah. Después de Lévi, otra persona, Paul Christian (originalmente Jean-Baptiste Pitois) desarrolló la imaginería egipcia para el tarot, junto con las ideas sobre qué significado tiene cada carta, que han influido en los lectores desde entonces. El artista Maurice Otto Wegener creó un conjunto de imágenes para las cartas de triunfo del tarot basándose en el trabajo de Christian, y también influyó en el arte del tarot que le siguió. Existe una versión moderna de las imágenes de Wegener que se publicó no hace mucho como el tarot egipcio, y la estudiaremos aquí junto con los Arcanos Mayores.

En 1888 hubo un grupo de esotéricos dirigidos por Samuel L. MacGregor Mathers, Wynn Westcott y William K. Woodman que fundaron una organización importante llamada «la Orden Hermética de la Aurora Dorada». Esta orden recurrió al tarot y a un símbolo cabalístico llamado «el Árbol de la Vida» para sintetizar una gran cantidad de información de varias fuentes: la Kabbalah, la astrología, el neoplatonismo, el cristianismo esotérico, la masonería, la magia medieval, los dioses paganos y mucho más. Todo esto estaba al servicio de una causa superior: elevar el nivel del ser de una persona para que pudiera convertirse en un verdadero mago o una verdadera maga. Esta era la idea que sostenía Paul Christian sobre los Arcanos Mayores, que sentó las bases para el desarrollo de un «magus», pero luego la Aurora Dorada llevó este proyecto mucho más lejos y creó rituales poderosos y complicados en concordancia con su estructura compleja para el tarot. A medida que repasemos las cartas y estudiemos cómo interpretarlas, nos reencontraremos una y otra vez con la Orden Hermética de la Aurora Dorada.

En definitiva, entre lo que más influyó sobre el tarot moderno podemos nombrar un único mazo creado por dos antiguos miembros de la organización, el mago y estudioso de las cartas Arthur Edward Waite (quien además dirigió la orden durante un tiempo) y la artista Pamela «Pixie» Colman Smith. En 1909 la imprenta londinense Rider publicó su propio mazo, y Waite lo calificó de «verdadero y corregido». El «mazo Rider», como lo llama la mayoría (o en su edición estadounidense, «Rider-Waite», que también es llamado «Rider-Waite-Smith», o RWS, por muchos de sus adeptos), revolucionó el tarot por el cambio que hizo sobre los Arcanos Menores. Hasta ese momento, casi todos los mazos mostraban una disposición de símbolos para las cartas de cada palo. Por ejemplo, para el ocho de copas, se veían las ocho copas distribuidas de cierto modo, pero lo que hizo Smith fue pintar una escena para cada una de las cartas.

Marsella y Rider:
Ocho de copas

De pronto se volvió posible entrar en esas imágenes, tratarlas como momentos de una historia. Y existe otra razón detrás del poder del «mazo Rider»: si bien las imágenes de Waite y Smith contienen una arquitectura simbólica precisa y detallada —cada gesto significa algo, cada imagen diminuta, hasta los pliegues de la túnica de un ángel, tiene significado—, no es necesario aprender todos esos detalles para apreciar las cartas y usarlas para leer el tarot. Ya las imágenes por sí solas pueden brindarnos inspiración.

Este mazo fue el primero que yo encontré hace muchos años, y el que aprendí y estudié. En pocas palabras, era el único que estaba disponible por aquel entonces. El otro mazo de mayor influencia en la actualidad, «el tarot de Thoth», diseñado por Aleister Crowley (otro líder de la Aurora Dorada y, por cierto, enemigo de Waite), pintado por Frieda Harris, que acababa de ser publicado en aquel entonces, pero era difícil de conseguir. Más inspirado en la Aurora Dorada que el «mazo Rider» y adornado con toques artísticos bastante impresionantes, el «mazo Thoth» se creó durante la Segunda Guerra Mundial pero no se publicó hasta 1969, e incluso entonces solo con una pequeña tirada editorial. Ahora se lo conoce por todo el mundo, y muchas personas lo consideran el único tarot genuino y verdadero.

Vengo trabajando y estudiando muchos mazos de tarot desde 1970, y claro que también he diseñado el mío propio, el tarot de la Tribu Luminosa, inspirado en imágenes de arte tribal y prehistórico. Y, sin embargo, como tantas otras personas, vuelvo al «mazo Rider» una y otra vez.

¿Acaso importa de dónde vino el tarot realmente? Si según lo que pensamos en la actualidad, su existencia no empieza hasta unos dos mil años después del antiguo Egipto, ¿acaso eso les quita sentido a todas esas imágenes e ideas espirituales egipcias? Si los maestros de la Kabbalah no oyeron nunca hablar del tarot, ¿ya no podemos utilizar todas esas correspondencias aparentemente perfectas? A mí me parece casi lo contrario. Al crear un mito sobre los orígenes del tarot, Antoine Court de Gébelin y todos los que vinieron después lo liberaron del tiempo. De esta manera, podemos adaptar cualquier historia, o enseñanza, o imagen que nos cuadre, para profundizar sobre nuestra experiencia de las cartas. En la sección de este libro sobre los Arcanos Mayores descubriremos cuentos y rituales de la antigua Grecia y del Egipto antiguo, así como también un mito talmúdico sobre dos ángeles caídos. Todos ellos son muy anteriores a los inicios históricos del tarot. Y, aun así, encajan perfectamente con la historia que está en la esencia de las cartas, que es sobre el alma, su exilio y liberación.

Lecturas de sabiduría

Necesito explicar una expresión más antes de comenzar con el libro propiamente. En varias secciones se encontrará la expresión «Lecturas de sabiduría», normalmente en relación con las tiradas (los distintos formatos para leer las cartas), que incluyen preguntas sobre temas más grandes y no cuestiones personales. Dicho de otro modo, en vez de preguntarles a las cartas, «¿Cómo puedo encontrar a mi alma gemela?», una pregunta como «¿Qué es el alma?».

El concepto de «Lecturas de sabiduría» es una creación mía y, de hecho, la pregunta sobre el alma fue la primera que hice. Cuando impartía clases junto a Mary K. Greer en el Instituto Omega de Nueva York, habíamos escogido como tema «Tarot y *soul-making*», un término que inventó John Keats y que fue desarrollado en las últimas décadas por el psicólogo James Hillman. Decidí que les preguntaría a las cartas «¿Qué es el alma?», y obtuve una respuesta muy llamativa: el as de aves del tarot de la Tribu Luminosa.

Al igual que un búho (la imagen procede de una antigua placa egipcia), el alma es poderosa y misteriosa, y «caza» la verdad en la oscuridad de nuestra vida. Pasaron unos días y pregunté: «¿Qué es el tarot?». Ahí obtuve el «seis de árboles», una imagen en la que hay una mujer que camina por un bosque de árboles extraños con ojos de búho.

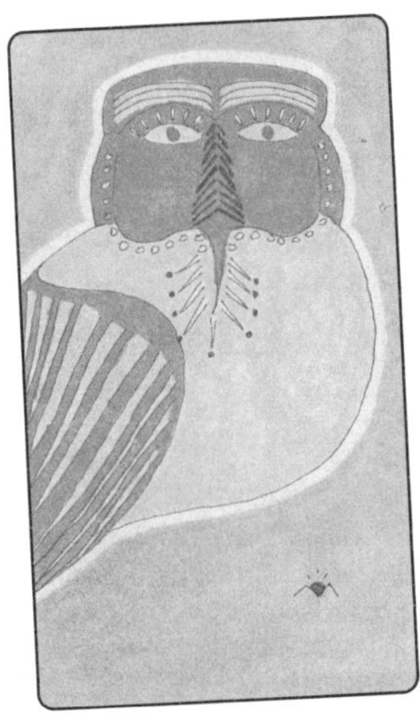

Tribu Luminosa:
As de aves
Seis de árboles

De ahí surgió la idea de que el tarot nos guía a través de ese bosque enmarañado que es la vida de las personas, lo que llamo «el bosque de las almas». Profundizaremos sobre las «Lecturas de sabiduría» al final de este libro.

Nota sobre las ilustraciones

Las ilustraciones del «mazo Rider» utilizadas aquí proceden de los dibujos originales en blanco y negro. En cuanto a los mazos «Visconti», «Marsella» y «Sola-Busca», se trata de versiones contemporáneas de los dibujos, basadas en el diseño original.

El libro que sigue puede resumirse en una única frase: «Todo lo que aprendí sobre el tarot durante los últimos cuarenta años». A quienes lo lean, espero que les resulte valioso.

Los Arcanos Mayores

Desde hace ya mucho tiempo pienso en los Arcanos Mayores del tarot como la gran obra maestra olvidada de la cultura occidental. En el ocultismo se habla de él como si contuviera las verdades más elevadas y se lo relaciona con las enseñanzas complejas de la Kabbalah y del Hermetismo, dos pilares de la tradición esotérica relacionados entre sí. Sin embargo, para el público en general, y también para una gran mayoría de artistas y pensadores, estas veintidós cartas no son más que una porción de un dispositivo de adivinación fantástico.

La Kabbalah procede de prácticas y conceptos místicos judíos, y el Hermetismo, de ideas griegas y egipcias. Ambas corrientes se destacan por su bagaje intelectual denso y sus descripciones detalladas, que parecen haberse vuelto cada vez más complejas a lo largo de los siglos. En este libro veremos algunos de estos detalles, pero no necesariamente en orden sistemático. Por ejemplo, cada carta de los Arcanos Mayores está asociada a una serie de correspondencias: una letra del alfabeto hebreo, un signo astrológico o planeta (por ejemplo, Géminis para Los Amantes, Marte para La Torre) y un camino en el Árbol de la Vida de la Kabbalah. Estas correspondencias se incluyen al principio de la descripción de cada carta, y podrían haberse añadido tantas otras, como las notas musicales, los nombres de dioses y demonios, la dirección de algo llamado «el cubo del espacio» y unas cuantas más.

Sin embargo, no quise entrar en complejidades innecesarias ni entrar en explicaciones detalladas de estas correspondencias. Sí, en cambio, opté por destacarlas cuando me parecían de particular importancia para el significado de esa carta. Así, con El Loco, me pareció significativo considerar su letra hebrea, Aleph, y no tanto fijarme en el planeta astrológico, Urano. Por otra parte, en el caso de Los Amantes, el signo de Géminis destaca el tema de la elección que se asocia a esta carta, mientras que su letra hebrea, Zayin, no me pareció de importancia vital. Quienes deseen una lista sistemática de todas las correspondencias de cada carta podrán encontrarla en muchos otros libros. Por ello, he optado por hacer hincapié en un hilo de significado, al que llamo «historia», que surca las imágenes.

Cuando hablo de «historia» no me refiero simplemente a un cuento del tipo «Había una vez...», aunque en realidad sí podemos encontrar la esencia de muchos cuentos de hadas y mitos en estas imágenes; más bien me refiero a una idea básica que yace en el corazón de toda esa complejidad hermética: el concepto de que no conocemos nuestro verdadero yo, de que vivimos en una especie de exilio de la patria de nuestro ser espiritual genuino. El tarot, sin embargo, nos muestra el camino por donde regresar. Otra metáfora podría expresarse así: estamos dormidos, sumergidos en una especie de sueño aun cuando seguimos con nuestras actividades cotidianas, pero es posible despertar. Cuando exploramos las imágenes de los Arcanos Mayores y las antiguas tradiciones de sabiduría que ellas nos abren podemos llegar a un punto de liberación. En mi propio tarot de la Tribu Luminosa cambié el nombre de la penúltima carta de los Arcanos Mayores. No la llamo «El Juicio», sino «Despertar». Al pasar por el proceso de las cartas anteriores a ella, en verdad despertamos y luego entramos en nuestro verdadero ser en la carta final, «El Mundo».

Entonces, ¿esto significa que con solo ver las cartas y leer las descripciones de este libro (o de cualquier otro) ya alcanzaremos una auténtica liberación espiritual? Claro que no; si fuera tan fácil todos nos convertiríamos en grandes maestros espirituales, pero sí creo que las cartas pueden hacernos vislumbrar una verdad que, de otro modo, nunca conoceríamos. Y también que, en efecto, nos presentan un programa que si pudiéramos seguir a fondo, despertaríamos y podríamos tomar nuestro lugar auténtico en el cosmos.

Existe un término que describe la experiencia de los Arcanos Mayores: «anamnesia», la eliminación del olvido. Supongamos que te despiertas un día y descubres que no recuerdas quién eres, ni dónde está tu casa, y crees ser otra persona. Supongamos que, de hecho, has existido en ese estado durante años, y que la comprensión de que no sabes quién eres fue la primera etapa de tu recuperación. Y luego supongamos que te encuentras una especie de plano impreso del proceso que te permite redescubrir todo lo que te habías perdido, te explica que te habías olvidado de quién eras y, más importante aún, de cómo volver. Ese plano es el tarot.

¿Podemos estar seguros acaso de que esta historia, como yo la llamo —o de ser el caso, las doctrinas de la Kabbalah y/o el Hermetismo—, es el significado original que persiguen los Arcanos Mayores? No. Los historiadores de las cartas de juego tradicional han defendido que las figuras proceden de imágenes alegóricas típicas de la época, como se explica en la introducción de este libro. Pero, por supuesto, esas alegorías trataban sobre algo, y ese algo generalmente era la religión. Así que siempre había cierto contenido espiritual, pero seguramente no el grado tan específico y preciso de las enseñanzas de la Kabbalah.

La tradición esotérica del tarot comienza en realidad con una historia: el anuncio de Antoine Court de Gébelin, en 1781, de que había descubierto que las antiguas enseñanzas egipcias del dios Thoth, también llamado Hermes Trismegisto, estaban presentes en el mundo, ocultas en el humilde juego de cartas de *les tarots*. Tal es el poder del relato aceptado sin demasiado cuestionamiento durante los últimos veinte años, que el tarot lleva en sí una doctrina secreta de gran poder. Lo único que está en discusión son los detalles. Lo que se debatía es cuál debe considerarse al tarot «verdadero», el que contiene el único conjunto correcto de correspondencias.

«La Orden Hermética de la Aurora Dorada» no apareció hasta los últimos años del siglo XIX, pero aún hoy hay mucha gente que considera a las detalladas correspondencias elaboradas por esta orden como el único tarot real y, además, como la auténtica imagen del universo. Otros votan por alguna versión más actual, especialmente la de Aleister Crowley y su tarot de Thoth, pintado por Frieda Harris. Muchos ocultistas europeos, especialmente los franceses, eligen el tarot clásico de Marsella y las correspondencias y el orden de las cartas descritos por Éliphas Lévi. Sin embargo, todos estos argumentos suponen, en primer lugar, que el tarot efectivamente contiene enseñanzas secretas y, en segundo lugar, que solo hay una versión correcta.

Si el tarot en efecto transmite doctrinas herméticas y estas a su vez representaran una visión científica de la realidad, entonces ahí sí tendría que haber un orden y una lista de significados «verdaderos». Después de todo, solo hay una tabla periódica de los elementos, que comienza con el hidrógeno y termina con el uranio (al menos para las sustancias que se encuentran en la naturaleza), con el orden determinado por el número de protones y electrones de cada molécula. Yo no considero que el tarot sea conocimiento científico de este tipo. Lo veo como una historia, como un mito.

En la mayoría de los casos, cuando estudio correspondencias concretas, sigo a la Aurora Dorada. También utilizo su numeración de las cartas. Esto no es porque crea que allí haya una verdad absoluta o un orden astrológico correcto, sino porque creo que hay un significado valioso.

Como ya he mencionado, las descripciones de este libro proceden de mis clases denominadas «Intensivos de tarot», en el que recorrimos, uno por uno, primero los Arcanos Mayores y luego los Menores, tratando de comprender sus mensajes y su simbolismo; o, mejor dicho, sus posibles mensajes, pues no nos limitamos a un único concepto, sino que tratamos de ver las múltiples capas de cada carta. Como parte de este trabajo, hemos examinado lo que han dicho sobre las cartas los primeros escritores del tarot, ayudados por las listas recopiladas por Paul Huson en su libro de 2004, *Los orígenes místicos del tarot*.

Lo que llama la atención de estas primeras interpretaciones no solo es el hecho de que haya cambiado el orden de los Arcanos Mayores, y a veces los detalles de las imágenes, sino también que haya enormes cambios en los significados asignados, que a veces llegan hasta lo opuesto de la explicación original. En algunos casos, lo que hoy damos por sentado sobre una carta en particular ni siquiera existía hasta la era moderna.

Este descubrimiento no hizo más que reforzar mi creencia de que comprendemos mejor el tarot si observamos todos sus significados. Yo incluyo aquí las asociaciones que hacemos, en particular con ciertos mitos, y que quizá no se buscaban en un principio. A medida que avances en la lectura irás descubriendo historias que, a mi modo de ver, atraviesan las cartas. Por ejemplo, el mito de la Shejiná según la Kabbalah judía, que es el aspecto femenino de Dios, por separado de Dios el Rey, su aspecto masculino; la diosa egipcia Isis y su lucha por resucitar a Osiris, su esposo asesinado; ciertas deidades griegas, en particular Afrodita, Apolo y Hermes, que sobrevuelan todos los Arcanos Mayores; el cuento de hadas de Rapunzel; un mito pre-Kabbalah de dos ángeles caídos llamados Shamhazai y Azazel; y las historias y los misterios de la diosa griega Perséfone, que es secuestrada por la Muerte para que sea su esposa en el Inframundo, y que así retorna año tras año durante una estación.

No pretendo afirmar que quienes diseñaron el tarot originalmente, quienesquiera que fuesen, planificaran el mazo con estas historias en mente. No puedo asegurar que las cartas se diseñaran pensando en una tradición concreta. Lo que sí creo, en cambio, es que establecieron una estructura y utilizaron imágenes que siguen el patrón básico de nuestra existencia, de tal modo que casi cualquier tradición espiritual significativa parezca un espejo exacto del tarot.

El argumento a favor de las conexiones existentes entre el tarot y la Kabbalah está por fuera de cualquier descubrimiento histórico. Es estructural: 22 letras hebreas, 22 caminos en el Árbol de la Vida, 22 cartas en los Arcanos Mayores. Cuatro mundos en la Kabbalah, cuatro palos en el Tarot, cada mundo con diez sefirot, cada palo con diez cartas. Cuatro letras en el santísimo nombre de Dios, cuatro cartas de la corte en el tarot. Si le añadimos los doce signos astrológicos y los diez «planetas», ¿cómo puede cuestionarse que el tarot no provenga de la Kabbalah? Y, aun así, podrían tomarse muchas otras tradiciones con argumentos casi igual de convincentes. El tarot es una plantilla del progreso del alma.

Sí podemos decir sobre los orígenes históricos del tarot que proviene de una cultura mayoritariamente cristiana. A principios del Renacimiento, el mito y la filosofía de Grecia habían empezado a influir sobre la gente, y existía un interés por las escuelas mistéricas grecoegipcias de Alejandría de hacía unos 1500 años. Sin embargo, la imaginería y el pensamiento cristianos dominaban la imaginación de la gente, así que las cartas tienen ángeles, un Diablo, un Papa y la resurrección de los muertos. La Kabbalah, con su mitología judaica y sus nombres hebreos, se convirtió en una poderosa influencia al menos a partir de 1781. Como resultado, en estas páginas se encontrarán muchas referencias a «Dios» y a palabras hebreas, y a figuras como Miguel el arcángel, que mandó al Infierno a Satanás, a Adán y a Eva. Nada de esto, ni una sola imagen o idea, requiere creer en una religión concreta. De hecho, es posible que tenga que renunciarse a parte de lo aprendido en una educación religiosa para escuchar realmente lo que dicen estas imágenes, ya que, como El Colgado, muchas veces toman lo que asumimos y lo ponen cabeza abajo. Además de términos cristianos o judíos, nos encontraremos con diosas y dioses griegos, egipcios y, ocasionalmente, hindúes; también ideas y prácticas de la Wicca y el neopaganismo modernos, y algunos guiños a la ciencia y a la geometría. Si los Arcanos Mayores nos muestran la realidad, entonces, al igual que la realidad, no se limitarán a una cultura humana o sistema de creencias en particular.

Mi enfoque personal de los Arcanos Mayores es estructural. Como El Loco es el cero, se distingue de las otras veintiún cartas, de modo que podemos imaginarlo como el «héroe» del tarot; es quien viaja a través de todas las experiencias. El veintiuno es un número especial, tres veces siete. Y aquí es donde resulta valioso indagar en lo que llamo «las tradiciones de sabiduría» de las culturas antiguas, para comprender qué hace importantes a esos números. Como más adelante detallaré con algunos de los significados cuando avancemos con las cartas individuales, aquí daré una referencia general.

Las imágenes del tres vuelven una y otra vez en las mitologías y enseñanzas religiosas del mundo. Está la trinidad cristiana de Padre-Hijo-Espíritu Santo; la trimurti hindú de Creador-Preservador-Destructor; la triple diosa europea Doncella-Madre-Crono, relacionada con las fases de la Luna, pero también con las tres Parcas que determinan nuestra vida. Y en la filosofía moderna, Hegel (y luego Marx) desarrollaron el concepto de que las ideas y la historia se mueven a través de un proceso de tesis-antítesis-síntesis. A mi modo de ver, todo esto proviene de uno de los hechos más básicos de nuestra existencia: que cada uno de nosotros compartimos los genes de una madre y un padre. Padre-Madre-Hijo es la trinidad más básica.

Esto nos permite dividir los Arcanos Mayores en tres niveles que yo veo como Consciente, Inconsciente y Superconsciente. En cada uno, El Loco atravesará siete desafíos y aprenderá siete lecciones.

El primer nivel, de los Arcanos del uno al siete, se refiere a los problemas y preocupaciones exteriores de la vida: crecer, tratar con los padres y la sociedad, el amor, abrirse camino en el mundo.

La segunda línea implica el autoconocimiento y la transformación. Existe un modelo moderno y otro antiguo para esta transformación. El nuevo es la terapia, donde nos damos cuenta de que el yo que hemos construido en la vida no funciona, y no es quien realmente somos, de modo que buscamos encontrar nuestra naturaleza esencial. La más antigua es la iniciación, por la cual una persona pasa por una muerte espiritual y un renacimiento. Esta segunda línea atraviesa los Arcanos ocho a catorce, y si se observan las últimas cartas del ciclo —La Justicia, El Colgado, La Muerte, La Templanza— se puede ver la imagen misma de ese proceso de iniciación.

¿Y el Superconsciente? Ya el término en sí suena bastante estrambótico. Sabemos del Consciente y del Inconsciente, o al menos eso creemos, pero ¿del Superconsciente? A veces pienso que no tenemos un modelo para esto porque no se trata de nosotros mismos. No de Mí, sino de Ti. El tercer nivel de los Arcanos Mayores, las cartas quince a veintiuno, se refiere al cosmos más allá de nuestros humildes objetivos de superación personal. Por eso la última carta lleva el nombre de El Mundo.

Tres veces siete. El siete es un número extraordinario, porque literalmente nos conecta con el mundo más allá de nosotros. La cosmología antigua se basaba en el hecho de que hay siete «planetas» visibles, es decir, cuerpos celestes que se mueven rápidamente por el cielo, al menos en comparación con el fondo de las estrellas. Son la Luna, Mercurio, Venus, el Sol, Marte, Júpiter y Saturno. Como se sabía que la Tierra era una esfera (es un mito moderno que la gente pensara que la Tierra era plana) y que estos planetas podían verse desde cualquier parte, se suponía que existían en esferas concéntricas alrededor de la Tierra. Cuando nacía una persona, el alma viajaba desde el Empíreo, el lugar de Dios más allá del universo físico, a través de cada una de las esferas planetarias en su camino hacia el nuevo cuerpo. La configuración de cada esfera con respecto a las constelaciones —el signo en que se encontraba el planeta en ese momento— conformaba las cualidades únicas del niño.

Aunque hace tiempo que nuestra descripción del lugar de la Tierra en el universo no obedece a esta cosmología, el hecho de que aún existan esos siete cuerpos móviles en el cielo que conocemos da sentido a la estructura antigua. Así como el hecho de que haya siete colores en el arcoíris, siete chakras o centros de energía en el cuerpo humano —de los mismos colores que el arcoíris y justamente en ese orden, pero solo si el cuerpo está boca abajo (véase la sección sobre El Colgado)— y siete tonos en la escala musical diatónica. En todos los conceptos que encontramos como «los siete pilares de la sabiduría» o «los siete palacios celestiales» (una imagen de la Kabbalah; véase el capítulo dedicado a El Carro), vemos que todos ellos derivan de la poderosa presencia del siete en nuestra vida.

En Estados Unidos, la mayoría de edad se considera desde los veintiún años, el mismo número de cartas que los Arcanos Mayores.

Tres líneas de siete. Esto nos permite comparar las cartas de algunas maneras que son interesantes.

1	2	3	4	5	6	7
8	9	10	11	12	13	14
15	16	17	18	19	20	21

Cada una de las columnas verticales puede denominarse «tríada», un término que aprendí de la creadora y escritora en temas de tarot Caitlin Matthews. Así, 1, 8 y 15 están relacionados entre sí; y 2, 9 y 16, y así sucesivamente. Veremos estas tríadas a medida que vayamos viendo las cartas una por una.

Podemos pensar que cada una de estas líneas sigue el mismo desarrollo. Las dos primeras cartas presentan cuestiones básicas. Por ejemplo, en la primera línea, uno y dos, El Mago y La Suma Sacerdotisa, simbolizan las dualidades básicas de la vida: masculino y femenino, luz y oscuridad, acción y quietud, consciente e inconsciente. Las tres cartas centrales nos muestran los distintos retos a los que nos enfrentamos a ese nivel. La sexta carta representa una experiencia poderosa que podemos tener, mientras que la séptima muestra algo en que podemos llegar a convertirnos. Todo esto irá aclarándose a medida que avancemos por las cartas.

Y, por último, ¿qué tiene que ver todo esto con las lecturas? ¿No son ellas las que hacen que la mayoría de las personas consulten a las cartas? ¿Acaso no es la lectura lo primero que nos llama al tarot? Toda esta cuestión sobre nuestro yo verdadero puede ser muy interesante, pero ¿acaso nos ayudará a la hora de encontrar a nuestra alma gemela? Pues sí. Uno de los motivos que hará es ayudarnos a entender qué puede ser un «alma gemela» y a ver que esta idea, que puede parecer una fantasía moderna de los programas televisivos, se remonta al menos hasta Platón. En líneas más generales, los mejores significados de las cartas se derivan de sus verdades simbólicas. En el pasado ha sucedido con mucha frecuencia que las personas que han profundizado en la sabiduría del tarot consideren que la práctica de las lecturas es irrelevante o incluso insultante. Como resultado, cuando sí se proponen ofrecer una lista de «significados adivinatorios», no hacen más que repetir viejas fórmulas de adivinación, que a veces hasta contradicen su propia comprensión de la verdad real presente en las imágenes. Esto puede volver triviales a los significados y hasta difíciles de utilizar en lecturas reales. En mis propias descripciones he intentado que los significados surjan de forma natural de las cartas desde sus imágenes, historias y enigmas espirituales.

Visconti

La Papisa/La Suma Sacerdotisa

El Colgado

El Loco: 0

Correspondencia astrológica: Urano

Letra cabalística: א Aleph

Camino en el Árbol de la Vida: Kether (Corona) a Hokhmah (Sabiduría), primer camino

Cartas de El Loco de los mazos: Visconti, Marsella, Rider, Ritual de la Aurora Dorada, Egipcio y de la Tribu Luminosa

El Loco

¿Qué vemos cuando nos encontramos con El Loco? ¿Qué pensamientos y emociones se nos vienen cuando aparece en una lectura? ¿Representa acaso a un individuo sabio e inocente que se abre camino en el mundo? ¿Es héroe de todos esos cuentos de hadas en los que el tontuelo del hermano menor triunfa sobre los sabiondos de los hermanos mayores, que fracasan? ¿Es el símbolo del instinto, de la capacidad de hacer lo correcto con perfecta espontaneidad, el niño libre, a quien no le afectan los miedos ni los condicionamientos sociales? ¿Es acaso el alma a punto de encarnar en un cuerpo para iniciar el largo viaje de la vida? ¿Es acaso un símbolo de perfección mística? ¿O no es más que un tonto, un loco que va dando tumbos por el mundo?

La mayoría de las personas que leen el tarot en la actualidad hablarán de la espontaneidad y el espíritu de libertad de El Loco, de su inocencia y alegría. Dirán que asume riesgos y que puede hacer cosas en apariencia imposibles, porque actúa por instinto (como los personajes de los cuentos de hadas), sin todo el análisis ni los cuestionamientos que a menudo hacemos cuando nos quedamos paralizados frente a una decisión importante. Yendo más a fondo, puede que se describa a El Loco como el héroe de todos los Arcanos Mayores, el personaje que atraviesa todas las demás cartas. También hay personas que describen al tarot en sí como «el viaje de El Loco», he visto este título usado con frecuencia (sin que un uso se relacione con otro, y en casos en que cada persona por su cuenta lo use a su modo) en libros, muestras de danza, exposiciones de arte y talleres. La idea del viajero parece, sencillamente, la respuesta más natural a la imagen que vemos en El Loco —o al menos así lo parece en los mazos más modernos del tarot—, pues en ella vemos a un espíritu libre lleno de jovialidad.

La cualidad de espíritu libre de El Loco no es solo un concepto. Si podemos identificarnos con El Loco y permitir que la carta nos salpique su espontaneidad, también nosotros podremos hacer lo que nos es necesario en ese momento. El tarot no es sencillamente una doctrina intelectual o espiritual (aunque sí tiene algo de eso, así como del juego original que le dio vida). Debido a que está compuesto por imágenes y símbolos, trabaja en nosotros de un modo potente pasando por alto los canales normales de nuestro pensamiento y comportamiento. Ahora les compartiré mi propia historia de cómo me convertí en El Loco, al menos por un momento.

La primera clase de mi curso intensivo de tarot fue sobre El Loco, y la presenté como organizo mis clases mensuales en Nueva York, que imparto desde hace más de quince años. Durante una tarde entera hablamos de El Loco, compartimos experiencias de lo que ha significado para nosotros, en las lecturas y en la vida. Estudiamos los dibujos de diferentes mazos, experimentamos con lecturas inspiradas en El Loco (al final de esta sección hay una tirada en que aparece El Loco) e indagamos sobre su historia.

Al terminar la reunión era más tarde de lo que había planeado, y tuve que guardar mis útiles y salir corriendo escaleras abajo, porque me quedaba poco tiempo para llegar a la estación y alcanzar el último tren de regreso a mi casa. Se me había hecho tarde porque, como es de esperar, bajo la influencia de El Loco es difícil acordarse de mirar el reloj.

Pero las estaciones de tren no siguen demasiado a El Loco (podríamos llamarlas más bien «puestos de vigilancia del Emperador», la carta cuatro), y si perdía ese tren, sería una noche muy larga.

Por aquel entonces, la clase tenía lugar en un apartamento de Nueva York, en la esquina de la Segunda Avenida y la calle Treinta y Cuatro, una de las más concurridas de la ciudad. Bajé las escaleras y vi un taxi parado frente al semáforo, cruzando la calle. En Nueva York, los taxis tienen un número en el techo (¡qué mágico suena esto!). Este taxi en concreto era el 722. Ahora bien, el siete es el número de la carta llamada El Carro y sin duda lo que yo necesitaba era un carro que pudiera ir a toda velocidad. Al mismo tiempo, el veintidós, además de ser el número de la suma de todos los Arcanos Mayores, es también el número de El Loco, la vigésimo segunda carta. Estaba claro que este taxi era para mí.

El único problema era que si yo esperaba a que cambiara el semáforo, el vehículo saldría en dirección opuesta y lo perdería. No había ningún otro coche a la vista, así que corrí hacia la calle. Recordemos que era la Treinta y Cuatro (3 + 4 = 7, el número del taxi), que tiene cinco carriles de tráfico, todos ellos atestados de coches y camiones a gran velocidad. Cuando llegué a la mitad del cruce, oí los gritos de la gente desde la acera. Me había metido en el tráfico sin ninguna conciencia de lo que hacía. La gente no me gritaba enojada, sino más bien asustada y sorprendida. Seguí adelante, esquivando coches que venían a toda velocidad, hasta que llegué al otro lado y me subí. Mi taxi-Carro-Loco me llevaría hasta mi tren.

Estoy segura de que nunca lo habría logrado si no hubiera estado sumergida en el universo de El Loco durante toda la tarde. Nunca hubiera hecho algo así sin la influencia de El Loco.

La imagen icónica moderna de El Loco como un ser inocente y jovial que se va de viaje proviene originalmente del mazo Rider de Arthur Edward Waite y Pamela Colman Smith. Con los brazos abiertos, feliz y despreocupado, El Loco parece estar a punto de saltar de un precipicio. No tiene miedo, simplemente porque nunca aprendió a tenerlo.

En el tarot de la Tribu Luminosa quise llevar esto un paso más (de modo literal). En lugar de un joven al borde de un precipicio, vemos a un niño que vuela por el aire. No es que se proponga volar, sino que sigue a un pájaro. No es el instinto nada más lo que inspira a El Loco, porque el instinto solo funciona para satisfacer las necesidades básicas, como el hambre o la seguridad. No, El Loco sigue un camino de deleite y fascinación que le es tan natural como el acto de comer.

Después de hacer este dibujo, conocí a una mujer que me contó una enseñanza de uno de los pueblos originarios de América del Norte (no recuerdo de qué nación) según la cual cada uno de nosotros tiene un niño espiritual interior y es la parte de nosotros que puede volar solo si sabemos verla y aceptarla. Pasó un tiempo y luego recordé algo en lo que no había pensado desde hacía muchos años. Alrededor de los ocho o nueve años decidí que podría volar si tan solo lo creía de verdad, si no tenía dudas ni miedos ni preocupaciones. Y la razón por la que no pude lograr incorporar esta creencia fue muy sencilla: el mundo de los adultos me había dicho que volar no era posible. Así entendió la represión mi yo de ocho años, porque volar no era más que un símbolo de todas las acciones que mis padres y mi cultura me habían dicho que no eran posibles. Todavía no he logrado volar, pero sí logré unas cuantas cosas que varias personas consideran imposibles, como por ejemplo, atravesar corriendo cinco carriles en medio del tráfico de una calle de Manhattan.

Visconti y Marsella: *El Loco*

Hay unas cuantas ideas profundas y complejas en torno a la imagen de El Loco, y las analizaremos pronto. Pero antes debemos considerar algo tan extraño como lo es en sí mismo un niño que vuela. Es la pregunta de cómo El Loco llegó a simbolizar tal nivel de pureza e inocencia. Tomemos dos imágenes muy tempranas, las del tarot Visconti y las del clásico tarot Marsella, que desde hace tiempo se consideran las imágenes estandarizadas del tarot.

En ellas, no parecen seres felices ni alegres ni aventureros, sino más bien desaliñados y aturdidos. En el mazo Marsella, en lugar de un perro juguetón, vemos a un gato que lo muerde. Existen personas así en nuestro mundo, pero no son seres inocentes y libres. Más bien vemos esta versión de El Loco en un vagabundo demente sin hogar fijo, que es llevado de un sitio a otro por la sociedad y por su propio delirio.

Analicemos ahora los primeros significados que se asignaron a El Loco, desde 1750, y que desde aquel entonces atraviesan la historia hasta Arthur Edward Waite quien escribió, primero bajo el seudónimo de «Gran Oriente», y luego con su propio nombre, el libro que acompaña al mazo Rider que nos trajo esa imagen icónica de El Loco radiante y su dulce perro.

Algunos significados que recibe El Loco

Extraído de *Los orígenes místicos del tarot*, de Paul Huson.

Cartomancia de Pratesi (1750): Locura.

De Mellet (1781): Locura.

Lévi (1855): El príncipe sensible, la carne, la vida eterna.

Christian (1870): Arcano 0. Expiación. El castigo después de cada error..., el destino y la expiación inevitables.

Mathers (1888): El Hombre Tonto. Disparate, expiación, cavilación. Si aparece invertido: indecisión, inestabilidad, los problemas que surgen de esos estados.

Aurora Dorada (1888-1896): El Espíritu del Éter. Hombre tonto. Idea, espiritualidad, aquello que nos predispone a elevarnos sobre lo material. Pero si la adivinación tuviera relación con la vida cotidiana, la carta no es positiva, muestra solamente algo disparatado, estupidez, excentricidad y hasta manía, a menos que se combine con cartas realmente muy buenas.

Gran Oriente (Waite, 1889, 1909): El Loco significa la consumación de todo, cuando aquello que comenzó su iniciación en el punto cero adquiere el término de toda la numeración y la existencia. Esta carta atraviesa todas las cartas numeradas y se cambia en cada una, tal como el hombre en estado natural atraviesa mundos de experiencias inferiores, mundos de adquisiciones sucesivas.

Waite (1910): El Loco. Disparate, manía, extravagancia, intoxicación, delirio, frenesí. Si aparece invertida: negligencia, ausencia, apatía, nulidad.

Aquí pueden verse algunos indicios de lo inocente y lo maravilloso, pero la imagen primordial es la de locura y hasta de insania enajenada. ¿Cómo se llega a este cambio? La respuesta radica, en parte, en el nombre en sí. En francés, *le fou* (y en italiano, *il matto*) significa «persona loca». Otros comentarios posteriores hacen referencia a la influencia de la luna, es decir, a un lunático. Pero cuando pasamos de *fou* a *fool* en inglés, y a «loco» en español, ingresamos a dos tradiciones potentes: el loco santo y el bufón de la corte.

La idea de un «loco santo» es la de un tontuelo que fue tocado por Dios y que puede decir o hacer cosas profundas porque no es como el resto de nosotros, es decir, no es «normal». Un «bufón» no es una figura sagrada, pero puede decir y hacer cosas que otras figuras más establecidas de la sociedad no, por ejemplo, desafiar al rey. Al igual que El Loco del tarot, el bufón no tenía un lugar fijo en la jerarquía social. Estaba por debajo de todos los nobles y, sin embargo, gozaba de cierta libertad, ya que en forma de broma podía decir frases que ningún caballero o dama se hubiera atrevido a expresar.

En la gran obra maestra de Shakespeare, *El rey Lear*, el único que se atreve a decir la verdad es el personaje del bufón. A su vez, el propio Lear, en su angustia por el desmoronamiento de todo aquello en lo que cree, encarna a ese otro bufón que es El Loco o *fou*, el demente que deambula sin hogar y aúlla su dolor en medio de una tormenta.

Los tarotistas solían pensar que el comodín en el mazo de póquer era un vestigio de El Loco (y que eso demostraba que las cartas normales eran una versión reducida del tarot). El comodín suele aparecer como un bufón del rey, y en la carta marsellesa clásica de *le fou* vemos que, a pesar de su estado andrajoso, él también va vestido como un bufón, con su característico traje de rombos y los cascabeles. Sin embargo, según las investigaciones, el comodín fue una creación independiente, que surgió de un «club de caballeros» neoyorquino del siglo XIX. Al mismo tiempo, existen suficientes similitudes para afirmar que tanto El Loco como el comodín proceden del mismo arquetipo, el de la figura que adquiere cierto poder por no tener un lugar fijo en la estructura habitual de la sociedad. En la Edad Media, una época de rigidez de las clases sociales, durante los días de Carnaval la gente se permitía ponerse máscaras y disfraces y romper algunas reglas. Con frecuencia, elegían a algún mendigo o loco y lo coronaban «Rey de los Locos».

En el juego del tarot (*tarocchi*), El Loco o *le fou* no forma parte de los triunfos (los Arcanos Mayores). Queda por separado y no puede capturar ninguna otra carta, pero sí pueden atraparlo a él. Cuando sabes que no puedes ganar «el pozo» (un término fascinante para las cartas que se ponen apiladas sobre la mesa en una ronda de juego) y no quieres sacrificar ninguna de tus cartas de valor, juegas a *le fou*. Cuando el ganador del pozo recoge las cartas, *le fou* vuelve a ti, como si se hubiera alejado de la red que atrapaba las otras cartas en una danza juguetona.

El comodín no tiene identidad, pero sí se convierte en lo que tiene al lado. Si se lo pone junto a un as, hay dos ases; si se lo pone junto a un par de sietes, hay tres sietes. Hay gente así, personas que adoptan la identidad de quienes están con ellas, y tendemos a pensar que están locas, *fou*, y quizá sea así. Liberarse de una identidad fija, de la ilusión de que nuestra personalidad social sea la verdad de quienes somos, es alcanzar una libertad espiritual, es el objetivo de muchas meditaciones, de muchas oraciones devocionales y de tantas otras prácticas. El truco está en mantenerse libre. La persona cuerda cree en la identidad de su ego. El loco puede que no tenga identidad, pero adoptará las cualidades de la persona con la que esté. El verdadero loco se mantiene libre de todas esas creencias limitadas.

Esta libertad es la meta de todos los Arcanos Mayores: despojarse de las creencias estrechas en una «realidad» limitada y llegar a la sensación de baile libre en el mundo donde la vida fluye y es siempre cambiante. Por esa razón, la última carta se llama «El Mundo».

El Loco nos da una visión de esa libertad desde el principio, o más bien antes de empezar, porque El Loco, el 0, precede a todos los demás números. Hay un truco matemático interesante que a veces se enseña en la escuela: para cualquier número, el que sea, si se lo divide por cero dará siempre lo mismo. Infinito. Eso es porque un número infinito de nada puede caber en cualquier algo. Una de las razones por las que la versión moderna de El Mago, la carta 1, muestra un signo de infinito (un 8 en posición horizontal) sobre la cabeza, es porque este primer algo lleva el recuerdo de esa gloriosa nada.

Hay una descripción del electrón que se volvió famosa: «Una nada girando». Es decir, es útil pensar en un electrón (y en otras partículas «elementales») como objetos, pero en realidad se trata más bien de un estado del ser. Ese estado incluye la cualidad de girar. Podríamos también describir a El Loco, en nuestra concepción moderna, como una «nada que baila».

Hay un ejercicio que puede ayudar a captar un poco de ese estado tan elusivo. Debe buscarse un lugar tranquilo donde uno pueda sentarse sin interrupciones y relajarse. Se busca nuestro mazo favorito de tarot y se coloca a El Loco enfrente (si solo se tiene un mazo, ¡pues ese será el favorito!). Puede hacerse una meditación breve quizá, para centrar y desconectarse del parloteo habitual que nos llena la mente todo el tiempo.

Si no tenemos costumbre de meditar, basta con sentarse en silencio y respirar profundo sin forzar nada.

Pensemos en los distintos roles que tenemos en la vida: el trabajo, las responsabilidades como padre o madre, hijo o pareja. Para cada uno, diremos para nuestros adentros —la verdad es que será un intento por recordar, porque ya lo sabemos—: «Yo no soy eso. Soy libre. No soy nada». Pensemos en todas las cosas que la gente cree de nosotros, las que con seguridad se oyen de los maridos o las esposas, las afirmaciones de hijos adolescentes, las opiniones de un jefe o los vecinos. Nos diremos a nosotros mismos: «Yo no soy eso. Soy libre. No soy nada».

Pensemos luego en las formas en que nos describimos a nosotros mismos: amable, egoísta, gordo, inteligente, estúpido, sexi, no sexi, cariñoso, cruel, un éxito, un fracaso, un fraude; todas las formas en que nos medimos y nos juzgamos. Con cada una de ellas, nos diremos: «Yo no soy eso. Soy libre. No soy nada». Hasta para las más básicas: mujer, hombre, cuerpo, alma, hijo del universo; las soltaremos todas, del mismo modo. Si se hace este procedimiento durante un tiempo, puede que se alcancen algunos momentos de revelación que vayan desde «¡Soy Dios!» o «Soy un resplandor infinito» hasta «Soy muy estúpido». También pasado un buen tiempo puede que surja el deseo de llorar o abrazar el cosmos. También hay que deshacerse de todos esos momentos de igual manera, tan simple como «Yo no soy eso. Soy libre. No soy nada». No es que El Loco piense en sí mismo y se vea como un inocente o alguien totalmente libre. Es que lo es.

En la lista de Waite de significados adivinatorios para la carta de El Loco del mazo Rider (mencionada en las páginas anteriores), recurre a ideas antiguas de locura y de lo disparatado, pero en su descripción más completa fue uno de los primeros en acercarse a la visión moderna. «Es un príncipe del otro mundo que viaja por este, en medio de la mañana gloriosa, atravesando el aire puro... Es el espíritu en busca de experiencia». Y luego, agrega: «El Gran Oriente tiene algo curioso que proponer del oficio de loco místico, como parte de su proceso de adivinación superior». Desde que el Gran Oriente es el propio Waite. Vale la pena volver a citarlo porque bien puede ser el origen de la idea del viaje de El Loco: «El Loco significa la consumación de todo, cuando aquello que comenzó su iniciación en el cero alcanza el término de toda numeración y existencia. Esta carta pasa a través de todas las cartas numeradas y recibe un cambio en cada una, al igual que el hombre natural atraviesa mundos de experiencia, mundos de logro sucesivo».

Hay al menos dos maneras de considerar a El Loco como viajero. Una es que El Loco —como todos nosotros— empieza la vida en la total ignorancia de su verdadera naturaleza. Algunos lo describen como un alma que se encarna en un cuerpo, y debemos observar que no se ve presionado ni empujado a nada, no hay nadie que lo obligue; este príncipe del otro mundo va simplemente «en busca de experiencia».

El alma que toma un cuerpo en su visión contemporánea no es más que el hecho de estar en el mundo físico y enfrentarse a los retos de la vida como único modo de crecer. Así, El Loco empieza en 0, sin ningún conocimiento ni experiencia, y se desarrolla paso a paso hasta alcanzar su plenitud completa (al menos, tal vez, para esta vida) en la carta 21, El Mundo. De hecho, no necesitamos aceptar el concepto de un alma que toma un cuerpo para ver a El Loco como alguien que viaja a través de todas las experiencias y los desafíos de las otras cartas. Simplemente podemos ver esas cartas como tipos de experiencias, por ejemplo, Los Amantes, o El Ermitaño, o El Diablo: todo aquello con lo que nos encontramos en nuestro propio viaje por la vida. Otro título podría ser «La progresión de El Loco», para esta visión de El Loco como la persona que se mueve a través de las diferentes etapas.

Visto de modo ligeramente diferente, podría describirse a El Loco como eso que tenemos dentro que no se detiene ni se queda atrapado en ninguna de las otras cartas. Es el concepto de ser libre, de no ser nada. Como mencionamos antes, es fácil cometer el error de creer que somos esto o aquello. Si soy creativo, soy El Mago. Si soy jefe, soy El

Emperador. Si me siento atrapado en una relación obsesiva o abusiva, me controla El Diablo. El Loco es la respuesta vital y necesaria a toda esta identificación. No eres eso, eres libre.

El Loco nos recuerda que sigamos adelante. Cuando alcanzamos el grado de éxito y control que simboliza El Carro (la carta siete), El Loco nos ayuda a encontrar La Fuerza interior (el nombre de la carta que le sigue a El Carro) para poder ver por dentro y descubrir quiénes somos en realidad. Una vez que lo hacemos, y descubrimos nuestro yo «angélico» con Templanza (la carta catorce), El Loco nos libera para bajar a enfrentarnos con El Diablo (quince).

El antiguo texto chino del Tao Te Ching (*El libro clásico del camino*) con frecuencia parece posicionarse desde la voz de El Loco. Esto es lo que Lao-Tse, su legendario autor, dice de la actitud de las personas hacia el Tao o camino (tanto aquí como en otras citas del Tao, presento mi propia interpretación, que se basa en diversas traducciones):

El sabio oye hablar del Tao y lo practica todos los días.
La persona normal oye hablar del Tao y piensa en él de vez en cuando.
El Loco oye hablar del Tao y se ríe.
Sin la risa, el Tao no sería lo que es.

Lao-Tse también nos dice: «No hagas nada y todo se hará». Y quizás uno de sus dichos más famosos sea: «Aquellos que saben, no hablan. Aquellos que hablan, no saben». Aquí no se trata de secretos, sino solo de una conciencia que no puede desglosarse en una serie de fórmulas y explicaciones.

Estar en concordancia con el Tao es estar en el estado de El Loco. Más que un modo de tomar la vida y nada más, el Tao es la fuente misma de la vida, la Nada perfecta que precede a todos los Algo. En un pasaje que resume notablemente las cartas que abren los Arcanos Mayores, Lao-Tse dice: «Del Tao surge el Uno. Del Uno surge el Dos. Del Dos surge el Tres. Del Tres surgen las diez mil cosas». En términos del tarot: del 0, del vacío de El Loco, surge la primera carta, el 1, El Mago, una imagen de energía que fluye hacia la existencia. Desde que hay acción, hace surgir a su contraparte, la quietud, y así puede decirse que surge la carta 2, La Suma Sacerdotisa, a partir de El Mago. Si sumamos 1 y 2, obtenemos 3. Es decir, si tomamos los principios duales de El Mago y La Suma Sacerdotisa —la luz y la oscuridad, el movimiento y el reposo, la conciencia y el misterio— y los combinamos, obtenemos la naturaleza, la realidad. Esta es la carta 3, La Emperatriz. De la naturaleza surge todo el resto de la existencia, lo que Lao-Tse llama «las diez mil cosas».

Si El Loco es algo tan perfecto, ¿por qué no podemos ser así y listo? ¿Por qué no movernos por la vida sin apegos ni planes, en armonía con la naturaleza y con lo que sea que ocurra a nuestro alrededor? ¿Por qué es tan difícil seguir un camino de deleite? Algunos podrán responder que la vida en sí es difícil, y que si no trabajamos, si no tenemos un empleo, no comemos; si no sacrificamos la espontaneidad frente a las necesidades de nuestros hijos, ellos pueden resultar heridos. Todo esto es cierto; El Loco no representa un enfoque práctico para los problemas de la vida cotidiana, a menos que uno esté tan en armonía con el flujo de la vida que pueda hacer todo lo que haya que hacer, junto con el trabajo y la crianza, y no se preocupe por nada, de modo que «no haga nada» y que todo se haga. He tenido momentos así, y me asombra lo que puede pasar en esos instantes.

El problema de El Loco, y de vivir realmente así, va más allá de la necesidad de hacer cosas desagradables. En última instancia, el estado de El Loco no consiste en dejar de trabajar e irse de vacaciones a la playa. No podemos ser El Loco en concreto, y no queremos serlo, porque El Loco no tiene personalidad, no tiene yo. No hay sentido del yo, ni en ese sentido tampoco del tú o del ellos. Solo hay movimiento, y ¿quién podría vivir así de todos nosotros? A El Loco, ni siquiera podríamos llamarlo un «iluminado», ni decir que esté libre de ego, porque El Loco nunca ha conocido un ego del que liberarse. Ni siquiera sabe que es un Loco.

Pensemos en un recién nacido (la Aurora Dorada visualizaba a El Loco como un niño pequeño). Sale del cuerpo de su madre ya en alerta y en estado consciente, capaz de entrar en contacto visual y establecer un vínculo con su madre, pero después de unas horas, los ojos se desenfocan y la conciencia desaparece. Durante un tiempo el bebé parece funcionar únicamente en función de sus necesidades físicas, hasta que la fascinación y la curiosidad empiezan a involucrarlo con el mundo exterior y, entretanto (con suerte), el amor y la atención de los padres permiten que esa curiosidad empiece a desarrollar una conciencia, un yo. ¿Qué ocurre ese primer día? ¿Adónde va esa conciencia original?

Cuando nace un bebé entra en un universo nuevo. Las sensaciones, las experiencias, la información lo abruman hasta que en poco tiempo simplemente se apaga. Algo parecido nos ocurriría a nosotros si de repente nos convirtiéramos en El Loco, pues experimentaríamos el mundo en su totalidad, sin los filtros de la lógica, el «sentido común» y las descripciones culturales de la realidad.

Si El Loco representa algo tan inalcanzable e impracticable, ¿por qué siquiera nos lo muestran? En parte, El Loco nos permite reconocer (volver a ser conscientes de lo que ya sabemos) que todos nuestros «algos» no son nada en realidad, que ninguna etiqueta o medida puede describir jamás la verdad de lo que somos. Esto tiene una importancia vital, y la mayoría de nosotros lo olvidamos todo el tiempo. El Loco viene a recordárnoslo.

Casi todas las sociedades tienen un relato de algún paraíso perdido de tiempos pasados. El Loco nos muestra un atisbo de cómo sería vivir en ese estado. De hecho, hay quienes describen a El Loco como a Adán y Eva antes de «la caída». Aquí no nos referimos al pecado y a la desobediencia (el reino de la carta cinco, El Hierofante), sino más bien al alma en estado puro.

El Loco no existe por sí solo, le siguen los Arcanos Mayores. A estas cartas podemos describirlas como el paso a paso que nos permite recuperar la perfección de El Loco hasta que, por fin, nos elevamos de la conciencia limitada y bailamos grácilmente en el mundo (es decir, la carta final, que lleva ese nombre).

Para comprender a fondo cualquiera de las cartas es necesario verla en una lectura. En una vista de corrido por el mazo podríamos pensar, por ejemplo, «El Emperador no me gusta mucho, pero El Loco sí, me encanta. Quiero ser como El Loco». Tal como vimos, no se puede hacer eso en verdad, no del todo, y desde luego, no todo el tiempo. Pero todos podemos tener destellos de El Loco, y las lecturas nos mostrarán momentos y situaciones en que la respuesta adecuada es justamente la de El Loco. Otras veces, la lectura nos pedirá algo muy diferente.

He aquí otro ejemplo de mi propia experiencia. En el año 1990 me compré una vivienda en el valle del Hudson (estado de Nueva York) y me marché de Europa, donde había vivido diecinueve años. Compré la casa bajo una fuerte influencia de El Loco: seguí el impulso de vivir en una ciudad que no conocía demasiado y adquirí una casa porque me enamoré de ella. Justo después de tomar posesión de esta mi agenda me obligaba a impartir dos talleres intensivos. Al terminar, debía regresar a Europa de inmediato para enviar mis pertenencias.

A lo largo de los dos talleres, El Emperador aparecía en todas las lecturas que me hice. Ocurría con tanta frecuencia que se convirtió en una broma entre mis alumnos. Me la pasaba pensando en eso pero no conseguía darme cuenta de con qué tendría que ver. Y, por otro lado, otra carta que aparecía casi con la misma frecuencia que El Emperador era La Torre. Esta carta puede significar que uno está o estará en medio de circunstancias extremas, simbolizadas por una torre a la que le cae un rayo por el tejado.

Después del segundo taller regresé a casa a las cuatro de la tarde del día anterior a mi vuelo a Europa. A medida que iba acercándome a la casa, me daba cuenta de que algo no estaba bien y, cuando finalmente estuve más cerca, registré con claridad lo que pasaba: se había caído un árbol sobre el tejado.

Aquí estaba la «torre a la que le cae un rayo»; más literal, imposible. Y aquí estaba mi necesidad de El Emperador, porque ahora que con mi yo Loco me había comprado una casa, tenía que convertirme en

Emperador, un adulto responsable comparado con el niño eterno que es El Loco. Y, si recuerdan bien, El Loco es el 22 además del 0. Y 22 es 2 + 2, que es igual a 4, el Emperador. Por suerte (¿la suerte de El Loco?), los daños habían sido casi todos en el exterior, y la empresa de seguros dijo que podían tramitar el reclamo durante mi viaje a Europa, y así podrían hacerse las reparaciones a mi regreso. Yo había aprendido la lección: hay un tiempo para El Loco y un tiempo para El Emperador. Y tenemos al tarot para que nos ayude a recordarlo.

RIDER: *El Emperador y La Torre*

En todo lo analizado hasta aquí, hemos considerado a El Loco como la primera carta. Pero la tradición del tarot no siempre lo ha visto así. En el sistema cabalístico de Éliphas Lévi, que muchos siguen hasta hoy en día, El Loco ocupa el penúltimo lugar, entre la carta veinte, El Juicio, y la carta veintiuno, El Mundo. Analizaremos esta idea con más detenimiento llegado ese punto, pero lo que diremos aquí es que, al igual que El Loco adquiere un cuerpo «de un salto» —o dicho de otro modo, adquiere la conciencia habitual—, al final del viaje a través del proceso paso a paso de los Arcanos Mayores debemos dar otro salto, esta vez a la conciencia total del «mundo».

La posición de El Loco adquiere suma importancia cuando trabajamos con las cartas en sentido de la Kabbalah como caminos del Árbol de la Vida. ¿Y aquí haremos que El Loco sea la última carta, la penúltima, como Éliphas Lévi, o la primera, como la Aurora Dorada? La primera carta es la primera letra hebrea, Aleph.

Para mí, la idea de El Loco como Aleph siempre tuvo mucho sentido. Empecemos por la forma de la letra: X. La profesora Avigayil Landsman, especialista en letras hebreas, comenta que la letra Aleph se parece a las aspas de un molino, una suerte de vórtice giratorio (como el electrón, la nada girando). Visualicemos algo que gira sin parar, tan rápido que los brazos desaparecen (como las aspas de un ventilador), y podremos ver que se forma un círculo. Un círculo es una forma de escribir el número cero, que también tiene otra forma habitual: un huevo, como si toda experiencia naciera de él.

Y un factor de lo más importante en términos de El Loco es que Aleph es una letra muda. No tiene sonido propio sino que sirve de portadora de los sonidos vocálicos. En hebreo, solo las consonantes son letras. Si escribiéramos así en español, la palabra «Loco» se escribiría «lc», con un marcador vocálico para indicar que es Loco, y no «luce» o «laca».

Aleph es como la bocanada de aire que tomamos antes de hablar, con la boca abierta para prepararnos para las palabras que sea que vendrán. El silencio de Aleph coincide con la nada de El Loco.

Anteriormente vimos que el número ocho que aparece en posición horizontal por encima de El Mago significa el infinito. La matemática moderna utiliza un símbolo diferente para indicar el infinito: el Aleph. Aleph es la primera letra de una importante expresión cabalística. Sin Límite, «En Sof» (en español, también se escribe a veces como «Ain Sof»), que representa la verdad divina que está más allá de todo conocimiento, más allá incluso del Árbol de la Vida.

Veamos algunos de los símbolos que aparecen en las distintas versiones de El Loco. En muchas lleva un palo al hombro, con una bolsa. Como quien va deambulando por la vida, sin hogar ni lugar fijo en el mundo, lleva consigo todas sus pertenencias. Algunos tarotistas dicen que la bolsa contiene sus vidas pasadas, o el «yo» que el resto de nosotros llevamos tan apretado como nuestra propia piel. En el mazo Rider hay un águila sobre la bolsa, símbolo del espíritu que se eleva. El penacho rojo que lleva indica que su verdadero hogar es el cielo. El Loco del mazo Visconti lleva todo un despliegue de plumas en el pelo, como si este «demente» viviera un poco en el reino de los pájaros.

El Loco de la Tribu Luminosa vuela detrás de un pájaro de forma literal. En el paisaje que tiene por debajo vemos líneas de energía que serpentean por la tierra y unos círculos concéntricos que marcan lugares de apertura sagrada a otros mundos. En el mazo Rider El Loco lleva una rosa, símbolo de la pasión. La sostiene con mano liviana y paso ágil, este príncipe del otro mundo.

Y ahora que dijimos todo esto, ¿qué significa que El Loco aparezca en una lectura? Sus significados principales son la espontaneidad, la libertad, la capacidad de actuar por instinto más que en función de un plan meticuloso. Cuando aparece El Loco puede que sea para invitarnos a asumir un riesgo. Si fuese una lectura sobre el amor diría que nos arriesguemos a seguir nuestra intuición. En el trabajo, puede querer decir que es hora de dejar un puesto que no te gusta o de lanzar un nuevo proyecto.

Pero hay una trampa: si bien El Loco nos insta a accionar sin planearlo de antemano y a arriesgarnos, ¿eso significa que estamos obligados a hacerlo? Aquí es donde tenemos que tener en cuenta algunas cuestiones como el lugar de la carta en la lectura y las otras cartas que aparecen. Si otras cartas nos piden cautela, quizá no sea el momento de ser «alocado». Y si El Loco aparece como respuesta a la pregunta sobre cuál sería un enfoque desacertado en este momento de la vida, la carta nos muestra lo que debemos evitar, no lo que debemos hacer.

Si El Loco no parece referirse a una acción concreta, puede que solo nos muestre una forma de ser. El Loco es curioso, alegre, ansioso, desinhibido. Incluso chiquilín, El Loco también puede ser inmaduro.

La carta puede aparecer como una descripción de alguien en la lectura. Si preguntamos por alguien con quien empezamos a salir, y nos aparece El Loco para esa persona, la carta describe a una persona que puede ser encantadora, libre de espíritu, por lo general muy cariñosa, pero no siempre confiable. Una persona que no tiene nada de maliciosa, solo que no le gusta hacer planes. Si lo que uno busca en una relación es un compromiso, tener de compañero a El Loco puede ser una mala elección.

Cuando El Loco aparece invertido (para el concepto de significados invertidos, véase el capítulo sobre lecturas), el primer significado quiere decir precaución. No es el momento de lanzarse por el precipicio. Este significado se refuerza cuando otras cartas de precaución o madurez, como La Templanza o El Emperador, aparecen en la lectura del lado correcto.

A veces, El Loco en posición invertida puede indicar que hemos perdido contacto con nuestro instinto. Puede que nos cuestionemos demasiado y que evitemos correr riesgos. ¿Cómo elegir cuál es la interpretación que va mejor con la situación? Por un lado, debemos mirar las otras cartas y ver dónde aparece El Loco invertido, pero esta no es la única manera. También debemos dejar que nuestra intuición nos guíe hacia los significados más útiles.

De este modo, todas las lecturas incluyen a El Loco, ya sea que aparezca en la tirada como no. Porque… ¿qué puede ser un acto más loco que mezclar un mazo de cartas y hacerle preguntas sobre nuestra vida?

Una lectura basada en El Loco

Si deseamos saber más sobre nuestra propia experiencia con El Loco, esta es una lectura basada en ello. Como siempre, mezclamos el mazo y vemos qué cartas salen. Pero lo diferente es que aquí las preguntas giran en torno a la idea de El Loco:

1. ¿Cuál es mi forma de ser un loco o una loca en la vida?
2. ¿En qué me ha ayudado?
3. ¿En qué me ha perjudicado?
4. ¿En qué momento de mi vida necesito ser más como El Loco?
5. ¿Dónde no me servirá ser así?
6. ¿Dónde encuentro a El Loco fuera de mí?
7. ¿Qué regalos me trae?

El Mago: 1

Correspondencia astrológica: Mercurio

Letra cabalística: ב Beth

Camino en el Árbol de la Vida: Kether (Corona) a Binah (Entendimiento), segundo camino

Cartas de El Mago en los mazos:
VISCONTI, MARSELLA, RIDER, RITUAL DE LA AURORA DORADA, EGIPCIO Y DE LA TRIBU LUMINOSA

El Mago

Al igual que El Loco, El Mago ha ido transformándose a lo largo de los siglos desde su versión de los primeros mazos de tarot. Hoy en día, en las imágenes más populares de esta carta se lo muestra sereno, poderoso, con un signo de infinito sobre la cabeza y apuntando hacia los cielos con su varita mágica, como si quisiera atraer energía divina. Sobre su mesa se encuentran los cuatro emblemas de los Arcanos Menores del tarot, como si dominara el mundo físico. En efecto, es un «magus», como lo llamaba Éliphas Lévi, y como Aleister Crowley le puso de nombre a la carta.

Veamos ahora la imagen más antigua del mazo Marsella: alguien vestido como un bufón de la corte. No hay ningún signo mágico del infinito sobre su cabeza, pero el ala ancha y curva del sombrero sugiere esa imagen de un modo sutil.

En lugar de los símbolos de los cuatro palos, lo que se ve sobre la mesa es una combinación extraña de objetos: un cuchillo, un par de vasos o recipientes sencillos, y varias bolas o bolitas, junto con una especie de bolsa a un lado, que nos recuerda a la que lleva al hombro la versión moderna de El Loco. ¿Para qué sirve todo esto? La palabra francesa *bateleur* (en italiano, *bagatto*), que en general se traduce como «malabarista» o «juglar», nos da la respuesta, porque tiene la misma raíz que la palabra «juego» y así puede llevarnos a la referencia de un juego de prestidigitación callejero. El «malabarista» coloca una bolita debajo de dos (o con mayor frecuencia, tres) copas o vasos, los desliza de un lado a otro y luego revela dónde está. Cuando invita a alguien a probar, la persona suele acertar en uno o dos primeros intentos pero, en cuanto empieza a entrar en juego una suma de dinero interesante, las manos del malabarista se mueven mucho más rápido —incluso a veces dejan caer la bolita dentro de la bolsa— y la persona pierde la apuesta. Quizá sorprenda saber que este «juego» es tan antiguo, para quienes lo hayan presenciado por las calles de Nueva York o Londres, que fue la inspiración original de El Mago del tarot. Así, se revela que el «gran magus» de la tradición moderna tiene sus raíces en alguien que, en el mejor de los casos, es un animador callejero y, en el peor, un estafador.

Estas son algunas de las formas extrañas en que esta carta se desarrolló a lo largo del tiempo.

Algunos significados que recibe El Mago

Extraído de *Los orígenes místicos del tarot*, de Paul Huson.

Cartomancia de Pratesi (1750): Baggatino, hombre casado.

De Mellet (1781): El Saltimbanqui.

Court de Gébelin (1773-1782): El Prestidigitador.

Lévi (1855): La letra hebrea Aleph, el Malabarista. El Magus. Ser, mente, hombre o Dios; unidad; madre de los números, la primera sustancia.

Christian (1870): El Magus: voluntad. En el mundo divino, el Ser Absoluto que contiene y del que manan todas las cosas posibles; en el mundo intelectual, la Unidad, principio y síntesis de los números; en el mundo físico, el Hombre, la más elevada de todas las criaturas vivientes.

Mathers (1888): El Malabarista o el Mago. Fuerza de voluntad, destreza. Si aparece invertido: la voluntad aplicada con fines perversos, debilidad de voluntad, malicia.

Aurora Dorada (1888-1896): El Magus del poder. El Mago o Malabarista. Habilidad, sabiduría, adaptación, astucia, siempre en función de las cartas que lo rodean y de si está invertido o no. A veces, sabiduría oculta.

Gran Oriente (Waite, 1889, 1909): El Malabarista. Habilidad, sutileza; del lado del mal, engaño. También práctica oculta.

Waite (1910): El Mago. Habilidad, diplomacia, sutileza, trampas de los enemigos, el inquisidor (si es varón). Si aparece invertido: médico, magus, descrédito o vergüenza.

Podemos ver que la división entre el saltimbanqui y el magus atraviesa gran parte de la historia de la carta, también en el mazo Waite en sus dos versiones. Todos los primeros cartománticos asumían que simbolizaba al artista callejero, y con Éliphas Lévi vemos algo más grandioso. ¡Qué grandioso! No solo el significado de «magus», un término que presenta por primera vez, sino también «ser, mente, hombre o Dios». Paul Christian continúa el tema, pero luego llama la atención que Mathers vuelve al malabarista e incluye la «voluntad aplicada a fines perversos, malicia». Al recurrir al concepto del significado invertido, Mathers puede sugerir los lados bueno y malo del Mago/Malabarista. La Aurora Dorada (fundada por Mathers) también considera al «magus del poder» y a la «sabiduría oculta», pero también la «adaptación» y la «astucia», ambas cualidades del «malabarista», o Baggatino de la comedia del arte, con su mesa de trucos. Según Gran

Oriente (Waite), el lugar primordial es el de «malabarista» pero también agrega la «práctica oculta». Y nótese cómo Waite, que escribe con su propio nombre, incluye las «trampas de enemigos» entre los significados primarios, pero también los de «médico, magus y vergüenza o descrédito» en el caso del invertido.

¿Es que no hay manera alguna de reconciliar estas dos imágenes de la carta, la del saltimbanqui y la del magus? Es sorprendente que el significado completo de El Mago, y quizá de todo el tarot, pueda depender de conocer tanto al gran Mago como al embaucador. Ambos atributos están encarnados en el nombre de un dios griego al que puede considerarse como el patrón del tarot, Hermes.

Cuando Antoine Court de Gébelin y el Conde de Mellet declararon que el tarot era un libro de enseñanzas antiguas egipcias (en 1781, ver detalle en la Introducción), se referían a la ciudad helenística de Alejandría, llamada así por Alejandro Magno, donde las ideas y las imágenes griegas se unieron a las egipcias. Las tradiciones esotéricas que surgieron en aquella época (el período anterior al Imperio romano) se atribuían al dios egipcio Thoth, asociado con la escritura, la magia, la resurrección de los muertos y la sabiduría de todo tipo. Los primeros ocultistas llamaban al tarot el «Libro de Thoth» (un título empleado en el siglo XX por Aleister Crowley), con la idea de que el propio dios creaba las imágenes y las entregaba a sus acólitos humanos. Los alejandrinos eran tanto griegos como egipcios, por eso vincularon a Thoth con un dios griego que tenía atributos similares a él: Hermes, y lo llamaron Thoth-Hermes o Hermes Trismegisto, es decir, Hermes Tres Veces Grande. Hermes Trismegisto era un dios, pero también un gran sabio, el legendario autor de una serie compleja de textos sagrados conocidos colectivamente como la «Hermética». Pero, aun así, el nombre de Hermes es mucho más antiguo que la figura misteriosa de Hermes Trismegisto de Alejandría, de unos dos mil años atrás. Aun cuando Homero describe a Hermes, a quien los romanos llamaban Mercurio, como el hijo de Zeus, y por tanto lo hace menos antiguo. Es posible que Hermes sea una de las primeras figuras de la Grecia prehistórica, pues sabemos que no se lo representaba con grandes estatuas sino con unas piedras erguidas bastante toscas. El mitógrafo

Walter F. Otto dijo de Hermes: «A los griegos debe haberles parecido un destello brillante surgido de las profundidades».

Es posible describir este destello brillante como la creación misma, el momento en que lo Divino dice: «Hágase la luz». Para citar al Tao Te Ching una vez más, «Del Tao surge el Uno», la unidad de El Mago, la carta 1, que emerge —por arte de magia— de la Nada amorfa de El Loco. El mayor acto de magia, nos dice el escritor Alan Moore, es hacer que surja Algo de la Nada.

A pesar de todo esto, los griegos no veían a Hermes como alguien remoto, grandioso o ubicado en un trono elevado. Hermes era un dios de la sabiduría y el conocimiento (que no son lo mismo), y tiene sentido que los alejandrinos posteriores lo vieran a él y a Thoth como lo mismo. Pero Hermes también era un mensajero, un guía de almas muertas, un forastero, un bromista, un niño salvaje, un símbolo del poder generativo de la sexualidad masculina —El Mago con su varita mágica es el principal símbolo de la energía masculina en el tarot— y, también, un ladrón.

En *El himno homérico a Hermes* relata cómo siendo un bebé, al día siguiente de nacer, Hermes se escabulle de la cuna y sale en busca de aventuras. En la energía dinámica de El Mago del tarot hay escondido un espíritu de juego, porque la creatividad no puede ser nunca árida y puramente intelectual, sino que siempre debe contener un elemento de simple placer. El pequeño Hermes se encuentra con un rebaño de vacas y, como es un dios de la magia, las reconoce de inmediato y se da cuenta de que le pertenecen a su hermano mayor, Apolo, dios del sol, de la poesía, la profecía y la civilización. Hermes huye con parte del rebaño, y con astucia lo hace caminando hacia atrás para confundir a todo aquel que quiera rastrearlo. Después de comérselas todas asadas en una comilona salvaje, Hermes regresa a su cuna, se tapa con la manta y pone cara de inocente.

El sabio Apolo no se deja engañar, entra en escena y acusa con furia a su hermanito por el robo. «¿Yo?», dice Hermes con total inocencia. «Si no soy más que un bebé. Acabo de nacer. Ni sé lo que es el "ganado"». Cuando Apolo, insatisfecho, lleva a Hermes ante su padre, Zeus todopoderoso, Hermes dice: «Estoy diciendo la verdad, yo no sé mentir». Y después, jura solemnemente: «¡Inocente! Lo juro por estos hermosos pórticos de los dioses». Y hasta en este momento lo dice agarrado de su mantita de bebé, y guiña un ojo.

En lugar de enojarse, Zeus se echa a reír y les ordena a ambos —al racional y grandioso Apolo y a Hermes el bromista— que se reconcilien. Y entonces sucede algo muy especial. Porque antes de ir tras el ganado, Hermes había creado algo. Vio una tortuga tambaleándose por el camino y tuvo una visión de lo que podía hacerse con el caparazón. La mató (hay una cualidad despiadada en El Mago, que en el mejor de los casos se ve atemperada por la voluntad de servicio), le destripó el caparazón, le puso cañas como cuello y le ensartó siete hebras de tripa de oveja a lo largo. Recordemos que siete es el número de las esferas planetarias y de la escala musical diatónica, así como de los centros del cuerpo llamados chakras y de los colores del arcoíris. Así creó la lira, el primer instrumento musical. Cuando Zeus ordena a Hermes que se reconcilie con Apolo, Hermes le regala la lira. En la época antigua, Apolo era conocido como el dios de la música, porque los sonidos armoniosos se consideraban la esencia misma de la razón. Pero no hay belleza en la armonía sin inspiración, ese destello de luz que surge de las profundidades. Y así, volvemos a tener a El Mago como energía creativa y dinámica.

Entonces Zeus le pregunta a Hermes sobre qué le gustaría gobernar. A sabiendas de que Apolo gobierna el gran Oráculo de Delfos, Hermes le pide con total descaro estar a cargo de las profecías. Zeus se niega, pero ahí Apolo dice algo sorprendente. Quizá ya no exista algo como la visión profética, pero hay formas de la adivinación más antiguas que la profecía, como la ejercida por las tres hermanas, las Parcas, que ya eran expertas en predicciones desde hacía tiempo para cuando Apolo empezaba a aprender. Así, Hermes se convierte en el dios de la misma práctica que domina nuestro uso moderno de las cartas del tarot, la adivinación.

En los últimos años, la adivinación del tarot se ha psicologizado, es decir, se considera que las cartas son representativas de estados psicológicos o emocionales. Podríamos decir, por ejemplo, que El Mago simboliza la energía creativa, o La Emperatriz, las emociones fuertes. Ambas afirmaciones son ciertas en sí, pero la adivinación contiene además una cualidad de magia. La misma palabra «adivinación» deriva de «divino», ya que en la Antigüedad la gente veía la adivinación como la comunicación con los dioses. Karl Kerenyi, uno de los grandes escritores del siglo pasado sobre los mitos griegos, describió la capacidad de Hermes de mirar a la tortuga y «ver más allá» de su estado presente, de ver su posibilidad futura como lira. Esta cualidad divina, o mágica, de ver más allá, es justo lo que sucede en una lectura de tarot.

Distribuimos las cartas y dejamos que las imágenes nos inspiren para ver más allá de la situación presente hacia cómo puede llegar a evolucionar.

Hay una diferencia entre las visiones oraculares, regidas por Apolo, y la adivinación, que es el reino de Hermes. La primera, cuya práctica más famosa tenía lugar en Delfos, depende de la inspiración directa, por lo general en estado de trance. La adivinación en cambio recurre a algún tipo de sistema, que puede ser algo como un sorteo. En Grecia pudo haber sido que usaran las letras como símbolos de significado, como se han utilizado desde siempre las runas en Escandinavia (que, en realidad, son un alfabeto), o las letras hebreas. Las cartas del tarot son un sistema de adivinación, un intermediario que usamos para responder nuestras preguntas y obtener claridad.

Aunque las Parcas fueron diosas muy antiguas, es significativo que sean mujeres y que la adivinación les pertenezca. Muchas culturas han considerado que la adivinación es tarea femenina y que a veces las mujeres que la ejercen son trashumantes. En Escandinavia, las adivinadoras de las runas viajaban de pueblo en pueblo, llevando guantes de piel de gato y capotas para tener una parte del poder psíquico mágico de los felinos (no olvidemos la idea de que los gatos negros son considerados «familiares» de las brujas). Hoy, si bien hay una gran cantidad de varones que leen las cartas del tarot, la imagen de una tarotista suele evocar a una «gitana» vestida con pañuelos de colores. Y quienes damos talleres sobre tarot comentamos con frecuencia que suele haber más participantes femeninos que masculinos. El acto de adivinación convoca a lo femenino —tanto en mujeres como en hombres— porque la adivinación involucra la sensibilidad, cierta conciencia de lo psíquico, la nutrición y el cuidado (las personas que van a una lectura del tarot están pasando por un momento doloroso o, mínimamente, están preocupadas), y todas estas son cualidades que en nuestra cultura se asocian a las mujeres. Y sin embargo, si bien La Suma Sacerdotisa puede simbolizar y hasta hacer surgir nuestras habilidades psíquicas, y La Emperatriz, las de nutrición, la práctica de la adivinación le pertenece a El Mago.

En el simbolismo tradicional del tarot, El Mago representa el principio de lo masculino: activo, lumínico, seco, erguido, tendente a lo unitario, consciente y racional. Mientras que La Suma Sacerdotisa representa el principio de lo femenino: receptivo, oscuro, húmedo, hundido hacia abajo, complejo, inconsciente e intuitivo. A veces vemos que lo masculino y femenino se describen como «positivo» y «negativo», pero esto no quiere decir «bueno» y «malo». Se refiere, en cambio, a los polos positivo y negativo del electromagnetismo, que existen en conjunto y permiten que fluya la energía.

Ya la imagen del número uno, ya sea en números arábigos como en romanos, sugiere el órgano masculino, erguido en alto y potente; del mismo modo que la representación del dos en números romanos sugiere la entrada al útero femenino, donde crece una vida nueva. Cuando los pueblos antiguos colocaban piedras para representar al falo —esos pilares bien rectos para Hermes o esas columnas dedicadas al dios hindú Shiva— o cuando creaban estanques y templos con forma de útero, no era que tuvieran una obsesión con el sexo. Más bien entendían que las energías vivificantes de la sexualidad son un espejo de los principios divinos de lo masculino y femenino. Como es arriba, es abajo.

En este punto, puede ser bueno subrayar que no es que El Mago sea solo para hombres y La Suma Sacerdotisa solo para mujeres. El tarot usa un sistema simbólico muy antiguo en el que las imágenes de hombres y mujeres simbolizan cualidades particulares. Al mismo tiempo, las enseñanzas esotéricas siempre han comprendido que, aun cuando la sociedad asignara roles de género rígidos, la verdadera realización reside en la integración de la energía masculina y femenina.

A lo largo de la vida todos fluctuamos de una cualidad a otra. Uno de los beneficios de la lectura del tarot es la capacidad de mostrarnos qué aspectos en nosotros están activos en un momento determinado.

Un día se nos puede aparecer El Mago para recordarnos nuestra energía creativa o la determinación o la claridad de pensamiento y, en otro momento, puede que La Suma Sacerdotisa nos ayude a reconocer nuestra capacidad de intuición y sabiduría interior.

El número de El Mago, ese «I» en números romanos, implica el yo consciente, el ego (que no es otra cosa que la palabra latina para «yo»). Al mismo tiempo, la magia, y también la magia de la adivinación, se produce cuando permitimos que la energía ingrese dentro de nosotros y la dirigimos hacia la manifestación. La capacidad de convertirnos en esa especie de apertura para la energía mágica de la adivinación (o de cualquier otra «magia») está simbolizada en la postura de El Mago, con su varita elevada hacia el cielo y su dedo apuntando al suelo. Esta postura hace que con frecuencia esta carta resulte atractiva para personas del arte, de las técnicas de sanación y de otros trabajos en los que se manifiesta la energía. Casi todas las personas creativas pueden afirmar que cuando su trabajo va bien es como si no lo estuvieran haciendo: hay alguna fuerza, o energía moviéndose a través de ellos, y son simplemente el canal para llevar el trabajo al mundo físico. Nuestro énfasis moderno en la «propiedad intelectual» (que hace de la creatividad una rama del capitalismo), nos hace ver esas afirmaciones como algo pintoresco, o curioso y no mucho más, así como no vemos más que palabras vacías en la apertura de algunos poemas antiguos como el que dice «Canta en mí, oh Musa». Tampoco entendemos por qué tantos textos espirituales se escribieron de forma anónima o se atribuyeron a autores míticos (como Hermes Trismegisto, del que se decía que era un dios). Es posible que estos pueblos más antiguos comprendieran mejor que nosotros la magia de la creatividad: un flujo de energía simbolizado en la postura de El Mago.

Adopta esta postura por un momento. Toma un palo, un bolígrafo o una varita mágica y levántala con una mano mientras apuntas hacia la tierra con la otra. Observa cómo se te abre el pecho y empiezas a respirar más hondo. Cierra los ojos y deja que la energía se mueva a través de ti, desde el mundo amorfo del espíritu al mundo sólido de la materia. La aparición de El Mago en una lectura simboliza grandes posibilidades creativas y de transformación.

El cuerpo de El Mago también simboliza la gran verdad Hermética: «Como es arriba, es abajo». En concreto, las palabras de apertura de la Tabla Esmeralda, piedra angular de las enseñanzas herméticas, dice así: «Lo que está abajo es como lo que está arriba y lo que está arriba es como lo que está abajo, así es para que se realicen los milagros de la cosa única».

Nuestras pequeñas vidas, que tan seguido nos resultan a la deriva o sin sentido, son en realidad una parte orgánica del cosmos. Es una de las grandes enseñanzas del tarot y, en última instancia, una de las razones por las que hacemos lecturas: no solo para encontrar información o buscar la orientación o el autoconocimiento (que es importante), sino también para demostrarnos a nosotros mismos que el universo no son solo piezas rotas. Las cosas se conectan.

Junto con la imagen de Hermes hay otro modo de conciliar las dos vertientes del Malabarista/Mago, y es la figura del chamán tribal. En El Mago de la Tribu Luminosa vemos a una figura enmascarada que hace crecer una flor en el desierto gracias a que canaliza la vida desde el río sagrado que fluye por los cielos.

Las personas que trabajan con sabiduría chamánica curan enfermedades viajando al mundo de los espíritus, pero también disponen de una gran cantidad de trucos de prestidigitación para impresionar a sus «clientes». Los exploradores europeos que se encontraron por primera vez con chamanes en Siberia y en otros lugares, con frecuencia describen que veían que el chamán o la chamana se llevaba una piedrita antes de entrar en la tienda de curación. Después de un rato de entonar cánticos y realizar otras acciones mágicas, fingía introducir la mano en el cuerpo del enfermo y sacaba la piedra oculta. Para los europeos, esto lo tachaba de artista del engaño. Mucho más tarde llegaron a una comprensión más sutil. La verdadera curación se produce en trance, en el mundo de los espíritus, pero el enfermo necesita ver algún resultado tangible. Así que el chamán levanta la piedra para mostrarle que se ha producido una curación.

Cuando nos negamos a ver la conexión que hay entre Hermes, el embaucador astuto, y Hermes, el mago sabio, podemos quedar divididos entre el estafador y el filósofo. A veces podemos verlo en la lectura moderna del tarot. Si trabajamos con compromiso, y a veces hasta tenemos nuestro código ético bien visible en la pared, evitamos con mucho cuidado caer en lo que se denomina «una lectura en frío», que es la capacidad de obtener información de alguien sin preguntarle realmente, de modo que parezca una capacidad psíquica asombrosa. Para evitar engaños de este tipo, es posible bloquear la parte esencial de la comunicación que tiene lugar en una lectura. Y para no deslumbrar al cliente haciendo algo que pueda oler a engaño, quizá se impidan a sí mismos transmitir la parte de la información que realmente es importante.

Hace muchos años, cuando vivía en Ámsterdam y empezaba a leer las cartas a nivel profesional, vino a verme un hombre muy perturbado. Me contó que su vida feliz se había desmoronado hacía algunos años, al descubrir que era vidente. Ahora bien, muchas personas se imaginan ese despertar como algo emocionante, pero porque también imaginan tener el control sobre su capacidad. Este hombre era incapaz de detener las sensaciones, las emociones e incluso los pensamientos procedentes de otras personas, y había tenido una crisis nerviosa, había perdido su trabajo y hasta su familia. Al momento de verme, podía estar controlado porque tomaba medicación de la que se llama «antipsicótica» (porque los delirios y las experiencias psíquicas pueden proceder de áreas del cerebro similares).

Cuando estábamos a punto de empezar la sesión, me preguntó: «¿Usted es vidente?». Para no faltar a mi ética, le dije que no, que solo interpretaba las imágenes. No me di cuenta de que en realidad lo que él quería saber era si podía confiar en mi palabra.

Como suele ocurrir cuando alguien tiene una necesidad muy fuerte, la lectura fue clara y precisa. Mostró el *shock* que había trastocado su vida, feliz hasta ese momento, mostró su estado de miedo y, lo que es más importante, mostró que podía ser feliz, y también útil y seguro si, en lugar de suprimir su capacidad con drogas, encontraba un maestro que pudiera entrenarlo.

Resultaba ser que yo conocí a esa persona, esa maestra podía ser una mujer brillante llamada Ioanna Salajan. De hecho, ella era mi maestra porque yo tomaba con ella una clase semanal que consistía en meditación, zen, crecimiento personal y psicología. Ioanna es la autora del epígrafe de este libro: «Nada se aprende si no es con diversión». Yo tomaba solamente esa clase semanal con ella, pero sabía por mis amigos que iban a sus grupos intensivos que trabaja sobre las tradiciones esotéricas de la sanación psíquica.

Le conté a mi perturbado cliente sobre Ioanna, le di su contacto y le dije también que, si ella no podía ayudarle, podría acudir a su maestra, una figura casi legendaria que vivía en Dinamarca aunque enseñaba en muchos países. La lectura había sido muy prometedora, pero significaba que él tendría que abandonar su profundo miedo, dejar la medicación y cultivar la misma energía que le había causado tanta angustia. Y como yo le había dicho que no era vidente, no se atrevía a confiar en mí.

¿Esto significa que ahora digo que sí cuando me preguntan si soy vidente? No. Lo que significa es que los momentos de videncia sí ocurren a veces en las lecturas, pero yo trabajo principalmente a partir de las imágenes. Lo que ellas indican es verdad y evita que alguien esté a la expectativa de una frase del tipo: «El 17 de mayo irás a una fiesta donde conocerás a un hombre alto y de pelo negro llamado Greg». Dicho de otro modo, evito replicar el tipo de lectura del tarot que se ve en una mala película y, a la vez, trato de no olvidarme de que algunas personas necesitan algo de chispa para aceptar la magia genuina de la lectura.

El signo del infinito sobre la cabeza de El Mago (llamado «lemniscata») simboliza la verdad de que la vida es eterna, sin principio ni fin, que nada se destruye sino que solo cambia de forma. El principio «La energía no se crea ni se destruye» constituye la ley de la conservación de la energía. Como propone el número ocho horizontal: «Como es arriba, es abajo». Pero también esta variante del mismo principio: «Como es afuera, es adentro». Los acontecimientos de nuestra vida reflejan la verdad interior de lo que somos. Paul Foster Case dice en su libro *El tarot* que la tradición ocultista asigna el número ocho a Hermes (Trismegisto), el transmisor de las enseñanzas divinas. Junto a todos estos significados, podríamos añadir que la lemniscata evoca el constante juego de energía entre Hermes, el gran maestro, y Hermes, el embaucador/adivinador/malabarista o juglar.

Karl Kerenyi afirma que es Hermes quien pone las cosas en nuestras manos justo cuando las necesitamos. Esta coincidencia mágica es una especie de trampa divina, y prácticamente cualquiera que se comprometa con un camino sagrado o creativo experimentará momentos en los que algo parece suceder solamente para ayudarle en el camino. Merlin Stone (¡un nombre perfecto para una maga!), autora de *Cuando Dios era mujer*, contaba que, en mitad de su investigación, necesitaba un libro que no encontraba por ninguna parte. Probó en librerías de segunda mano (esto era mucho antes de internet), bibliotecas, universidades, pero no lo encontraba. Un día fue al supermercado e iba caminando por los pasillos y se encontró un viejo libro tirado en el suelo. Era, por supuesto, el que necesitaba. El Mago en una lectura puede significar esos momentos, especialmente si aparece con otras cartas que representan ayuda u orientación.

* * *

En general, El Mago en una lectura significa conciencia, voluntad y poder transformador o creativo. Sugiere que la magia está presente de alguna manera en nuestra vida, o que tenemos la capacidad de provocar un cambio mágico. Si aparece en una posición temporal, como podría ser «futuro cercano» en la cruz celta, debemos aprovechar esta explosión de energía, este flujo de entusiasmo. En una posición más duradera, como la de «resultado», indica que habrá un cambio en la vida hacia un mayor poder y creatividad. Es una carta muy auspiciosa para alguien vinculado al arte, la escritura o la actuación porque simboliza la creatividad en sí misma.

Como carta uno, puede indicar el comienzo de algo, y un comienzo muy positivo, en particular los primeros pasos concretos para que se haga realidad, y la voluntad de llevarlo a cabo. La voluntad de El Mago está unificada y dirigida. La carta también puede indicar el ego y el deseo de dominar, en particular junto con otras cartas que demuestran una mentalidad fuerte.

El Mago en posición invertida puede sugerir un abuso de esa voluntad fuerte, y en algunos casos raros hasta puede sugerir la presencia de la llamada «magia negra», utilizada con fines destructivos y egoístas. No perdamos de vista que El Mago encabeza la tríada en la que está también La Fuerza, pero también El Diablo. Por el lado contrario, la carta invertida puede significar un debilitamiento de la voluntad, o una falta de concentración, o dudas sobre uno mismo.

La voluntad o la energía creativa pueden bloquearse o volverse disruptivas. Esto puede conducirnos a un estado de debilidad o a entrar en confusión con el propósito. Puede conducir más tarde a la apatía, el letargo o la incapacidad de actuar. Para quien trabaja en el arte puede significar un bloqueo creativo. A veces, la energía bloqueada puede causar ansiedad, miedo o ataques de pánico.

Como la fuente de estas situaciones es El Mago en posición invertida, el problema puede venir de algo que la persona necesita hacer, o de alguna decisión o acción que está evitando. Puede implicar asumir un riesgo (en especial si también aparece El Loco) o ir en contra de la opinión familiar o social (especialmente si aparece El Colgado). Debemos pensar la postura de El Mago como un pararrayos. Si uno permite que la energía pase a través de él y se enraíce en la acción, o en una decisión, se podrá experimentar esa alegría mágica. Si uno se resiste, la energía se queda dentro y perturba el sistema. Si El Mago aparece invertido en una lectura, las preguntas que debemos hacernos son: «¿Acaso dudo demasiado de mí?, ¿hay algo que sé que tengo que hacer?, ¿cómo puedo servir a la musa y al mundo?».

Aquí hay dos lecturas para comprender el poder mágico. La primera es una lectura de sabiduría para entender qué significa la magia.

Una lectura de sabiduría basada en El Mago

1. ¿Qué es la magia?
2. ¿Cómo actúa en el mundo?
3. ¿Cómo la encontramos?
4. ¿Cómo la utilizamos?
5. ¿Cómo hacemos para convertirnos en magos?

Pueden colocarse las cartas según el patrón que se sienta más adecuado.

La segunda lectura es personal y sirve para analizar los mismos temas pero en uno mismo.

Una lectura personal basada en El Mago

1. ¿Qué es la magia para mí?
2. ¿Cómo actúa la magia en mi vida?
3. ¿Dónde busco la magia?
4. ¿Cómo la encuentro?
5. ¿Cómo la uso?
6. ¿Cómo hago para convertirme en mago?
7. ¿Qué significará para mí?

La Suma Sacerdotisa: 2
Correspondencia astrológica: Luna
Letra de la Kabbalah: ג Gimel
Camino en el Árbol de la Vida: Kether (Corona) a Tipheret (Belleza)

Cartas La Suma Sacerdotisa de los mazos: Visconti, Marsella, Rider, Ritual de la Aurora Dorada, Egipcio y de la Tribu Luminosa

La Suma Sacerdotisa

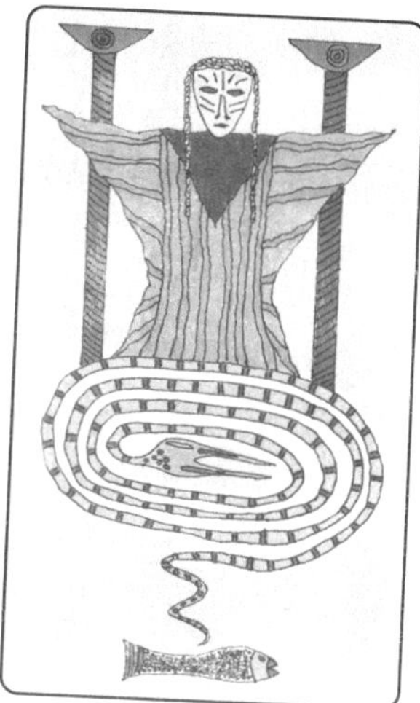

El término «Suma Sacerdotisa» es moderno, otra innovación de la Aurora Dorada. Originalmente, y hasta hoy en muchas versiones europeas, especialmente en el tarot de Marsella, la carta se llama «La Papesse», es decir, «Papisa» o «Papa mujer». La imagen de una mujer que lleva la triple corona del papa y sostiene un libro (en algunas versiones abierto, en otras cerrado, y hasta con candado en varias) se remonta al primer mazo existente, el Visconti-Sforza, cuyas imágenes no tenían nombre ni número (la que se muestra aquí es una reconstrucción moderna).

Podríamos suponer que, así como el triste *fou* se convirtió en El Loco sabio e inocente de los tiempos modernos, y el malabarista se volvió un poderoso Mago, la imagen de La Suma Sacerdotisa no apareció antes del siglo pasado.

Si echamos un vistazo a la historia de la carta nos encontraremos con una sorpresa. La expresión «Suma Sacerdotisa» se remonta a los orígenes mismos de la tradición esotérica del tarot, según comenta Antoine Court de Gébelin en *Le Monde Primitif*.

Algunos significados que recibe La Suma Sacerdotisa

Extraído de *Los orígenes místicos del tarot*, de Paul Huson.

De Mellet (1781): Orgullo, simbolizado por su actitud presumida. Idolatría.

Court de Gébelin (1773-1782): La Suma Sacerdotisa.

Lévi (1855): La letra hebrea Beth. Papa mujer. La casa de Dios y del Hombre, el santuario, la ley, la gnosis, la Kabbalah, la iglesia oculta, la díada, esposa o madre.

Christian (1870): Arcano II. La puerta del santuario oculto. Conocimiento.

Mathers (1888): La Suma Sacerdotisa. Ciencia, sabiduría, educación. Si aparece invertida: vanidad, ignorancia, falta de habilidad, conocimiento superficial.

Aurora Dorada (1888-1896): La Sacerdotisa de La Estrella de Plata. Gran Sacerdotisa. Cambio, aumento y disminución. Fluctuación (para bien o para mal, según las cartas relacionadas con ella).

Gran Oriente (Waite, 1889, 1909): Suma Sacerdotisa. Naturaleza, también generación y reproducción, fertilidad, cambio.

Waite (1910): La Suma Sacerdotisa. Secretos, misterio, el futuro no revelado. La mujer que le interesa a quien pregunta, si es hombre; la misma que pregunta, de ser mujer. Sabiduría y ciencia. Si aparece invertida: ardor moral o físico, vanidad, conocimiento superficial.

Antes de sumergirnos en tratar de identificar qué significan estos conceptos (antes de intentar ver detrás del «velo» de la sacerdotisa), debemos tener en cuenta ese nombre e imagen alternativos que tuvo de la mujer papa. ¿Fue acaso una respuesta paródica o subversiva a un sacerdocio exclusivamente masculino? Muchas personas conocerán la historia de la papisa Juana, una mujer que se disfrazó de hombre para poder ser sacerdote y luego alcanzó el rango necesario para ser elegida papa. Tanto si se trató de un hecho real como de una mera leyenda popular, puede haber dado origen a la carta de tarot de *La Papesse*.

Y hay una posibilidad más. En el año 1200 surgió en Europa un movimiento radical liderado por una mujer llamada Guglielma de Bohemia, quien predicaba que Cristo volvería en cien años para comenzar una nueva era en que las mujeres serían papas. Guglielma murió antes del gran día, por lo que los guglielmitas eligieron a una mujer llamada Manfreda Visconti como la primera papa mujer europea.

El año 1300 llegó y se fue sin que Cristo hiciera acto de presencia alguno (hasta donde registra la historia), y la Iglesia dejó muy en claro su postura sobre las papas mujeres: Manfreda fue quemada en la hoguera. Ciento cincuenta años después se creó el primer mazo de tarot que se conoce, por encargo de los gobernantes de la ciudad-estado de Milán, la familia Visconti.

¿Será que el tarot guardaba en secreto las enseñanzas heréticas de Guglielma y Manfreda? Probablemente no.

Pero sí podemos afirmar esto con certeza: las personas siempre tienden a buscar el equilibrio y, hasta en las culturas más patriarcales, las imágenes de lo femenino encontrarán su expresión en el arte, los relatos y las historias, e incluso en la religión. Cuando la Iglesia católica estableció que lo divino quedaría representado exclusivamente por lo masculino, la gente recurrió a las visiones de la Virgen María, una figura amorosa que podría interceder por ellos cuando los castigos del Dios masculino fuesen demasiado duros. La Iglesia se resistió a estos esfuerzos por elevar a María, aun cuando su popularidad le era de gran utilidad. La mayoría de las personas no tiene conocimiento de que hace poco, en 1950, el Vaticano ubicó a María oficialmente en el Cielo junto a su Hijo.

Varias imágenes renacentistas de María la muestran leyendo un libro. ¿Fue acaso la propia Madre María una de las fuentes de inspiración de *La Papesse*?

El tarot, en especial en las primeras versiones de las cartas, presenta un sistema de dualidades: El Mago y La Suma Sacerdotisa, seguidos de La Emperatriz y El Emperador. El Mago y La Suma Sacerdotisa son el modelo mismo de la dualidad del tarot. «Del Uno nace el Dos». Así lo dice el Tao Te Ching. No podemos tener un polo norte sin un polo sur, la electricidad no puede tener un positivo sin un negativo, la luz crea la sombra. Así, podemos describir a El Mago como luz, razón, lo activo, lo masculino, lo que va hacia el exterior y lo consciente; y a La Suma Sacerdotisa como oscuridad, intuición, receptividad, lo femenino, lo que va hacia el interior, lo inconsciente. Y, a la vez, tienen puntos de cruce sutiles. La postura de El Mago, con un brazo hacia arriba y el otro hacia abajo, permite que el poder lo atraviese, de modo tal que la sensación de actividad y creatividad proceda del Espíritu (o la musa), y no del poder o control personales.

Y si bien La Suma Sacerdotisa simboliza lo femenino oscuro (la idea china del yin en contraposición con el yang o, como nos dice el Tao Te Ching, «Lleva la sombra en la espalda, recibe la luz con los brazos»), la versión moderna la muestra sentada entre dos pilares, uno claro y el otro oscuro, de modo que ella misma se convierte en el principio del equilibrio. Este es el genio de los símbolos genuinos, que pueden significar varias cosas a la vez y tener así infinitas aplicaciones posibles.

Tanto en la versión de *La Papesse* como en la de La Suma Sacerdotisa se encuentra presente el sentido del tres en lo que portan sobre la cabeza. La triple corona de la papisa simboliza el reinado de Cristo a todo nivel. La Suma Sacerdotisa del mazo Rider lleva la corona de Isis, que es símbolo de las tres fases de la luna. Hablaré con más detalle sobre esta imagen en un momento. Pero antes…

Quiero contarles sobre otro de mis «errores» en mis comienzos en el tarot (un caso parecido al que relaté de cuando vino a verme ese hombre que era vidente y le dije que yo no lo era; ver la sección sobre El Mago). Hace unos treinta años le daba clases particulares a una joven que estaba atravesando un momento difícil. Tenía unos ataques persecutorios que la aterrorizaban: podía ver cuchillos que atravesaban las paredes y quedar tomada por el terror de que venían a matarla. Desde la psiquiatría, estos síntomas se explican por la química del cerebro. En términos esotéricos podría decirse que estaban rompiéndose las fronteras entre tres niveles: el del mundo arquetípico de los principios, el reino inferior de los sueños y el mundo de la vida cotidiana.

Un día la mujer llegó temprano y, para no molestarme antes de la sesión, se fue a tomar un café por el barrio, que era una zona muy antigua de Ámsterdam. La cafetería estaba en un edificio que pronto sería derribado y, por eso, tenía unos pilares enormes hechos con troncos de árbol que apuntalaban las paredes a ambos lados de la ventana. El mismísimo entorno de un edificio condenado a muerte debió de simbolizar para ella, a nivel inconsciente, el estado de su psique en peligro. Se sentó frente a un mostrador de madera junto a la ventana y vio llegar a una mujer negra y otra blanca que se sentaron una a cada uno de sus lados. El pánico se apoderó de ella y salió corriendo hasta mi apartamento. Me dijo que le pareció que eran dos demonios o, para ser exacta, un ángel y un demonio que luchaban por su alma.

Era un momento en que habían llegado muchas personas de raza negra a los Países Bajos, procedentes de las antiguas colonias de Surinam y Curaçao en América del Sur. En respuesta a eso, los neerlandeses, que siempre son tan críticos del racismo en otros países, habían mostrado su propia veta racista. Así que cuando me dijo que creía que una mujer negra era un demonio que intentaba arrastrar su alma a las tinieblas, cometí el gran error de reaccionar desde una visión política y expresar la idea de que el color de la piel no representa el bien o el mal.

Ella me escuchó con respeto y pareció entender mi punto de vista, pero cuando miro atrás estoy segura de que lo que le dije no le llegó de modo significativo de verdad. Al día siguiente de esa conversación me di cuenta de lo que debería haber hecho yo: sacar la carta de La Suma Sacerdotisa, ponerla frente a ella y decirle: «Este es el pilar de la oscuridad. Este es el pilar de la luz. Y esta eres tú sentada en el medio. No pueden hacerte daño».

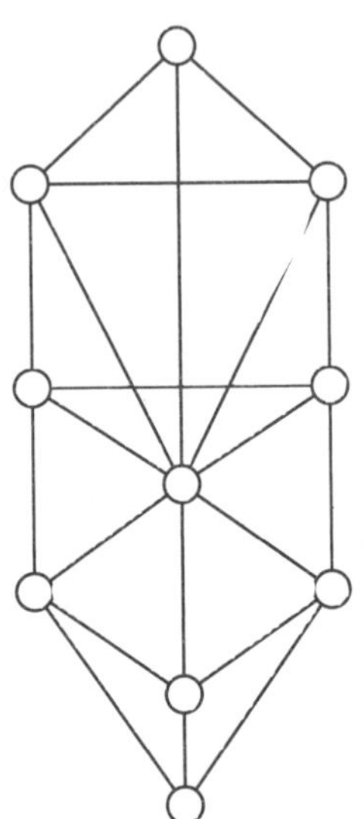

El Árbol de la Vida y sus pilares, y Rider: *La Suma Sacerdotisa*

Con esto no quiero decir que pienso que solo mostrarle esa imagen la habría curado de su angustia. Pero sí que en caso de que sean las imágenes las que nos atrapan, también pueden ser ellas las que nos liberen. Siempre podemos intentar acallar al mundo arquetípico peleando con él, diciéndole: «No es racional, no tiene sentido». O podemos tratar con él en sus propios términos y mantener la esperanza viva de que podemos viajar a través de la experiencia. El tarot nos brinda lo arquetípico de modo tal que podamos usarlo, tanto para la curación como para el autodescubrimiento.

En el Árbol de la Vida de la Kabbalah encontramos a la derecha el pilar masculino de la expansión y, a la izquierda, el pilar femenino de la contracción. Pero en el medio está el equilibrio.

En el tarot de Marsella la sacerdotisa está sentada ante una cortina. En versiones posteriores de la carta, en la tradición del mazo Rider, la cortina está entre dos pilares marcados con la B y la J. Las letras son por Boaz y Jakin que, según la tradición, eran los nombres de las columnas en blanco y negro de la entrada del Templo de Salomón en el antiguo Israel. La carta es una evocación sutil de la masonería, porque los masones se propusieron reconstruir el templo, pero más en el plano astral que como edificio terrenal. Las dos columnas o pilares evocan también el número de la carta y el principio femenino, la entrada al útero.

La cortina está decorada con unas granadas, fruta que simboliza en más de un modo lo femenino, la diosa. Es un fruto fecundo, con muchas semillas, con un jugo rojo que se asemeja a la sangre menstrual y que, cuando se lo corta por la mitad, queda con una forma parecida a la del útero. De hecho, además contiene estrógeno, la hormona femenina. La granada se hizo más popular en los últimos años porque se descubrió que presenta una alta concentración de antioxidantes, una sustancia química que puede prevenir el cáncer.

La granada reúne simbolismos griegos y de la Kabbalah. La fruta aparece en el mito de Perséfone (de quien hablaremos más en un momento), pero también los cabalistas medievales imaginaban el paraíso como *Pardes Rimmonim*, un «huerto de granadas». La palabra «paraíso» en español, así como «*paradise*» en inglés y «*Pardes*» en hebreo, derivan de la palabra persa «*paradeiza*», que significa «jardín cerrado», como el Jardín del Edén (que originalmente se consideraba un lugar físico en el mundo pero con su contraparte en el reino celestial o astral; como es arriba, es abajo).

En la carta del mazo Rider la presencia de los frutos sugiere el Árbol de la Vida, y la parte superior del triángulo tocan su copa y las puntas de la corona de la sacerdotisa. A cada uno de sus lados pueden verse los sefirots laterales, mientras que los centrales quedan ocultos por su propio cuerpo. Así, se convierte ella misma en el árbol en sí. Y nosotros también, al punto de poder encarnar por dentro a la sacerdotisa. Veremos esta imagen del cuerpo en el árbol aún más desarrollada en El Colgado y en El Mundo.

Como ya mencioné antes, la granada evoca a la diosa griega Perséfone y, a través de ella, al rito más importante del mundo clásico, los

Misterios Mayores de Eleusis (una pequeña ciudad en las afueras de Atenas). En el mito que subyace a los Misterios, un mito que con el tiempo fue pareciéndome más y más significativo para el tarot, ya sea que pensaran o no en ello quienes hicieron los diseños originales, Hades, el dios de la muerte, rapta a Perséfone para convertirla en su novia en el Inframundo. Cuando la madre de Perséfone, Deméter, obliga a los dioses a permitir que su hija regrese al mundo de los vivos, la Muerte le da de comer a Perséfone un grano de granada; y luego, por haber consumido alimentos en el Inframundo, ella debe regresar todos los años y permanecer un tiempo (véase también La Emperatriz, La Rueda de la Fortuna, El Diablo y La Estrella). Así, La Suma Sacerdotisa se convierte en el ama de los misterios, de la muerte y del pasaje a través de la muerte a una existencia superior.

Los Misterios de Perséfone se sugieren aún con más fuerza en el nombre moderno de la carta cinco, El Hierofante, porque así se lo llamaba al sacerdote que presidía el ritual de los nueve días.

Así pues, tenemos una suma sacerdotisa y un sumo sacerdote, al igual que en mazos anteriores había una papisa y un papa. Pero ¿cuál es la diferencia exacta entre un sacerdote y una suma sacerdotisa? Tradicionalmente, representan los aspectos externos e internos de la experiencia mística. El sacerdote tiene el poder sobre la tradición, las reglas, las enseñanzas. La sacerdotisa implica niveles de comprensión que no pueden expresarse con palabras o doctrinas, que se desmoronan o parecen absurdos ante el intento de describirlos.

Todos hemos tenido momentos así, en que hemos dicho de alguna experiencia puntual «No puedo describirlo en palabras» o «No sé cómo lo sé, solo lo sé». La sabiduría de La Suma Sacerdotisa se parece a tales sentimientos pero de un orden diferente, porque involucra verdades divinas. Los momentos como estos pueden ayudarnos a vislumbrar cómo es ella.

La cortina o el «velo» que aparece por detrás en varias versiones refleja una imagen ocultista del siglo XIX: la de «Isis con velo», que da origen a «Isis sin velo» (título de un libro de Madame Blavatsky, la fundadora de la teosofía), que es el momento en que se revelan los grandes secretos. En la tradición del mazo Rider la sacerdotisa lleva la corona de Isis, formada por dos lunas crecientes y una luna llena entre ellas.

Aunque la corona viene de Isis, también representa a la Triple Diosa de la luna creciente, llena y menguante, que se hace presente en su aspecto físico en la vida de las mujeres como Doncella, Madre y Vieja. Aquí no es una cuestión de simbolismo, al menos no de un símbolo intelectual o artístico. Las fases de la luna son muy reales, al igual que las fases de la vida de las mujeres. Y en efecto son la misma cosa en concreto. Y no es que se parezcan entre sí por mera coincidencia. El ciclo menstrual femenino se corresponde con el ciclo lunar. Los ciclos vitales de las mujeres siguen el mismo patrón que la luna. «Como es arriba, es abajo»: no son palabras vacías de sentido, ni una ideología, ni una metáfora que dice que dos cosas completamente distintas se parecen entre sí. Significa que ambas cosas forman parte de una existencia superior. El tarot no nos enseña conceptos nada más. Nos enseña sobre la realidad.

La Aurora Dorada le dio una asignación astrológica a la luna, que no es en la carta de La Luna sino en la de La Suma Sacerdotisa; y en la tradición del mazo Rider la luna creciente está ilustrada a sus pies. Podemos ver en ella a las diversas diosas de la luna de distintas culturas, en particular a Artemisa/Diana, quien rechaza el matrimonio y las estructuras sociales, y vive libremente en las montañas con su banda de ninfas. Leemos sobre esta diosa en los textos de Homero, que la describe como una especie de marimacho de gestos toscos, pero su culto e imagen se remontan a épocas muy remotas, quizás hasta prehistóricas, tanto que ni siquiera se conoce el origen de su nombre. Ella trae los significados de todo lo salvaje, libre y antiguo, pero también asiste a las mujeres que están en el momento del parto, para aliviar su dolor. Al igual que Isis (y muchas otras diosas, como también la Shekinah, el aspecto femenino de Dios según la Kabbalah), las pinturas en general representan a Artemisa con alas desplegadas.

La cortina representa el «velo» sobre los secretos ocultos de la existencia, pero si observamos con atención la imagen del mazo Rider en realidad se puede ver por entremedio de los pilares y la cortina, y al hacerlo no descubrimos ningún templo grandioso ni documento antiguo, no hay ninguna apertura al otro mundo. En cambio, lo que hay es agua: amorfa, serena, insondable. El misterio supremo.

En términos modernos, a estas aguas ocultas se las llama «inconsciente», pero solo si lo distinguimos del «subconsciente»: esa masa de pensamientos, deseos y emociones reprimidos que el yo consciente no quiere reconocer. Cuando reaccionamos con una emoción extrema ante algún comentario inocuo es el subconsciente que desvela una escena. Cuando percibimos la maravilla de la vida y no podemos explicarlo, tocamos lo inconsciente. Aquí usamos «inconsciente» como el vasto mar de la vida más allá de nuestra experiencia personal, nuestras necesidades y nuestros deseos. Los mitos, la inspiración de la maravilla divina, los sueños que parecen venir de un lugar más profundo que el de la ansiedad que todos conocemos (como el típico sueño en épocas de exámenes, en que soñamos que nos olvidamos de estudiar), todos estos estados nos permiten vislumbrar el inconsciente que está por detrás del velo de la existencia cotidiana. Podemos relacionar a La Suma Sacerdotisa con la Isis egipcia o la Perséfone griega. En el tarot de la Kabbalah, también encarna una figura muy importante conocida como la Shekinah. Este término significaba en su origen «la presencia manifiesta de Dios» (y todavía mantiene ese significado porque los significados más antiguos suelen perdurar), es decir, el poder divino vivo en la Tierra y que se manifiesta en el Arca de la Alianza (¿recuerdan el final de la película *Raiders of the Lost Ark?*)* en el centro del Templo de Salomón. Con el tiempo, los seguidores de la Kabbalah le dieron un significado más elaborado a la Shekinah: el aspecto *femenino* de Dios, que de hecho vivía en el templo y era la pareja del «Rey», el aspecto masculino de Dios, que habita en el Cielo. El Arriba y Abajo, unidos en la unión —o *Yihud* en hebreo— entre el Rey y la Shekinah. Raphael Patai, en su libro *La diosa hebrea*, muestra que muchos atributos asociados a la Shekinah se asemejan a los de figuras como la diosa babilónica Ishtar.

---

* «En busca del arca perdida»

El mito de la Kabbalah también nos dice que cuando los romanos destruyeron el templo en el año 70, la Shekinah le dio la espalda al Rey (quien, a fin de cuentas, había dejado que los romanos destruyeran su hogar) y se fue al exilio con la humanidad. Así se vuelve virginal, desprendida, pero dedicada, como La Suma Sacerdotisa. Parte de nuestro propósito como humanos es ayudar a restaurar la *yihud* entre los dos aspectos de Dios. Y esto lo hacemos a través de la unión de los hombres y las mujeres (o, en realidad, entre dos amantes cualesquiera que sean), como la que se muestra en la carta de Los Amantes, o a través de la armonización de las partes masculina y femenina en nosotros mismos, nuestro propio Mago y Suma Sacerdotisa, como sugiere la carta de El Mundo.

Es claro que todo esto es muy complejo. ¿Qué decimos cuando La Suma Sacerdotisa aparece en las lecturas? A veces puede significar doctrinas y enseñanzas secretas, o incluso el oficio de una sacerdotisa, alguien que guía o inspira a otros. El paganismo moderno ha sido el precursor en lo que refiere a revivir el concepto de «sacerdotisa». El nombre no solo hace referencia a una mujer sacerdote, ya que el de un sacerdote y el de una sacerdotisa son roles muy diferentes. El sacerdote oficia y dirige, y en su mejor aspecto dirige la energía divina para bendecir al pueblo o a la tierra. La sacerdotisa inicia; lleva a las personas a los niveles internos donde pueden descubrir sus propios misterios. Podemos desempeñar este papel en la vida cotidiana cuando ayudamos a otros, especialmente si están en medio de una crisis, a encontrar su propio camino sin decirles lo que tienen que hacer (es decir, nutrirlos y darles cuidados, como podría hacer La Emperatriz).

La carta de La Suma Sacerdotisa puede indicar que ha despertado algo muy profundo en nosotros, en especial una conciencia psíquica o espiritual. Una vez, en una clase sobre lectura de sueños, una mujer contó que había soñado que un jaguar verde brillante se le acercaba y la llevaba a una habitación con un altar y una corona. El jaguar se convertía en una mujer, tomaba la corona y se la ponía sobre la cabeza. Le dije que se parecía bastante a un sueño de iniciación a un misterio espiritual. Cuando hicimos la lectura (para saber más sobre el método de utilización del tarot con los sueños, véase el capítulo sobre lecturas) y llegamos al momento en que la mujer jaguar la coronaba, la carta era La Suma Sacerdotisa.

El rol de servicio de la sacerdotisa nos muestra un aspecto de la carta. En otro aspecto, nos recuerda estar en silencio, mirar hacia dentro y contemplar la quietud. Esto puede ser meditar o hacer alguna otra práctica espiritual, pero no necesariamente. Solo nos dice que no nos precipitemos, que no intentemos resolver las cosas, que no nos enrosquemos. En el mundo moderno, la mayoría de nosotros vivimos entre dos estados: la acción y la relación. Intentamos tener éxito, ser responsables, o tratamos de conectar con la familia, los amantes y los amigos de maneras significativas. La carta de La Suma Sacerdotisa nos recuerda que debemos permanecer con nosotros mismos, confiar en nuestro instinto y en nuestra intuición. No tenemos por qué actuar en consecuencia, y puede que no seamos capaces de explicárnoslos, ni siquiera a nosotros mismos, pero podemos confiar en esa sensación de que lo sabemos.

En posición invertida, La Suma Sacerdotisa puede ser una llamada a que volvamos a involucrarnos en el mundo, en especial si venimos de pasar un tiempo en el que estuvimos aislados, explorando nuestra vida interior. Hay cierta seducción en su silencio, su separación, pero si nos quedamos demasiado tiempo en ese estado nos puede resultar difícil volver a nuestra vida, nuestras responsabilidades y nuestras relaciones.

Puede que la carta invertida nos recuerde que seamos apasionados, que nos comprometamos con algo o con alguien. Puede que tengamos que tomar una decisión o pasar a la acción con firmeza. En algunos contextos (dependiendo del lugar en la lectura y de las otras cartas), puede indicar presión de parte de otras personas o falta de respeto de quienes nos rodean.

Una lectura basada en La Suma Sacerdotisa

1. ¿Qué hay en lo profundo de mi ser?
2. ¿Cómo lo sé?
3. ¿Cómo puedo ser genuino con eso?
4. ¿Qué necesito sacar al exterior?
5. ¿Qué necesito conservar en mi interior?

La Emperatriz: 3
Correspondencia astrológica: Venus
Letra de la Kabbalah: ד Daleth
Camino en el Árbol de la Vida: Hokhmah (Sabiduría) a Binah (Entendimiento)

Cartas de la Emperatriz en los mazos:
VISCONTI, MARSELLA, RIDER, RITUAL DE LA AURORA DORADA, EGIPCIO Y DE LA TRIBU LUMINOSA

La Emperatriz

Hay muchas trinidades en la religión. Aunque el triángulo primordial (la razón por la cual nos atrae tanto el número tres) es Padre-Madre-Hijo, es raro que las mitologías en general parecen inclinarse hacia las versiones enteramente masculinas o femeninas. Además de la trinidad cristiana de Padre-Hijo-Espíritu Santo, se encuentra la de la tradición hindú: Creador-Preservador-Destructor, que es también íntegramente masculina. Las mujeres tienen su posibilidad de aparición en las tres Parcas de Grecia (equiparables a las nornas de la mitología nórdica europea) y la Triple Diosa dada por la Doncella-Madre-Vieja, cuyos aspectos reflejan las fases de la luna: creciente, llena y menguante; así como las etapas de la vida de la mujer: desde la infancia hasta la edad fértil de una mujer y, luego, hasta la menopausia. En los Arcanos Mayores hay tres cartas principales vinculadas a lo femenino que coinciden con la Triple Diosa: La Suma

Sacerdotisa para la Doncella, La Emperatriz para la Madre y La Luna para la Vieja. Y, aun así, cada una de ellas lleva en sí las tres cualidades, cualquiera sea que enfatice. (Para más información sobre la Triple Diosa, véase La Suma Sacerdotisa).

En nuestro estudio de estas primeras cartas venimos analizando un pasaje del Tao Te Ching chino, que coincide con el desarrollo de las ideas e imágenes del tarot. A partir del Tao (la Nada, El Loco) surge el Uno. A partir del Uno (El Mago) surge el Dos (La Suma Sacerdotisa). Del Dos surge el Tres, La Emperatriz, apasionada y dadora de vida, la Tierra como la Gran Diosa. Para completar el pasaje del Tao Te Ching (véase El Loco para más información sobre este verso): «Del Tres surgen las diez mil cosas», es decir, todo en la vida, la efusión de la naturaleza con toda su maravilla y energía.

Esa fórmula del 1 al 2 al 3 puede verse de otra manera. En términos sencillos, 1 + 2 = 3; el mundo físico consiste en la unión de los opuestos simbolizados en El Mago y La Suma Sacerdotisa: luz y oscuridad, activo y receptivo, masculino y femenino, consciente e inconsciente, positivo y negativo. Ninguna de estas posibilidades puede existir sin su acompañante. Así como la Tierra gira sobre un eje con polos norte y sur, las mismísimas moléculas de nuestro cuerpo se mantienen unidas gracias a la conexión de partículas subatómicas positivas y negativas. Mientras que El Mago y La Suma Sacerdotisa representan principios, La Emperatriz significa la realidad que combina esos principios.

En más de una mitología encontramos que se describe a la Tierra, incluso al cosmos, como un ser primordial. En la antigua Grecia a la Tierra la llamaban «Gaia» y decían que fue la primera en emerger del caos antes de la creación. El nombre, y algo de este concepto, se retoma en la «Teoría de Gaia», que sugiere que el planeta Tierra es un único organismo gigante y no una roca sin vida sobre la que existen seres vivientes. Si pensamos que cada uno de nosotros estamos vivos, somos seres únicos, pero nuestro cuerpo contiene millones de bacterias y otros organismos independientes, ¿por qué no sería así para todo el planeta?

En algunas culturas se habla de una diosa cuyo cuerpo se rompe o desgarra para formar el mundo. El mito sumerio de Tiamat, una dragona enorme, o una gran serpiente de mar, se opuso tanto a los dioses que su descendiente, Marduk, la mató y la cortó en pedazos para hacer la Tierra. En el feminismo y entre muchas historiadoras especializadas en deidades femeninas se cree que Tiamat era originalmente una Gran Madre benevolente que creó el mundo a partir de su cuerpo, mientras que Marduk representa el surgimiento del poder masculino y su necesidad de destruir la autoridad femenina.

Encontramos un relato similar en Japón. El mito japonés dice que al morir la primera mujer que existió, Izanami, su esposo/hermano Izanagi fue hasta el Inframundo a traerla de regreso a la vida.

Pero Izanagi se horrorizó ante el cuerpo devorado por los gusanos y huyó. Izanami lo persiguió y, por donde ella iba, dejaba caer pedazos de su cuerpo putrefacto que se desprendían y formaban las montañas, los bosques, los mares. Entonces, ¿nuestro mundo es el cadáver putrefacto de una diosa? La existencia misma de la vida contiene la muerte, el destino de toda criatura.

Hay un nivel del relato en que estas historias dan cuenta del horror a la muerte, que puede alejarnos de la vida. En términos culturales, también establecen patrones de dominación masculina, como cuando Marduk mata a Tiamat, quien supuestamente oprimía a los dioses. En un fragmento más temprano de la historia japonesa, el caos y los monstruos fueron el resultado de que Izanami fuera la primera en hablar para iniciar el acto sexual, y que la creación «buena» ocurrió cuando su marido tomó la iniciativa. En otras palabras, el mito busca recordarles a las mujeres que permanezcan en su lugar.

Pero hay otro nivel también, una vez que nos despojamos de la propaganda patriarcal, en que las historias capturan la intuición poderosa de que todas las piezas dispersas del mundo, todas las criaturas y las plantas y las rocas, todas las *historias* individuales, son en realidad una vida, una historia, un ser. Podemos entender a los Arcanos Mayores como una especie de plano de restauración, de cómo reunir todas las piezas rotas, *tikkun olam*, restaurar el mundo (como dicen en la Kabbalah, y no se refieren al progreso social) y por eso llamamos a la última carta «El Mundo». El Mundo es 21, y si sumamos esas cifras, 2 + 1, obtenemos el 3, La Emperatriz.

Si bien en algunos mazos modernos se representa a La Emperatriz como Gaia, la mayoría sigue la imaginería de la versión de Rider, que alude simbólicamente a dos diosas griegas posteriores, Deméter, a quien los romanos llamaron Ceres (de donde procede la palabra «cereal»), y Afrodita/Venus. En el mazo Rider, Deméter está en medio del trigo y este crece alrededor de su lujoso asiento, porque Deméter era la diosa de la vida vegetal. Cuando Hades, el dios de la muerte, secuestra a su hija Perséfone, para convertirla en su novia en el oscuro Inframundo, Deméter hace que todas las plantas dejen de crecer. Sin plantas, los humanos y los animales morirán, y sin humanos ni animales, los dioses no recibirán sacrificios. Entonces Zeus envía a Hermes (véase el capítulo de El Mago) para ordenar a Hades que entregue a Perséfone. Pero como ya vimos en La Suma Sacerdotisa, Perséfone come semillas de granada en la Tierra de los Muertos, por lo que debe regresar cada año y permanecer un tiempo. En la imagen del mazo Rider, la túnica de La Emperatriz tiene granadas dibujadas, pero son más un símbolo de fecundidad que del Inframundo. Veremos diferentes aspectos de esta historia una y otra vez en los Arcanos Mayores, en especial en La Estrella, la carta inferior en la tríada Emperatriz-Rueda de la Fortuna-Estrella.

Como estaba dispuesta a detener el mundo antes que resignarse a que la Muerte le arrebatara a su hija, Deméter se convierte en el símbolo de la maternidad y de su absoluta devoción.

El himno homérico que relata esta historia lleva el título de «Himno a Deméter» (no a Perséfone) y en el ritual de nueve días de los Misterios, todos los celebrantes asumían el papel de Madre, y experimentaban el dolor de la pérdida, la negación de aceptar el final que impone la muerte y, por fin, la alegría del regreso de Perséfone, con su promesa de que la muerte no será nuestro destino final.

La historia de Deméter nos muestra la interconexión de toda la vida, de modo que ella, al igual que Gaia, se convierte en la diosa de la ecología. Cuando sale esta carta podemos pensar muy bien en nuestra propia conexión con otros seres vivos y nuestra responsabilidad hacia la naturaleza. Los griegos veían a Deméter como la diosa de la ley, posiblemente porque traía el don de la agricultura y, por lo tanto, las leyes de la civilización. En el tarot, la ley aparece en la siguiente carta, El Emperador, pero aquí se refiere primordialmente a la ley humana, la sociedad y sus estructuras. A La Emperatriz, puede describírsela como dadora y gobernante de las leyes de la vida, desde la ecología hasta el ADN.

La Emperatriz está presente en múltiples ámbitos: la energía de la naturaleza, la devoción de la madre, así como también en la sexualidad y el poder de la pasión. En las imágenes de los mazos Visconti y Marsella vemos un águila, símbolo de los Habsburgo y del Sacro Imperio Romano Germánico (para más información sobre esta imagen, véase la sección sobre El Emperador). En las versiones modernas, el escudo se convierte en un corazón blasonado con el glifo astrológico de Venus, que ahora se conoce más que nada como el signo biológico femenino. Venus es el objeto celeste más brillante después del Sol y la Luna, y aparece suave y hermoso (sobre todo comparado con el rojo furioso de Marte), y por esa razón, los antiguos lo asociaban con la diosa del amor, llamada Afrodita por los griegos y Freya, por los pueblos germánicos. El día de Freya es el viernes, tanto del planeta como de la diosa, y por eso es un buen día para expresar pasiones o realizar algún tipo de magia o ritual bajo la influencia de Venus. Así también, es buen día para las lecturas del tarot sobre el amor.

A diferencia de otras deidades griegas, Afrodita no se mantiene alejada del poder sobre el que gobierna (Zeus parece encarnar la idea de «Haz lo que yo digo, no lo que yo hago»). Afrodita se enamora tan locamente como cualquier pobre ser humano preso de una obsesión. La Emperatriz no discrimina, no se reprime, no se pregunta si lo que le pasa está bien. Cuando llegas a algún lugar donde te siguen todas las miradas y sabes que podrás irte con quien quieras, estás expresando el poder de La Emperatriz. Pero es el mismo poder el que te deja atrapado sin poder moverte del teléfono hasta leer la respuesta a los cinco o diez mensajes que has dejado en el contestador de tu amante. Y también estás en su reino cuando miras a tu hija dormir y sabes que serías capaz de matar con tal de mantenerla a salvo.

La Emperatriz trae el significado de estas emociones tan potentes, es por eso que podemos utilizarla para energizar o transformar nuestra propia vida emocional. Es posible crear rituales alrededor de su imagen (y realizarlos el viernes o cuando Venus se vea nítidamente en el cielo, o bien en el aspecto astrológico), o también se puede hacer algo más sencillo: tomar la carta del mazo de nuestra preferencia, colocarla bien a la vista en la habitación, y mirarla durante varios días para anotar lo que despierta en nosotros. Podemos escribir sobre las propias pasiones o la propia historia emocional y las heridas, o solo dejar que la imagen nos inspire y crear una afirmación. Puedes recurrir a La Emperatriz para lograr esta comprensión emocional, pero no solo eso, también puede traernos energía vital para curar una enfermedad. En la antigua Grecia, los templos de curación solían tener santuarios de Afrodita, porque no hay curación sin amor: amor a la vida, amor a la belleza, amor y deseo de estar en plenitud.

Para honrar a Afrodita o hasta para encarnarla, hay que ponerse algo de oro o cobre, ya que ambos eran sagrados para ella en el mundo antiguo (el cobre, gran conductor de la electricidad, era sagrado también para Hermes e Isis, lo cual traza una línea que une a El Mago, La Suma Sacerdotisa y La Emperatriz; y los habitantes de Chipre, donde Afrodita emergió por primera vez del mar, usaban espejos de cobre para la adivinación). Para Deméter, se recomienda vestirse de verde y decorar con flores. Para honrar a ambas, ¡irse de pícnic y hacer el amor en el campo!

A veces, La Emperatriz simboliza muy puntualmente a la «madre», ya sea la influencia de la propia madre de quien consulte (en especial en casos de personas con problemas con la madre) o el papel de la madre y la maternidad en la vida de alguien. Si aparece junto con cartas que muestran niños (como El Sol), la familia o la fertilidad, La Emperatriz puede significar embarazo.

Dado que La Emperatriz encarna el deseo, en cierto sentido se superpone con la carta de Los Amantes. Esta es la carta 6, y La Emperatriz, la 3, por lo que podríamos ver a Los Amantes como La Emperatriz duplicada: la pasión en una relación. Aunque a veces suponemos que la pasión y el deseo no existen más que en las relaciones, en realidad provienen de nuestro interior. Tenemos que amar la vida y experimentar deseo antes de poder enamorarnos de verdad.

¿Acaso La Emperatriz significó siempre naturaleza, pasión y maternidad? Si vemos los significados históricos, descubriremos otra evolución interesante.

Algunos significados que recibe La Emperatriz

Extraído de *Los orígenes místicos del tarot*, de Paul Huson.

De Mellet (1781): La Reina.

Court de Gébelin (1773-1782): La Reina.

Lévi (1855): La letra hebrea Gimel, la Emperatriz. La palabra, la tríada, plenitud, fecundidad, naturaleza, generación en los tres mundos.

Christian (1870): Arcano III. Isis-Urania: acción. En el mundo divino, el poder supremo equilibrado por la mente eternamente activa y la sabiduría absoluta; en el mundo intelectual, la fecundidad universal del Ser Supremo; en el mundo físico, la naturaleza en pleno trabajo, la germinación de los actos que han de brotar de la voluntad.

Mathers (1888): La Emperatriz. Acción, plan, movimiento en algún asunto, iniciativa. Si aparece invertida: inacción, derroche de poder, falta de concentración, vacilación.

Aurora Dorada (1888-1996): La Hija de los Poderosos. Emperatriz. Belleza, placer, éxito, lujo; a veces disipación, pero solo con cartas muy malas.

Gran Oriente (Waite, 1889, 1909): Emperatriz. La esfera de la acción; el lado femenino del poder, el gobierno y la autoridad; la influencia de la mujer; la belleza física; el reinado de la mujer; también la alegría de vivir y los excesos del lado maligno.

Waite (1910): La Emperatriz. Fecundidad, acción, iniciativa. Si aparece invertida: luz, verdad, desentrañamiento de asuntos complicados, regocijos públicos; según otra lectura [de Mathers], vacilación.

Tanto De Mellet como Court de Gébelin la describen simplemente como «Reina», término que puede hacer referencia tanto a un gobierno temporal como a Reina del Cielo, una expresión muy antigua, usada para referirse, por ejemplo, a la diosa hebrea antigua Asherah y a la Virgen María. La imagen del mazo Rider sugiere esta idea, porque en ella La Emperatriz lleva puesta una diadema de doce estrellas, que podrían representar los signos del zodíaco. Sin embargo, Waite afirma en su capítulo sobre La Emperatriz (en contraposición con los significados adivinatorios enumerados anteriormente): «No es *regina coeli*», el término en latín para la Reina del Cielo, y añade que, sin embargo, «sí es *refugium peccatorum*, la madre fecunda de miles».

En cuanto llegamos a Lévi encontramos la idea de naturaleza y fecundidad que Waite subraya en su texto más largo: «Sobre todas las cosas, ella es la fecundidad universal». Paul Christian separa la «generación» de Lévi en tres niveles, pero todos tienen que ver con el poder y con la capacidad de hacer que sucedan las cosas, o que cobren vida.

Ritual de la Aurora Dorada: *La Emperatriz y Los Amantes*

Mathers destaca la idea de acción de formas más convencionales, como hacer planes, una cualidad que puede parecer contraria al espíritu de La Emperatriz tal como la conocemos hoy, porque en la actualidad se la considera espontánea y emocional. La Aurora Dorada agrega la belleza, el placer y el lujo junto con la acción y la fecundidad. Así, La Emperatriz se convierte en modelo de sensualidad, una de las formas en que todavía pensamos en ella. Nótese que el espíritu victoriano de la Aurora Dorada añade «disipación», pero reconoce que se trata de una distorsión, y «solo con cartas muy malas».

De igual modo que Gran Oriente, Waite introduce la «influencia» y el poder de la feminidad, pero también vuelve a la idea original de Reina con la frase: «El lado femenino del poder, el gobierno y la autoridad». Y lleva más allá la idea de lujo de la Aurora Dorada, o tal vez la simplifica, con la frase: «La alegría de vivir». También incluye «el exceso en el lado malvado», sin matizarlo con lo de «solo si hay cartas muy malas».

Al escribir con su propio nombre, Waite parece volver a las ideas anteriores de «acción», aunque también de «fecundidad».

En lo que a mí respecta, diría que lo que trae La Emperatriz a las lecturas es, sobre todo, la pasión. Ya sea como Deméter o Afrodita, nos muestra un abrazo a la vida en todo su horror y su desorden, pero también en su belleza. No niega el dolor de la vida pero nos recuerda que podemos amar al mundo a pleno, sin reservas. La Emperatriz en una lectura puede indicar maternidad, en especial, como ya se ha dicho, con cartas que muestran niños o familia. Puede simbolizar la dedicación completa de Deméter, y su lado protector, su modo de estar dispuesta a detener el mundo entero con tal de rescatar a su hija.

La Emperatriz puede indicar amor y deseo, no necesariamente por una persona concreta, sino simplemente la fuerza del amor en sí. Con frecuencia actúa por impulso, guiada por sus sentimientos más que por la razón o el buen juicio. Se expresa con fuerza y a veces intimida a los demás, pero no es más que porque no pueden igualarla en su pasión. Además de significar una persona, La Emperatriz puede referirse a la exuberancia y belleza de la naturaleza, la riqueza del entorno o los placeres de la vida sensual. Como si imagináramos una carta tridimensional de La Emperatriz esculpida en chocolate, decorada con planchas de oro y rodeada de flores.

Si aparece invertida, La Emperatriz se vuelve más cautelosa, o tal vez solo más reflexiva. En cierto sentido, se acerca más a La Suma Sacerdotisa, que depende más del intelecto que de los sentidos. Se vuelve menos extrovertida, menos sensual. A veces puede significar represión, pero con más frecuencia nos dice que la vida pide de nosotros unas cualidades diferentes. Si la lectura incluye preguntas sobre embarazo, La Emperatriz en posición invertida sugiere que hay problemas de fertilidad o tan solo muestra que no es buen momento. También puede ser indicativa de que hay problemas con la madre de quien consulta o de alguien en un rol maternal.

La lectura basada en La Emperatriz

1. ¿Cuál es mi pasión?
2. ¿Cómo la he expresado hasta aquí?
3. ¿Cómo puedo expresarla con mayor plenitud?
4. ¿Qué me bloquea?
5. ¿Qué me libera?
6. ¿Qué alimento?
7. ¿Qué me pide?
8. ¿Qué me da?
9. ¿Cómo puedo aunar lo que me apasiona con aquello que nutro?

El Emperador: 4
Correspondencia astrológica: Aries
Letra de la Kabbalah: ה Heh
Camino en el Árbol de la Vida: Hokhmah (Sabiduría) a Tipheret (Belleza)

Cartas de El Emperador de los mazos: Visconti, Marsella, Rider, Ritual de la Aurora Dorada, Egipcio y de la Tribu Luminosa

El Emperador

En las diversas interpretaciones del tarot se ve a El Emperador de dos maneras muy básicas que no son tan fáciles de combinar porque, de hecho, tienden a ir en direcciones opuestas. Por consiguiente, quienes adoptan uno de los enfoques ignoran el otro o lo consideran erróneo. Esto en sí ya es una actitud de El Emperador, porque ambas partes comparten la creencia en la estructura, las normas y el supuesto de que existe un camino correcto.

Estas son las dos interpretaciones en orden numerado. A El Emperador le gustan las listas numeradas porque ponen orden al revoltijo caótico de la realidad.

1: Las leyes de la sociedad

La estructura social. Las reglas, la autoridad. La jerarquía y el poder, el orden y el control. Es la visión que vemos en cierta medida en la figura dura y ceñuda del mazo Rider tradicional, en el que está sentado en el trono en medio de un desierto. Hay un pequeño arroyo por detrás de él. En La Emperatriz encontramos un río caudaloso de emoción y sexualidad femenina que desaparece por debajo de la tierra para fluir bajo su trono, y este parece más bien un sofá o una cama. En El Emperador, el agua de la vida se ha convertido en un hilo que atraviesa una tierra irregular, sin flores, árboles ni granos sembrados.

En las versiones más antiguas y menos duras de los mazos Marsella y Visconti, El Emperador presenta un águila negra en el escudo o corona; al igual que La Emperatriz de varios mazos. Según el estudio de la historia del tarot, el águila (y desde ya que los títulos de las cartas también) los identifica como líderes del Imperio Habsburgo, que surgió del Sacro Imperio Romano Germánico en el año 800. Ese año, Carlomagno consiguió que el papa lo coronara en Roma como sucesor de los Césares. La carta que le sigue en el mazo, hoy en día llamada «El Hierofante» en los tarots esotéricos, que en su origen llevaba el título de papa (y todavía lo lleva en la mayoría de los mazos europeos). El Emperador y El Hierofante forman una alianza, tal vez más fuerte que la de El Emperador con La Emperatriz, quienes representan cualidades opuestas pero complementarias.

Técnicamente, el Sacro Imperio Romano Germánico perduró hasta 1806, si bien su influencia y poderío habían mermado ya desde hacía tiempo. Aun así, tuvo una existencia de unos mil años, al igual que Roma (a la que no puedo evitar pensar como el «verdadero» Imperio romano). Hitler hablaba del «Tercer Reich» y afirmaba que su régimen duraría mil años, porque lo pensaba como el sucesor de Roma y del Sacro Imperio Romano Germánico.

Los tiranos como Hitler corrompen el ideal de El Emperador: realzan el poder sin observar ni la virtud ni el sentido de servicio de esta figura. Así, tenemos que recurrir al mito y a la literatura para encontrar modelos verdaderamente puros de El Emperador. El rey Arturo, con su código de caballería —lo que algunos llaman «el poder al servicio del derecho»—, nos muestra ese ideal y varios mazos eligen a este personaje para esta carta. Para gran parte de la población anciana estadounidenses, Franklin Roosevelt representaba un emperador moderno, en oposición directa con Hitler y Stalin, y su esposa Eleanor representaba un modelo de emperatriz. Para la generación que le siguió, lo era Ronald Reagan. Si bien varios de nosotros (y me incluyo) no estaríamos de acuerdo.

2: La ley divina

El aspecto masculino. Este Emperador representa los principios abstractos de la creación y las leyes universales, como las cuatro fuerzas básicas de la física. Cuando el mundo es visto por la lente de la ciencia o la metafísica, ve más allá de los millones de sucesos y eventos de la órbita de lo concreto y acontecimientos reales y se propone descubrir los principios que los sustentan. La gente solía considerar este descubrimiento una cuestión de lógica o de la razón. Es decir, la reflexión sobre lo que ocurre en la naturaleza, una vez alejado uno de todo ese desorden, y utilizando las facultades «elevadas» del intelecto para descifrar los principios. La ciencia moderna intenta basarse en la observación. Es decir, salir y recoger datos, o hacer experimentos, y a partir de toda esta información, intentar encontrar, una vez más, principios subyacentes. La palabra «intentar» se aplica aquí porque las personas que se dedican a la ciencia, al igual que todos los seres humanos, tienden a recurrir a ideas preconcebidas e incluso a prejuicios. Al fin y al cabo, no somos emperadores, sino nada más que seres humanos atrapados en nuestra vida e historia personal.

Esta versión más abstracta de El Emperador se basa en las tradiciones que lo muestran sentado de perfil. Quienes practican la Kabbalah a veces representan justamente así a Dios Rey, el aspecto masculino de lo divino: un anciano en un trono, visto de perfil. Y no nos mira directamente, sino que mantiene distancia. Los textos de la Kabbalah con frecuencia juegan con la idea de ver «cara a cara» a lo divino, en plena revelación, y lo sobrecogedora que sería esta experiencia. En la Biblia, Moisés pide ver a Dios directamente. Entonces YHVH, el Nombre Incognoscible, que se relaciona con los cuatro palos y con las cuatro cartas de la corte (y que en general se traduce «Señor» aunque sería mejor llamarlo «Infinito»), le dice a Moisés que morirá si ve a Dios cara a cara, pero si se esconde en una grieta de la roca podrá ver a Dios pasar a su lado. Para los judíos, Moisés era el profeta más grande (mientras que cristianos y musulmanes elegirían antes, claro está, a Jesús o a Mahoma), sin embargo, no podía ver a Dios plenamente, porque si lo hacía moriría en el mundo físico y pasaría a un estado superior, y el pueblo lo necesitaba para que los sacara de la esclavitud. En la misma línea, los cristianos creen que Dios tuvo que encarnarse como Jesús para liberar a los humanos de la muerte (yo diría que la liberación del pecado fue una idea posterior). El Emperador de perfil representa una visión de lo divino que, a la vez que es significativa, está más allá de la comprensión humana.

Debemos notar algo más en la historia de Moisés, porque nos habla sutilmente de El Emperador y La Emperatriz. Desde los primeros tiempos de la comprensión humana del simbolismo, que se remonta a la Edad de Piedra, la presencia de una hendidura en una roca significa la entrada al cuerpo de la Diosa, la abertura vaginal de Gaia, la Tierra, fuente de vida y renacimiento.

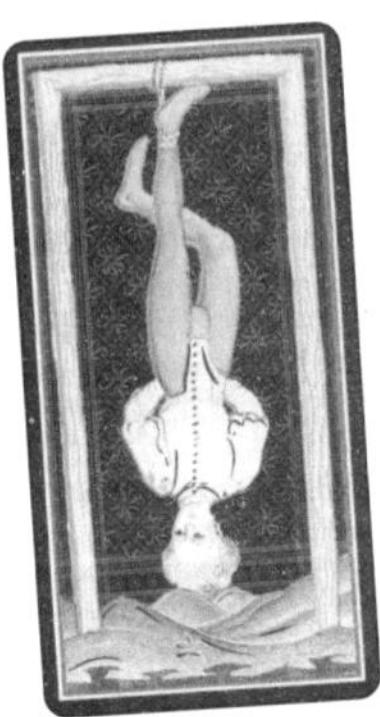

VISCONTI: *El Colgado* Y MARSELLA: *El Emperador y El Mundo*

Así pues, Moisés encuentra un lugar seguro y se afirma en La Emperatriz para poder presenciar el pasaje de El Emperador.

En el mazo Marsella, y en otros, El Emperador cruza las piernas y forma el número cuatro. Con este gesto indica su gobierno sobre el mundo físico, porque nuestra existencia física se define en términos de a cuatro. Hay cuatro fuerzas físicas: la gravitatoria, la electromagnética y dos nucleares. Hay cuatro estados de la materia: sólido, líquido, gaseoso y plasmático; cuatro puntos solares en el año: dos equinoccios y dos solsticios; cuatro direcciones planetarias causadas por el giro del planeta sobre un eje con un polo norte y un polo sur, de modo que el Sol parece salir por el este y ponerse por el oeste; cuatro direcciones humanas: derecha, izquierda, delante y detrás; cuatro extremidades del cuerpo humano; cuatro puntos que forman el sólido geométrico más simple (una pirámide de tres lados); y para los tarotistas, hay cuatro palos en los Arcanos Menores, la parte del mazo que representa el mundo físico. Todos estos grupos de cuatro elementos, así como las piernas cruzadas de El Emperador, simbolizan las leyes divinas que rigen el mundo material. Volveremos a ver las piernas cruzadas en las figuras de El Colgado y de El Mundo.

Las tres primeras cartas después de El Loco conforman la base de la existencia: El Mago y La Suma Sacerdotisa como principios, y La Emperatriz como efusión de la vida, cuando se combina con ellos. En términos chinos, podríamos decir que el yin y el yang, los aspectos del Tao y El Loco, se unen para dar lugar a la «Madre de las diez mil cosas», la Diosa de la Vida. El Emperador, la carta cuatro, significa las estructuras de la naturaleza que mantienen unidas esas diez mil cosas y las leyes que las rigen. Así lo afirma la tradición del mazo de Marsella.

En él, El Emperador está sentado en su trono, pero en algunos mazos modernos del ocultismo está sentado de perfil sobre un cubo. Cuando pensamos en el número cuatro, pensamos en el cuadrado, y un cubo es un cuadrado de tres dimensiones. Para los seguidores de la Kabbalah de la era moderna, el cubo también encarna al Árbol de la Vida. Esto se debe a que si sumamos las superficies, los bordes, los ejes internos y el centro de un cubo, obtenemos veintidós, la misma cantidad de líneas que tiene el árbol y el número de cartas de los Arcanos Mayores. En la Kabbalah moderna a eso se lo llama el «cubo del espacio», término creado por Paul Foster Case, fundador de un grupo posterior a la Aurora Dorada llamado Builders of the Adytum («Constructores del Adytum», o BOTA por su sigla en inglés).

Este cubo no está presente en la tradición del mazo Rider. Según ella, el trono tiene cuatro cabezas de carnero, símbolo del signo astrológico de El Emperador, Aries. Pero donde sí vemos una referencia sutil al cubo es en El Diablo, ya que esta imagen está sentada sobre la mitad de un cubo, como si significara que hay verdades a medias, en particular la idea de que solo existe el mundo material, sin espíritu. Y también hay una alusión al cubo en la carta de El Carro, porque ella misma tiene forma de cubo. Sin embargo, Waite rechazaba la imagen del cubo para El Emperador porque afirmaba que «confunde... los temas».

En la mayoría de las versiones de la carta El Emperador sostiene un bastón —un cetro de poder— y un orbe que tiene una cruz encima. En el mazo Rider, el orbe se convierte en un *anj*, lo que lo vincula al dios egipcio Osiris y, en última instancia, a Isis, ya que el *anj*, el nudo de la vida, pertenecía a esta diosa. Isis como misterio aparece en La Suma Sacerdotisa, mientras que Isis como devota esposa y madre se convierte en La Emperatriz, de modo que vemos que, aun con todo su poder, El Emperador no puede existir sin La Emperatriz. En la versión de la Tribu Luminosa, él está de pie con las manos vacías, porque su poder proviene de su interior y no de los símbolos externos de la autoridad.

El autor anónimo de *Meditaciones sobre el tarot*, un estudio del «Hermetismo cristiano», señala que El Emperador no lleva espada ni ninguna otra arma, así que ha renunciado a la compulsión y a la violencia y, en cambio, gobierna a través del poder de la visión. «Donde hay autoridad, es decir, donde está presente el soplo de la magia sagrada rebosante de los rayos de luz de la gnosis emanados de los fuegos profundos del misticismo, allí la compulsión es superflua».

Ahora veremos otra lista, una recopilación muy útil de Paul Huson de los primeros significados de la carta de triunfo número cuatro.

Algunos significados que recibe El Emperador

Extraído de *Los orígenes místicos del tarot*, de Paul Huson.

De Mellet (1781): El Rey.

Corte de Gébelin (1773-1782): El Rey.

Lévi (1855): La letra hebrea Daleth, el Emperador. La Puerta (la corte del sultán turco), o gobierno de Oriente, iniciación, poder, el Tetragrama, el cuaternario, la piedra cúbica.

Christian (1870): Arcano IV. La Piedra Cúbica. Realización.

Mathers (1888): El Emperador. Realización, efecto, desarrollo. En posición invertida: paralización, control, inmadurez.

Aurora Dorada (1888-1896): Hijo de la Mañana, jefe entre los poderosos. Emperador. Guerra, victoria, lucha, ambición.

Gran Oriente (Waite, 1889, 1909): Emperador. Lógica, experiencia, sabiduría, poder masculino.

Waite (1910): El Emperador. Estabilidad, poder, protección, realización, una gran persona, ayuda, razón, convicción, autoridad y voluntad. En posición invertida: confusión a los enemigos, obstrucción, inmadurez.

Aquí se destacan dos cosas: la asunción del poder terrenal por parte de Court de Gébelin y De Mellet y la aparición muy temprana (en Lévi) de la idea de la piedra cúbica. Así pues, las dos corrientes se remontan a los orígenes. Lévi nos aporta una serie de ideas valiosas. Además de la piedra con el «Tetragrama» (Tetragrámaton), el nombre sagrado YHVH, y la idea de cuatro, o cuaternario. También trae el poder terrenal, el sultán, gobernante del Imperio otomano, rival principal de la Europa cristiana. Esto último es una gran ironía porque Carlomagno, el primer emperador romano, se ganó su título por haber detenido al ejército musulmán.

Paul Christian y Mathers introducen la idea de «realización», que podemos ver en el hecho de que se necesitan cuatro puntos para crear un objeto tridimensional. Mathers también sugiere la idea de inmadurez para El Emperador invertido, algo que recoge Waite. Como vimos con El Loco, podemos considerar a esa carta —la del 0— como la vigesimosegunda carta, y 2 + 2 = 4, de modo que el niño eterno, El Loco, se relaciona con el adulto arquetípico, que puede actuar un poco tontamente al revés (algo que vemos en *El rey Lear* de Shakespeare).

Entre las diversas interpretaciones que existen es posible que la más sorprendente sea la de la Aurora Dorada, porque parece enfatizar la cuestión de la temporalidad de la autoridad, con el lema de «guerra, victoria, lucha, ambición». Estas son las mismísimas cualidades a las que renuncia El Emperador, según se dice en *Meditaciones sobre el tarot*.

La Tribu Luminosa intenta combinar algunas de estas ideas tan variadas y propone un Emperador chamánico, del mundo de los espíritus. La imagen está inspirada en la foto de un chamán con quien se encontró el zar Nicolás II en un viaje por Siberia. La viva imagen del poder masculino tiene la cabeza de un gran ciervo, cuyos cuernos pueden interpretarse como símbolo de ideas que se ramifican. Está de pie sobre un toro, inspirado en las pinturas rupestres de unos 17.000 años de antigüedad, halladas en la cueva de Lascaux, en Francia. Tras él también vemos una ciudad, que representa el poder creativo de la civilización, y dos cuadrados negros, que representan el pensamiento abstracto.

Hasta ahora hemos visto dos versiones de El Emperador. Veamos dos más, en línea con el deseo de orden que inspira esta carta y con los listados de cuatro cosas.

3: *Papá*

Así como La Emperatriz puede representar a la madre, su pareja puede evocar al padre. En algunas lecturas, El Emperador puede referirse a los problemas de la persona con su padre, o a veces hay una madre que actúa como emperador, es decir, de modo autoritario o severo, con énfasis en las reglas. En la familia occidental tradicional, el severo en la familia es el padre. Y la amenaza más común de parte de las mujeres hacia sus hijos revoltosos era «¡Se lo contaré a tu padre en cuanto llegue!», al menos antes de que la mayoría de las mujeres trabajara fuera de casa.

Nacemos anárquicos, somos puro «id», como dicen los freudianos. Para muchos, nuestra madre representa la comida, el consuelo y la intimidad, mientras que el padre encarna al mundo exterior. Para superar nuestro miedo/admiración hacia el poder de El Emperador necesitamos asimilarlo de algún modo. Tenemos que convertirnos en nuestro propio emperador. Cuando sale esta carta, podemos hacernos una pregunta sencilla: «¿En esta figura me veo a mí o a algo externo?». En el primer caso, significa que establecemos nuestras propias reglas, nos defendemos a nosotros mismos, así como a nuestro territorio; e impactamos en el mundo. Para algunas personas puede ser valioso visualizarse como emperadores en su trono o incluso representarlo. Podemos probarlo si buscamos una silla parecida a un trono, nos creamos un cetro, nos ponemos ropa que exprese poder, adoptamos esa postura del modo en que nos sentamos y nos imaginamos un imperio que se extiende ante nosotros. ¿Qué tipo de imperio es? ¿Nos es difícil o fácil de imaginar? ¿Qué es lo primero que haríamos si gobernáramos un imperio? Si lo que surge de inmediato es «Abdicar e irme de vacaciones», eso dice mucho sobre nosotros; y lo mismo ocurre si lo que nos surge fuera «¡Ejecuten a todos mis enemigos!».

En la progresión de El Loco, El Emperador, la carta intermedia de la primera fila de siete cartas, nos desafía de un modo especial. Es necesario aceptar las reglas, es decir, las leyes y los códigos de conducta de la sociedad, pero también los juicios y las exigencias de nuestros padres hacia nosotros. Hay dos maneras en que podríamos atascarnos en El Emperador: obedecer todas las reglas, vivir una vida planificada y nunca desarrollar realmente la propia personalidad, o rebelarse constantemente y tratar de romper todas las reglas; en cuyo caso tampoco se toman decisiones propias.

El Emperador encabeza una tríada de pruebas especiales para cada uno de los tres niveles. Por debajo de El Emperador viene La Justicia, que indica que no es a la sociedad y sus reglas a lo que nos enfrentamos, sino a nuestra propia verdad y a nuestras acciones. Por debajo de este nivel viene la luna, el difícil viaje de vuelta del misterio, cuando venimos de los rayos de sol de la luz del día.

4: *Zeus y otros reyes de dioses*

Después de la Revolución francesa, los tarots franceses suprimieron a El Emperador y La Emperatriz y a estas cartas las llamaron «Júpiter» y «Juno», los nombres romanos de Zeus y Hera.

Zeus es una elección obvia para El Emperador. Si bien su dominio principal es sobre el cielo, y sus atributos más importantes son el trueno y el relámpago, también ejerce su voluntad todopoderosa sobre las personas y los acontecimientos de la Tierra. Tiene cantidad de amantes e hijos que son dioses o semidioses, al igual que el forzudo de Heracles o la bella Helena de Troya, y representa la agresividad de la sexualidad masculina. Los griegos también daban cuenta de la complejidad de la mente de Zeus, y consideraban que los humanos, con nuestro período de vida tan corto, e incluso los demás dioses, con sus preocupaciones tan estrechas, no podían alcanzar la profundidad de los planes de Zeus. Podríamos referirnos a esto con la frase moderna de «Dios se mueve de formas misteriosas». Al igual que podemos invocar a Deméter o Afrodita con La Emperatriz, El Emperador es quien puede traer a nuestra vida el poder de Zeus.

Esta es una historia sobre el poder de Zeus emperador, que me sucedió en un viaje que organicé para celebrar los Misterios. Para ir de Atenas a Creta tomamos un ferri nocturno. Era como un viaje al pasado, ya que la civilización cretense era mucho más antigua que Grecia y fue de donde surgieron los Misterios que se describen en La Suma Sacerdotisa y en otras cartas. Los mitos decían que Zeus había nacido en Creta, y su madre lo escondió en una cueva para evitar que su padre, Cronos, lo devorara.

Como sabrán quienes hayan viajado en un barco grande, cuando la embarcación comienza a moverse no se siente enseguida, sino que solo se percibe el movimiento del muelle. En el preciso momento en que vimos el barco alejarse de la tierra, un enorme relámpago atravesó el cielo y escuchamos un trueno resonar desde lo alto. Unos segundos después, una lluvia copiosa empapó todo el barco. Nos fuimos a los camarotes y, desde ahí, viajamos sanos y salvos durante toda la noche. Cuando llegamos, apenas caía una lluvia ligera.

Llegamos al autobús y salimos por la carretera de la costa hacia el hotel. De repente, mi colega coordinadora del viaje, Nicky Scully, gritó: «¿Qué es eso?». Miramos por la ventanilla hacia el agua, y vimos salir un embudo negro que se elevaba al cielo. Luego vimos otro y después otro. El conductor paró el vehículo y todos nos bajamos a mirar. Eran cuatro tornados gigantescos, cuatro trompos de agua que giraban a toda velocidad a unos kilómetros de la costa. Cuatro es el número de El Emperador, pensé, y le dije a Nicky: «Es Zeus, que está queriendo mostrarse. Quiere que sepamos que hemos entrado en su mundo». Al día siguiente, los periódicos informaron que nunca se había visto nada igual en la larga historia de Creta.

Hay cantidad de mazos que equiparan a El Emperador con el dios joven y viril de algunas culturas paganas. En algunas tradiciones el rey encarnaba al dios, y en una ceremonia se casaba con la diosa, la tierra misma. El Emperador se une a La Emperatriz, pero al igual que en la secuencia, la diosa es más vieja, ya que la tierra existe por siempre, mientras que los reyes jóvenes y apuestos se alzan y caen, como el falo, el cetro máximo de la autoridad de El Emperador.

Podríamos argumentar que El Emperador del mazo Rider, de apariencia tan dura y controladora, ha distorsionado el orden natural por su ansia de aferrarse al poder después de que su juventud y virilidad se han desvanecido. Ha intentado sustituir una regla de autoridad por la ley natural más básica, que consiste en que los seres individuales, los gobernantes e incluso las sociedades, se elevan y caen, mientras que la tierra perdura. Sin embargo, es posible que esta imagen de la carta distorsione su mensaje verdadero, las leyes superiores y la estructura de la existencia.

* * *

En las lecturas, aplican los diversos significados de El Emperador. Puede ser que signifique una persona poderosa, posiblemente benevolente, pero que espera obediencia. Alguien que puede decir algo como «Las reglas son reglas y hay que respetarlas». En un sentido más amplio, la carta puede significar el poder de la sociedad, sus leyes y costumbres, sus expectativas de conformidad, y la idea de que el sistema importa más que los individuos.

Y también hay ocasiones en las que El Emperador no significa otra cosa que la ley natural. Puede significar la razón, la abstracción, incluso la ciencia. En el último tiempo tendemos a desconfiar de estas cualidades, por su separación de la emoción o la intuición. Recordemos que la tradición de lo oculto gratifica esas mismas cualidades, la capacidad de usar la razón en lugar de la emoción, de ver principios en lugar de los detalles.

El Emperador puede significar la paternidad y su importancia en la vida de quien consulta. Si aparece junto con cartas que indican dificultades familiares, El Emperador puede indicar un padre dominante. Pero con cartas de generosidad se convierte en un padre benevolente y cariñoso.

A veces puede ser que El Emperador no indique algo sobre un padre, sino sobre un marido, en especial si es alguien dominante en el matrimonio o la familia. Si aparecen ambos, El Emperador y La Emperatriz, puede ser que indiquen que una pareja es la indicada, y que se da entre dos personas poderosas.

Y no debe olvidarse que El Emperador puede ser una mujer, y la Emperatriz, un hombre. Si olvidamos eso, podemos confundir una lectura.

En una lectura sobre trabajo, El Emperador puede indicar un jefe, la empresa, las reglas. Pero la carta puede significar también al consultante, en su capacidad de tomar el control o de defender el territorio. A veces, nos enfrentamos a una situación donde solo funcionarán la dureza y las estructuras de El Emperador.

Si aparece invertido, El Emperador es más suave. Puede volverse más amable y no insistir tanto sobre reglas y principios absolutos. En general, preferimos la carta invertida. Si aparece La Justicia en la línea superior a la derecha, El Emperador en posición invertida puede significar la necesidad de examinar cuestiones más profundas, de encontrar la verdad de una situación, y no tanto de aplicar una serie de reglas. Pero El Emperador invertido también puede significar que alguien tiene problemas para adoptar una postura firme, o que se está demasiado atrapado en los detalles, sin capacidad de discernir los principios de algo. A veces, la carta invertida puede significar inmadurez o reticencia a asumir responsabilidades.

Una lectura basada en El Emperador

1. ¿En qué aspectos soy un emperador?
2. ¿En qué aspectos no lo soy?
3. ¿En qué cuestiones tengo que hacerme cargo de algo?
4. ¿Qué me ayudará a hacerlo?
5. ¿En qué aspectos soy débil?
6. ¿En qué aspectos soy fuerte?
7. ¿Cuáles son las reglas?

Hierofante: 5
Correspondencia astrológica: Tauro
Letra de la Kabbalah: ו Vav
Camino en el Árbol de la Vida: Hokhmah (Sabiduría) a Chesed (Misericordia)

Carta de El Hierofante de los mazos:
Visconti, Marsella, Rider, Ritual de la Aurora Dorada, Egipcio y de la Tribu Luminosa

El Hierofante

Para empezar, el nombre. En sus orígenes, esta carta se llamaba «El Papa», y en muchos mazos, en especial en los europeos, todavía se llama así. En algunos, el nombre ha cambiado, pero la imagen permanece: un papa bendiciendo a dos discípulos, en general, monjes. En algunos mazos modernos la figura es algo contradictoria. Por ejemplo, los mazos italianos sugieren indicios de corrupción en el papa.

¿Por qué el cambio de nombre? Iniciado por la Aurora Dorada, como tantas otras cuestiones del tarot moderno, el nombre nuevo deja de lado las iglesias y la autoridad religiosa, y las sustituye por la idea de la tradición esotérica, cuyos modelos provienen de las escuelas de Grecia y Egipto. El término «El Hierofante» hace referencia al sacerdote que dirigía los Misterios de Eleusis, de nueve días de duración.

Los Misterios comenzaban cuando el Hierofante mostraba los objetos sagrados extraídos del tesoro de Atenas y la palabra «Hierofante» en sí significa «aquel que muestra [lo sagrado]».

O al menos esa es la interpretación habitual. Charles Stein, poeta y especialista en textos clásicos, sostiene en su libro *Perséfone desatada* que Hierofante significa «aquel que hace ver», es decir, alguien que induce visiones o que lleva a que una persona las tenga. Se necesita un poder místico especial para hacer que la gente tenga visiones sagradas, en especial si lo hacen varios miles de personas a la vez. Este poder no es algo personal. Solo puede surgir de una tradición subyacente, con un significado profundo y raíces arraigadas. Si miramos esta carta y no vemos más que el poder social de las iglesias, nos perdemos su verdadero misterio. Por eso denominé «tradición» a la carta cinco del mazo de la Tribu Luminosa y la ilustré con un círculo de espíritus con forma de piedras. Una tradición genuina es capaz de transformar nuestra experiencia individual. En la carta hay unas líneas verdes que representan las experiencias vitales, que entran en el círculo y se transforman en oro de la verdad divina. También podemos decir que el oro del espíritu se transforma en el verde de la vida de las personas. Las cinco piedras, encarnación de la tradición espiritual viva, actúan como transformadores de energía y conectan la vida con el significado profundo.

Es probable que los Misterios se originaran en la Creta prehistórica y que pasaran de Eleusis a las escuelas y a los grupos iniciáticos de Alejandría, la ciudad egipcia/griega donde se originó la tradición hermética. Estas escuelas se convirtieron en fuente y modelo de ciertas sociedades secretas europeas como la de los rosacruces, los masones y, desde ya, la Orden Hermética de la Aurora Dorada. Y así llegamos al nombre Hierofante de la carta cinco.

Sin embargo, para el mazo Marsella y también para la mayoría de los mazos modernos, la imagen de esta carta es la de un papa o sacerdote (el papa es, claro está, el sacerdote de más alto rango). Pero ¿qué es un sacerdote en concreto? Nuestra cultura, en general secular, tiende a pensar en el oficio del sacerdocio como el de un líder espiritual, alguien que asiste a sus feligreses en la conducción de una vida acorde con preceptos morales. Pero en realidad, si bien los sacerdotes pueden contribuir con esta misión importante, el concepto significa algo mucho más mágico. En el Israel de la antigüedad se hacía referencia a una casta hereditaria, los Levitas, que eran quienes llevaban el poder divino de YHVH a los rituales que se realizaban en el templo de Jerusalén. Cuando cayó el templo, el liderazgo pasó a manos de los rabinos, que eran democráticos —porque cualquiera puede convertirse en rabino—, pero igualmente no eran para nada mágicos, a pesar de existir relatos esporádicos sobre rabinos que podían hacer milagros, como exorcismos de demonios y de espíritus de muertos.

Técnicamente, el sacerdocio judío perdura hasta el presente. Quienes profesan el judaísmo consideran que toda persona llamada Cohen (o algo parecido, como Kahn) es sacerdote por descendencia. Sin embargo, en la práctica, los oficios se limitan a un momento por año, al ritual que se realiza durante el Año Nuevo judío, en que los diversos Cohen de la congregación se visten con túnicas blancas y, de pie frente al pueblo, levantan los brazos en un gesto especial con los dedos y cantan o canalizan bendiciones divinas.

Las personas se ponen todas de pie pero con los ojos hacia abajo, ya que la antigua tradición dice que el poder es tan intenso que puede dejarlos ciegos. Es el ritual más antiguo de todos los servicios judíos y, de hecho, es una actividad original del Hierofante. En el libro *Meditaciones sobre el tarot*, a la transmisión de las bendiciones divinas se las denomina «benedícite», y es la función principal de la carta del triunfo número cinco.

En las Iglesias ortodoxas (y también en la romana, conocida como «catolicismo»), el oficio de sacerdote tiene asociado un significado mágico (uso aquí el término «mágico» en el mejor de los sentidos, el de poder sagrado). El sacerdote es alguien que puede realizar los sacramentos, en particular los de la comunión, la transformación del pan y del vino en el cuerpo y la sangre de Cristo de modo literal. La Iglesia católica sostiene que el propio Cristo otorgó el poder a Pedro, quien se lo pasó a sus sucesores. Al día de hoy, los sacerdotes siguen recibiendo este poder de un obispo y, una vez recibido, se convierte en parte de su ser, al punto de que a un sacerdote expulsado puede prohibírsele dar la comunión, pero no pierde la capacidad de hacerlo. La Reforma protestante se movió en una dirección similar a la de los primeros rabinos, es decir, se alejó de los sacerdotes y se acercó a los ministros, que no reclaman ningún poder especial. Pero en algunos casos, en especial el de los fundamentalistas, hay ministros que declaran poder sanar por «imposición de manos», es decir, como canal directo del poder divino.

El paganismo moderno revivió la visión antigua del sacerdote como alguien que encarna la energía masculina de lo divino, al mismo tiempo que recuperó el concepto de «sacerdotisa», palabra cuyo significado hace referencia a algo más que una mujer sacerdote. Una sacerdotisa es la encarnación de lo divino femenino. Algunos mazos modernos, en especial los que expresan la experiencia pagana, han cambiado los nombres de las cartas del triunfo número dos y cinco por los de La Suma Sacerdotisa y El Sumo Sacerdote. Y no perdamos de vista que el nombre original de La Suma Sacerdotisa era *La papesse*, es decir, Papisa o Papa mujer.

El Hierofante trabaja combinado con dos cartas muy diferentes. Como defensor de las tradiciones y enseñanzas oficiales, se une con El Emperador, que ejecuta las reglas de la sociedad. Como el sacerdote genuino que es, figura que canaliza el poder divino, se une con La Suma Sacerdotisa.

Hoy en día, El Hierofante tiende a significar principalmente «guardián de una tradición», en especial de las enseñanzas exotéricas, o «más externas», en contraposición con las revelaciones esotéricas, o secretas, de La Suma Sacerdotisa. Hay personas a las que no les gusta esta carta, así como tampoco les gusta El Emperador. Porque en ambas ven representado al poder establecido y, por tanto, a la opresión. Pero si tenemos en cuenta a los grandes maestros del misticismo y la iluminación —como los maestros de la Kabbalah, los sufíes, los maestros tibetanos, los místicos cristianos, como Hildegarda de Bingen o Meister Eckhart—, todos ellos surgieron de una tradición. Puede que algunos se hayan adentrado en terrenos que las autoridades consideraban herejía, pero, aun así, partieron de esa base. Nuestros antepasados nos dan un punto de apoyo, nos brindan textos que nos inspiran y nos aportan una historia de práctica espiritual.

Encontramos dos direcciones claras para esta carta: el poder sacerdotal de las bendiciones y el concepto de una tradición externa que se corresponde con la sabiduría secreta de La Suma Sacerdotisa. ¿Cómo se la veía en las interpretaciones más antiguas?

Algunos significados que recibe El Hierofante (Papa)

Extraído de *Los orígenes místicos del tarot*, de Paul Huson.

De Mellet (1781): Júpiter. El Eterno montado sobre un águila.

Court de Gébelin (1773-1782): El Sumo Sacerdote o jefe entre los hierofantes.

Lévi (1855): La letra hebrea Heh, el Papa. Indicación, demostración, instrucción, ley, simbolismo, filosofía, religión.

Christian (1870): Arcano V. El Maestro de los Arcanos o de los Misterios sagrados, el Hierofante o la inspiración oculta. En el mundo divino, la ley universal; en el mundo intelectual, la religión, la relación de lo absoluto con el ser relativo; en el mundo físico, la inspiración.

Mathers (1888): El Hierofante o Papa. Misericordia, beneficencia, amabilidad, bondad. En posición invertida: exceso de bondad, debilidad, generosidad insensata.

Aurora Dorada (1888-1896): Magus de los dioses eternos. Hierofante. Sabiduría divina. Manifestación, explicación, enseñanza. Difiere del significado de El Mago, del profeta (Ermitaño) y de Los Amantes, si bien se les parece en muchos aspectos. Sabiduría oculta.

Gran Oriente (Waite, 1889, 1909): Papa o Hierofante. La aspiración, el poder de las llaves, la ostentación de la autoridad espiritual, el poder temporal de la religión oficial; del lado malévolo, la tiranía sacerdotal y la interferencia.

Waite (1910): El Hierofante. Matrimonio, alianza, servidumbre; según otro relato [Mathers], misericordia y bondad; inspiración; el hombre a quien recurre la persona que consulta. Si aparece invertido: amabilidad excesiva, debilidad.

Como de costumbre, encontramos algunas sorpresas. Court de Gébelin introduce el nombre de «Hierofante» desde un principio y lo llama «sumo sacerdote», como si dijera: «No es un papa, sino una figura más secreta». Para Court de Gébelin el tarot era egipcio, pero los hermetistas de su época consideraban que los misterios griegos y egipcios eran los mismos a los que se refería Thoth/Hermes Trismegisto, y por eso usó un nombre griego para lo que consideraba un rito egipcio.

Si bien Court de Gébelin introduce la idea de Hierofante, Lévi aporta el énfasis en «instrucción, ley, religión». Paul Christian vuelve a situarlo firmemente en el ocultismo pero abre la puerta a combinar los temas cuando dice que la «religión» pertenece al «mundo intelectual». La Aurora Dorada ve a El Hierofante como maestro de rituales pero no solo eso, también como «Mago», porque dice que «se parece» a El Mago, a El Ermitaño y a Los Amantes. También usa la etiqueta de «sabiduría oculta».

Al igual que Gran Oriente, Waite va en la dirección de «la ostentación al mundo exterior» y de «poder temporal» de la religión, e incluso incorpora las ideas de tiranía e interferencia. Bajo su propio nombre, Waite introduce un concepto importante, el «matrimonio». Volveremos a esta idea dentro de un momento.

Es notable lo poco que ha cambiado la imagen a lo largo de los siglos, aun cuando se le da un significado diferente. Entonces, analizaremos la estructura y los símbolos esenciales. Para empezar, el gesto, símbolo mismo de la bendición sacerdotal, con dos dedos hacia arriba y dos hacia abajo. Al igual que El Mago con un brazo hacia arriba y otro hacia abajo, canaliza la energía de lo espiritual a lo físico. Pero El Hierofante usa una sola mano y, por lo tanto, es una corriente de energía constante. «Como es arriba, es abajo»: esta frase no solo significa que nuestros patrones de vida son un reflejo de los movimientos astrológicos en los cielos, sino más bien que nuestra vida se entrelaza con lo divino.

A veces, desde el ocultismo, se oye hablar de «evolución y devolución». Cuando se habla de evolución, no es en relación con las especies, al pasaje de bacterias a peces, dinosaurios y mamíferos (si bien yo creo que las enseñanzas ocultistas toman en consideración a la ciencia más que las religiones organizadas). En lugar de eso, «devolución» significa «descenso» del espíritu a lo material, al cuerpo físico, como se simboliza en El Loco; y «evolución» significa «ascenso» de la materia al espíritu, como en El Juicio.

Descenso y ascenso son metáforas, el movimiento no es realmente hacia arriba o abajo, sino un cambio de energía. ¿Cómo lo experimentamos? A cada momento, en nuestra existencia vital, en la sangre y la respiración. En un pasaje del Levítico se lee «La sangre es la vida» y en varios idiomas, la palabra para hacer referencia al espíritu coincide con «suspiro» (que trae la idea de respiración). En una frase del Deuteronomio, Moisés dice: «No es en los cielos ni a través de los mares, sino en tu corazón y en tu boca [...] ahí es donde puedes lograrlo». En un sentido exotérico, lo que esto significa es que no podemos decir que la ley nos resulta demasiado difícil o exótica, solo es cuestión de comprometernos emocionalmente y recitarla en voz alta. Pero a nivel esotérico, pasa otra cosa. Hay un libro fantástico llamado *Hebrew Book of the Dead: In the Wilderness* («El libro hebreo de los muertos») y en él, el autor, Zhenya Senyak, lo explica así: lo divino, lo sagrado, no existe como algo separado y lejano. Todo lo que necesitamos es el latido del corazón y el aliento que nos entra y sale por la boca como un suspiro.

En la imagen del mazo Rider, El Hierofante está sentado en un trono entre dos pilares, que nos recuerdan a La Suma Sacerdotisa. Pero aquí, en lugar de luz y oscuridad, lo que vemos a ambos lados es piedra gris. Esto condice con la interpretación de El Hierofante como guardián de las tradiciones externas, como representante de leyes y normas, y no de una verdad interior, quien, de hecho, puede poner de rodillas a las personas, hacerlas ignorantes y obedientes. Podríamos ver el gesto de la mano con dos dedos hacia abajo como representación de esa mitad de la realidad que se mantiene oculta a la gran mayoría de la gente. Aun así, recordemos que en el tarot de Marsella, La Papisa no está sentada entre dos columnas, así que lo que la carta cinco introduce, en realidad, es la imagen de un maestro sentado entre dos columnas.

¿Y qué pensar de la triple corona y la cruz de tres brazos? En la tradición eclesiástica (El Hierofante como maestro exterior), representan al Padre, al Hijo y al Espíritu Santo. Hasta cierto punto, no son más que palabras (el periódico *The Onion* publicó una vez, con su habitual tono humorístico, un artículo titulado «Dios eliminará el Espíritu Santo de la Trinidad»). Podemos describirlos como ámbitos de existencia, lo que Paul Christian llama el mundo físico, el intelectual y el divino. También podemos pensar en las descripciones mitológicas del cosmos como Cielo, Tierra e Inframundo.

En el texto anónimo llamado *Meditaciones sobre el tarot*, se ofrece una interpretación más inmediata, basada en la idea de la respiración (o el aliento o suspiro de vida) como conexión con el Espíritu.

Los tres niveles de la respiración horizontal son el amor por la naturaleza, el amor al prójimo y el amor a los seres de jerarquía espiritual (como los ángeles).

Las tres etapas de la respiración vertical son la purificación (por el aliento divino), la iluminación (por la luz divina) y la unión mística (en el fuego divino).

El Hierofante representa el primero de los tres niveles de enseñanza, uno por cada línea de los Arcanos Mayores (véanse las cartas a continuación). Este es el nivel de la doctrina y la tradición, un intermediario que conecta el Arriba y el Abajo. El Ermitaño nos muestra un maestro de los caminos interiores que sostiene la luz para seguir. El tercer nivel, en la parte inferior de la quinta tríada de El Hierofante, es El Sol; con él experimentamos la revelación directa de las maravillas de la existencia. Entre El Hierofante y El Sol, El Colgado invierte el camino como lo entendemos habitualmente: desde las enseñanzas externas a la verdad interior.

Marsella: *El Hierofante, El Colgado y El Sol*

El Hierofante introduce una imagen estructural que resuena en todos los Arcanos Mayores, en particular en la tradición del mazo Rider (donde lo vemos también en varias cartas menores), pero originalmente en el de Marsella. Esta imagen consiste en una figura entre otras dos y también por encima de ellas. El Hierofante/Papa está sentado por encima de los dos discípulos, en Los Amantes (del mazo Rider) el ángel bendice al hombre y a la mujer, el cochero de El Carro va de pie sobre dos esfinges o caballos. Más adelante veremos a El Diablo por encima de los demonios esclavizados; a La Torre en medio de los cuerpos caídos; a La Luna sobre el perro y el lobo; y a El Sol sobre los dos niños (en el mazo Marsella).

Sucede algo parecido con La Suma Sacerdotisa, pero ella está sentada entre los pilares de la oscuridad y la luz, como una figura de equilibrio. Lo que está por arriba sugiere control, la capacidad de mediar entre dualidades o de elevarse por encima de ellas y mantenernos apartados de ellas. Cada una de las cartas triangulares sugiere su propio tipo de mediación o unificación de opuestos. En el mejor de los casos, El Hierofante usa la tradición y las enseñanzas para ayudar a los demás. Les muestra un camino, y une el Arriba y el Abajo a través de ese poder de bendición. Y el camino también le sirve a él, porque las reglas y rituales de la tradición lo ayudan a evitar la trampa del ego de creerse responsable de la condición espiritual de los demás.

¿Qué significa todo esto para las lecturas? En el tarot moderno, por lo general nos centramos en la idea de que hay un camino que seguir, y se espera que quien consulta lo siga. Puede ser lo más aceptado socialmente o lo que viene de la familia, la pareja o los amigos. Es el camino tradicional que no requiere de pensamiento o acción independientes, solo requiere que lo sigamos. Dado que en la sociedad moderna se valora la libertad y la iniciativa (como dice esa expresión en inglés «pensar por fuera de la caja»), es posible que nuestra reacción automática sea rechazar el camino que nos muestra El Hierofante o asumir que nunca nos limitaríamos a seguirlo. Pero el camino de la tradición suele remontarse muchas generaciones atrás en el tiempo y contiene gran sabiduría.

A veces, lo que parece inconformismo puede ocultar otro camino automático diferente, pero en este caso uno que no conlleve la sabiduría milenaria. En 1970, cuando me encontré por primera vez con el tarot, estaba al frente de la cátedra de escritura académica en una universidad del estado de Nueva York. En un momento, parecía que todas las redacciones de los estudiantes en algún punto tenían la misma frase: «Cada uno es un ser individual». Me pregunté: si todos y cada uno son seres individuales, ¿por qué dicen todos lo mismo? Viéndolo en retrospectiva, años después, pienso que lo hacían porque creían que así rechazaban a El Hierofante, pero solo por haber encontrado una doctrina nueva.

El Hierofante puede significar de cierto modo tanto un maestro en particular como el sistema educativo completo. A veces alude al matrimonio, probablemente porque la gente acude a un sacerdote para casarse. El significado se refuerza con el cuatro de bastos, sobre todo en la tradición del mazo Rider, ya que la imagen sugiere una fiesta de casamiento. El Hierofante indica lo que yo llamo la «institución del matrimonio», que no siempre implica pasión o romance. De lo contrario, comparémosla con la carta que le sigue, Los Amantes.

El Hierofante puede indicar la experiencia de la bendición, es decir, de dar o recibir algún tipo de bendición. Y si aparece en posición invertida sugiere heterodoxia; una persona que rechaza el camino trazado por la sociedad o la familia y sigue su propio camino. Esta actitud suena atractiva y, en general, es muy valiosa, pero también puede conducir a una falta de convencimiento o un exceso de credulidad. He conocido a personas que rechazaban los conceptos de la sociedad, pero que después se creían todo lo que decía cualquiera que sonara alternativo. Una vez una amiga me contó que estaba muy emocionada porque había descubierto que había un grupo secreto de «maestros» que controlaba el mundo. Le pregunté cómo lo sabía y me enseñó un librito de bolsillo de esos de ediciones baratas. Le pregunté: «¿Y cómo sabes que ese escritor dice la verdad?». Puso cara de sorpresa. «No se me había ocurrido pensar eso», me respondió. Mi amiga era una persona que había rechazado los preceptos de la religión y de la ciencia por considerarlas mentiras opresivas. El Hierofante en posición invertida significa libertad, pero la libertad conlleva la dificultad de elegir.

Una lectura basada en El Hierofante.

1. ¿Cómo se ve afectada mi vida por la tradición?
2. ¿Qué he aprendido en la vida?
3. ¿Cómo rompí con la tradición?
4. ¿Qué efecto ha tenido en mi vida?
5. ¿Qué tengo para enseñar a las demás personas?
6. ¿Cómo puedo desempeñar este papel?

Los Amantes: 6
Correspondencia astrológica: Géminis
Letra de la Kabbalah: ז Zayin
Camino en el Árbol de la Vida: Binah (Entendimiento) a Tipheret (Belleza)

Carta de Los Amantes en los mazos:
Visconti, Marsella, Rider, Ritual de la Aurora Dorada, Egipcio y de la Tribu Luminosa

Los Amantes

Es la carta que casi todos queremos ver aparecer en una lectura y mucho más si alguien se plantea la eterna pregunta: «¿Cuándo encontraré mi alma gemela?». En una versión moderna, esta carta nos habla del amor, de las relaciones profundas y la plenitud. Pero no siempre ha sido así.

El nombre más antiguo de esta carta, o por lo menos el tema que evoca, es el de la elección. Y mucha gente aun hoy sigue interpretándola así. La Aurora Dorada la relacionó con Géminis, los gemelos, lo cual trae el concepto de las posibilidades. La idea de elección se remonta a la imagen de Marsella, donde hay un joven entre dos mujeres, que parece estar decidiendo a cuál elegirá como pareja. Por encima de él, Cupido se prepara para lanzar una flecha, como para inspirarle amor.

A mí me sorprende con cuánta frecuencia suele pasarse por alto la consecuencia de la flecha. Nos recuerda que el amor nos quita de las manos la posibilidad de elección, o al menos de la elección racional, el tipo de elección por la cual se consideran dos opciones con cuidado y se elige la que tenga más sentido.

La imagen de la unión es más que nada moderna. Arthur Edward Waite mantuvo la estructura básica de la imagen del mazo Marsella pero la modificó bastante. En lugar de un hombre joven entre dos mujeres, todos vestidos como es debido, vemos a un único hombre y una mujer, ambos desnudos y sin pudor, y en lugar de Cupido con su arco, un ángel que tiene la mano suspendida sobre cada uno, como para bendecirlos y unirlos. Esto hace pensar en un matrimonio que no necesita de iglesia ni de ritual.

Veamos esta carta en el mazo Rider y comparémosla con la de El Diablo:

Rider: *Los Amantes y El Diablo*
Marsella: *El Diablo*

En las primeras versiones de esta carta, El Diablo aparece como parodia. De hecho, El Diablo es la imagen más antigua, similar al «original» de Marsella, como se ve en la imagen de aquí arriba.

En uno de sus mejores diseños, Waite y Smith se inspiraron en El Diablo para crear a Los Amantes, de modo que la carta seis nos muestra una relación perfecta, mientras que El Diablo se vuelve una relación corrompida o destructiva.

Algunos mazos, como el de tarot de Thoth de Aleister Crowley y Frieda Harris, presentan un *hieros gamos* —o matrimonio sagrado— muy ritualizado. En términos del Hermetismo, un *hieros gamos* indica una unión de opuestos por la cual se mezcla lo masculino con lo femenino. La carta de El Mundo, que a menudo se considera «hermafrodita», encarna el concepto de unión integrada. La carta de Los Amantes apuntó hacia esa expresión integral.

El concepto de «matrimonio sagrado» se retrotrae más allá del Hermetismo. En muchas culturas «paganas» (uso el concepto de un modo genérico para hacer referencia a cualquier tradición basada en la naturaleza, en especial en la Europa precristiana), el rey o jefe tribal contraía un matrimonio simbólico con la Diosa Tierra, que a veces era recreada por una sacerdotisa, en una unión sexual que tenía la intención de mejorar la fertilidad de la tierra.

En ese sentido, la carta de Los Amantes es la culminación de las anteriores: El Hierofante realiza el ritual que une en matrimonio a La Emperatriz (la Tierra) con El Emperador (el rey, el orden social), quienes por su parte encarnan los principios masculino y femenino que se ven inicialmente en El Mago y La Suma Sacerdotisa.

Cuando analizamos la carta de La Suma Sacerdotisa nos referimos a la idea del aspecto femenino de Dios, llamado Shekinah, exiliado del aspecto masculino. La carta de Los Amantes ilustra la reunión de estos aspectos. En ciertas tradiciones de la Kabbalah, las personas contribuyen a la realización de esta unión mediante el amor sexual. Esta es una de las grandes verdades herméticas o cabalísticas: que los seres humanos participan de lo divino, que un dios que está dividido no puede sanar nada sin el aporte de lo humano.

¿Acaso están todas estas ideas en la versión moderna? El Cupido del mazo Visconti tiene los ojos vendados (como reza el dicho de que el amor es ciego), pero el joven mira hacia arriba y lo observa a conciencia, como si anhelara ser atravesado por la lanza que apunta a su corazón. El nombre griego de Cupido es Eros, el dios del amor. El mito homérico lo describe como el hijo de Afrodita (La Emperatriz). Platón y los cultos a los Misterios veían en Eros al primer principio de la creación.

Para el Hermetismo, Eros —el amor— inunda toda la creación, una idea que puede ilustrar tal vez la diferencia entre la ciencia y el Hermetismo.

Según la física newtoniana, es la fuerza llamada «gravedad» la que define la atracción que sostiene a la Tierra en órbita alrededor del Sol. La gravedad se entiende como una conexión mecánica, y la ciencia no logra explicar cómo opera esta «acción a la distancia» (Einstein teorizó otra versión de la gravedad en su teoría general de la relatividad). El Hermetismo describe la atracción como la atracción del amor, de Eros. La relación entre la Tierra y el Sol es tanto sexual como sagrada. Podemos pensarlo igual que cuando nos atrae alguien al otro lado de una habitación y toda nuestra atención está dirigida hacia allí, o en el modo en que nos sentimos conectados con alguien que amamos que está al otro lado del mundo. Como es arriba, es abajo. Newton mismo era seguidor del Hermetismo, y tal vez era su intención que la teoría de la gravedad que formuló contuviera un mensaje secreto.

¿Qué nos dicen las interpretaciones más antiguas? Una vez más, nos encontramos con una mezcla de ideas sorprendente, donde la de la «elección» es solo una vía posible.

Algunos significados que reciben Los Amantes

Extraído de *Los orígenes místicos del tarot*, de Paul Huson.

Cartomancia de Pratesi (1750): Amor

De Mellet (1781): Amor. Un hombre que se debate entre el Vicio y la Virtud.

Court de Gébelin (1713-1782): Matrimonio. Los Amantes.

Lévi (1885): La letra hebrea Vau, Vicio y Virtud. Entrelazamiento, «*lingam*» (el término con que el hinduismo hace referencia al falo [nota de la autora: específicamente de Shiva] y que Levi introduce en su texto llamado *La doctrina de la magia trascendental* como símbolo de la Kabbalah para Venus), entrelazamiento, unión, combinación, equilibrio.

Christian (1870): Arcano VI. Los dos caminos. La encrucijada. Un hombre de pie, paralizado, frente a un cruce de caminos. Dos mujeres, una a cada lado, con la mano apoyada sobre uno de sus hombros, señalan en dirección a uno de los caminos. La mujer de la derecha personifica la virtud y la de la izquierda, el vicio. A lo alto y por detrás, el genio de La Justicia, rodeado de un halo de luz resplandeciente, tensa su arco y dirige la flecha del castigo contra el Vicio. La escena expresa la lucha entre las pasiones y la conciencia.

Mathers (1888): Los Amantes. Pruebas superadas. En posición invertida: planes imprudentes, fracaso cuando se los pone a prueba.

Aurora Dorada (1888-1896): Los Hijos de la Voz Divina, Oráculos de los Dioses Poderosos. Los Amantes. Inspiración, fuerza motriz, impulso.

Gran Oriente (Waite, 1889, 1909): Amantes. Unión material, afecto, deseo, amor natural, armonía, equilibrio.

Waite (1910): Los Amantes. Atracción, amor, belleza, pruebas superadas. Si aparece invertido: fracaso, designios insensatos. En otra versión [Etteila], se habla de matrimonio frustrado.

El amor es el significado más antiguo del manuscrito descubierto por Pratesi. De Mellet también dice amor (parece bastante obvio, ¿no?), pero introduce el concepto de elección entre vicio y virtud. Lévi mantiene el concepto de «vicio/virtud», pero añade «unión». Paul Christian recalca la idea de elección, la detalla y, curiosamente, convierte al arquero en La Justicia que, según él, no apunta la flecha al joven que está a punto de enamorarse, sino al Vicio. Se necesita a Mathers, luego a la Aurora Dorada y después a Waite, para volver a la idea aparentemente obvia de que Los Amantes significan «el amor». Waite subraya especialmente la atracción y la unión.

Llama la atención que la elección no significa la necesidad de decidir entre dos opciones igualmente válidas, como qué ponerse para una fiesta, o qué trabajo aceptar, o incluso con quién casarse. En cambio, significa una elección moral, entre el bien y el mal, el Vicio y la Virtud. La imaginería del Medievo y el Renacimiento con frecuencia alegorizaba esta elección en la figura de dos mujeres, una rubia y la otra morena. En aquella época no había nada especial en ser rubia, ni tampoco se consideraba que una mujer rubia era más tonta (como se afirma en ciertos ámbitos hoy en día). En cambio, la coloración clara las hacía parecer más puras para una época en que se polarizaba entre luz y oscuridad. El cabello y la tez oscuros resultaban más terrenales, más cercanos a la tentación, más asociados a lo corporal.

Pero demos un giro moderno a la idea de elección y sexualidad. En las primeras versiones de las cartas de la progresión de El Loco vemos que se encuentra con diversos aspectos de la vida que debe comprender y asimilar: ciertos preceptos, en el caso de El Mago y La Suma Sacerdotisa; la naturaleza y las reglas sociales, como la madre y el padre, en La Emperatriz y El Emperador; la educación y la tradición, en El Hierofante. Todos estos aspectos implican el aprendizaje de distintas cuestiones esencialmente externas a una persona. La carta de Los Amantes nos trae una experiencia personal, la de la sexualidad. Cuando entramos en la adolescencia, empezamos a tomar las primeras decisiones independientes. Con frecuencia, no las aprueban nuestros padres. Y las decisiones no solo involucran cuestiones del amor y del sexo. Empezamos a pensar por nuestra cuenta, a cuestionar las creencias de nuestros padres y de la sociedad, y a convertirnos en personas independientes.

Además de impulsarnos en todo el proceso anterior, la sexualidad nos enseña una lección metafísica vital: el poder de la mente. Por el hecho de que nos sucede a todas las personas, no notamos lo extraño que es, pero puede pasarnos que de solo mirar a alguien, o una imagen, o con solo pensar en una persona o en una situación, nuestro cuerpo sienta deseo físico sin que siquiera lo toquen.

De los temas de la elección, la sexualidad y la adolescencia inspirados por la tradición del mazo Marsella, volvemos a la de Rider. El hombre y la mujer desnudos, símbolos de una relación plena, son Adán y Eva. Las hojas parecidas a llamas que se ven por detrás de la pareja representan el Árbol de la Vida, mientras que por detrás de Eva, la serpiente se enrosca en el árbol del conocimiento del bien y el mal. Pero hay algo que es muy diferente aquí respecto de la historia bíblica. En ella, Adán y Eva cometen un acto nefasto al comer de la fruta y Dios los expulsa del Edén y deja a un serafín (una especie de ángel) en la puerta con una espada ardiente; es el encargado de evitar su retorno. En la carta de Los Amantes, el ángel bendice la unión. La imagen es subversiva en tanto apoya el conocimiento y el deseo.

La palabra hebrea que se traduce como «conocimiento» es *Da'ath*, que también aparece como una especie de sefirot escondido en el Árbol de la Vida, en el espacio entre los tres sefirot de la copa y los siete de la base. La palabra «Da'ath» tiene connotaciones sexuales, como lo sugiere la famosa frase, «se conocieron en el sentido bíblico de la palabra». Podemos ver en la carta de Los Amantes un símbolo del tantra y de otras prácticas sexuales diseñadas para despertar la energía *kundalini* y acercarnos a la iluminación. Una vez más, podemos contrastar esta carta con El Diablo. En él, el sexo se vuelve su propio fin, la descarga física sin espiritualidad ni conexión emocional real. Desde ya, a veces no queremos otra cosa. Como todas las cartas del tarot, El Diablo tiene su propio lugar.

En la imagen del mazo Rider, el hombre mira a la mujer y ella mira al ángel, quien los bendice y los conecta, como si así se cerrara un circuito que permite que la energía se mueva. Eso también es subversivo.

La cultura occidental, en especial durante la Edad Media pero en algunos lugares hasta en la actualidad, describe al hombre como ser racional y a la mujer como ser emocional. Y de ahí se desprende que el hombre está más cerca de Dios, que es razón pura, mientras que la mujer está más cerca de los animales. Es por eso que las mujeres no podían hablar en la iglesia sino solo sus maridos, que hablaban por ellas. Aquí el hombre, en cierto sentido, pasa a través de la mujer para ver al ángel. Como no se trata de personas sino de símbolos, podemos decir que lo masculino debe ir a través de lo femenino para alcanzar lo divino.

De este modo se invierten no tanto los roles sino su significado. En otras palabras, lo masculino racional puede sernos de gran utilidad en ciertos aspectos de la vida, pero para alcanzar la conciencia espiritual debe pasar por el instinto femenino. El yang debe abrazar al yin para experimentar el Tao. Dicho de otro modo, el yo consciente debe viajar a través del inconsciente para alcanzar la superconciencia, el yo divino. En la estructura de tres líneas de los Arcanos Mayores, la primera línea representa los desafíos de la conciencia, de nuestro lugar en el mundo. La segunda muestra un viaje a través del inconsciente hacia la iniciación, la muerte y el renacimiento. La tercera nos lleva al reino del espíritu, llamado «superconciencia». La carta de Los Amantes codifica esto como la relación entre el hombre, la mujer y el ángel.

También puede mostrarnos una imagen de nosotros mismos, con nuestro propio nivel consciente, inconsciente y de conciencia superior reunidos y en un flujo de energía dinámica. Si eres de usar el mazo Rider o alguna de sus variantes, vale la pena sacar esta carta y estudiarla, escribir sobre ella, meditar con ella. Encierra unos misterios poderosos.

El mazo Rider contiene tres ángeles que aparecen en Los Amantes, La Templanza y El Juicio. Las opiniones varían, pero para mí es así: en Los Amantes, Rafael; en La Templanza, Miguel; y en El Juicio, Gabriel. Rafael significa «poder sanador de Dios». El amor cura. (Y dado que hay cuatro arcángeles, ¿dónde está el cuarto, Uriel?; responderemos a esto más adelante pero, entretanto, pensemos: ¿en cuál de las otras cartas mayores con una figura alada que está de pie por encima de otras dos que quedan más bajas?).

La carta de Los Amantes representa uno de los desafíos más grandes de Waite a partir del mazo Marsella. Hasta que fue publicada la versión de la Aurora Dorada, se asumía que la versión de Rider provenía de la Orden del Hermetismo. De hecho, la Aurora Dorada ofrece una imagen muy diferente, el héroe griego Perseo rescata a la doncella Andrómeda de las garras de un monstruo marino.

La carta de Los Amantes de la Tribu Luminosa proviene de una meditación que hice con la versión del mazo Rider. Cuando entré en la imagen (para más detalles sobre esta técnica, véase el capítulo sobre lecturas), vi a Adán y Eva en un pícnic. Allí estaban, desnudos, con el ángel por encima de ellos, pero, en este caso, estaban sentados frente a una mesa de madera donde había una ensalada de patatas y una carne a la parrilla.

Pero cuando me acercaba para juntarme con ellos, el ángel me arrastraba al cielo y me daba un beso apasionado. Cuando terminé el dibujo había dos cosas que me sorprendían. Una era que en la mayoría de las versiones de la carta las figuras en realidad no se tocan entre sí. Están acomodadas en un orden pautado y formal. La versión de la Tribu Luminosa nos permite ver que el amor nos transforma y eleva. En general, pensamos en el sexo como diversión, o como algo emocionante y nada más, o también como algo vulgar, pero en realidad el sexo puede permitirnos acercarnos a la unión divina.

La otra cosa que me sorprendía de esta carta es referente al género de las figuras. En la mayoría de las versiones hay un hombre y una mujer (o un hombre y dos mujeres). En ciertos mazos que adscriben al feminismo lesbiano se ven dos mujeres; y hay algunos pocos con dos hombres. En el mazo de la Tribu Luminosa, dado que los cuerpos se abrazan, no podemos identificar a qué género pertenecen; van más allá de las identidades limitantes.

A poco tiempo de terminar el mazo de la Tribu Luminosa asistí en Francia a un festival de mitos y teatro dedicado a Afrodita. Como parte de mi contribución ofrecí una lectura de la Tribu Luminosa. La primera carta que apareció fue... ¡Los Amantes! Al verla, me di cuenta de que enseña una lección de amor propio, de que lo humano y lo divino que llevamos dentro se unen como amantes. Cuando nos sentimos más humanos —débiles, vulnerables, en algún tipo de lucha—, debemos abrazar nuestra propia divinidad. Cuando nos sentimos más angelicales y poderosos, sabios, arquetípicos, debemos asegurarnos de abrazar nuestra humanidad. Y estos dos aspectos no solo están unidos, sino que se aman. Este también es el mensaje de la carta.

No importa cuál sea el mazo, Los Amantes encabezan una de las tríadas más poderosas. La sexta posición abarca a Los Amantes, La Muerte y El Juicio: amor, muerte y resurrección. El amor es como la muerte en el sentido de que nos lleva más allá del ego. Por mucho que nos esforcemos en ser grandes amantes, por mucho que intentemos proyectar una imagen, en el acto de amar debemos desprendernos del yo, al menos por un momento. En la Edad Media, al orgasmo se lo llamaba «pequeña muerte». La idea procedía en realidad de la creencia de que un hombre acortaba su vida seis o siete segundos cada vez que llegaba al clímax. Esta creencia procedía de una comprensión demasiado literal de las prácticas esotéricas de retener el orgasmo para transformar la energía. Pero aun cuando existía una idea tan negativa, los hombres seguían queriendo tener sexo, seguían entregándose al amor.

¿Y qué hay de la relación con El Juicio, la carta de la resurrección? El amor sana.

¿Qué decimos cuando aparece esta carta en las lecturas? Para empezar, señala la presencia de amor, así que la recibimos con alegría. Es obvio que este significado se vuelve más poderoso cuando hemos preguntado acerca de una relación posible, pero incluso en una lectura que pueda ser, por ejemplo, sobre un trabajo nuevo, la carta de Los Amantes puede significar conocer a alguien, en especial si hay otras cartas que apoyan esta idea, como el dos de copas. Si El Hierofante y/o el cuatro de copas aparece con Los Amantes, esta combinación da indicios de casamiento.

Al mismo tiempo, hay otros significados tradicionales que pueden aplicarse aquí, en particular en relación con la elección. La persona que lleva la consulta puede estar a punto de tomar alguna decisión difícil, quizás entre una tentación y algo que sabe que debe hacer. El Vicio y la Virtud. O en especial con el mazo Marsella, la carta de Los Amantes puede significar la elección entre dos amantes posibles.

En una lectura sobre los negocios, la carta indica que una sociedad será buena y provechosa, o una vez más, de una decisión significativa que hay que tomar.

Otro significado posible es la adolescencia, o que la persona alcanzará un nuevo nivel de sí misma. Por último, puede significar que alguien está en armonía con sus diversos niveles.

Si aparece invertida, esta carta significa, en primer lugar, no al amor. Si alguien pregunta: «¿Conoceré a mi futuro amor en este evento (o trabajo o lo que sea)?», o «¿Esta relación va en serio?», o «¿Podré encontrarme con mi alma gemela en los próximos seis meses?», la carta de Los Amantes en posición invertida dice: «Lo más probable es que no, no esta vez».

Los Amantes en posición invertida también indican una decisión difícil o que alguien evita tomar una decisión de este tipo. Puede indicar también que alguien no está en contacto con algún aspecto de sí (hombre o mujer) o, en el caso de alguien joven, de una adolescencia perturbada.

Una lectura basada en Los Amantes

1. ¿Cómo he recordado al amor en mi vida?
2. ¿Qué ha hecho?
3. ¿Qué es lo que deseo?
4. ¿Qué me retiene?
5. ¿Qué es lo que el amor requiere de mí?
6. ¿Qué es lo que puede darme?

El Carro: 7
Correspondencia astrológica: Cáncer
Letra de la Kabbalah: ח Cheth
Camino en el Árbol de la Vida: Binah (Entendimiento) a Gevurah (Poder)

Carta de El Carro en los mazos: Visconti, Marsella, Rider, Ritual de la Aurora Dorada, Egipcio y de la Tribu Luminosa

El Carro

La carta siete completa la primera línea de los Arcanos Mayores y, por lo tanto, indica el logro, o triunfo, del primer nivel. La palabra «triunfo», en italiano *trionf* justamente da nombre a las cartas del triunfo (y era el nombre de todas las cartas desde un principio). Las cartas se llamaban Trionfii antes de recibir el nombre de Tarocchi. La palabra «trionf», también hacía referencia a las exposiciones en una especie de desfile, similar a los carros decorados con gente disfrazada que vemos hoy en los desfiles de carnaval o Halloween. Estas exhibiciones viajaban en carros o verdaderos carros. De ahí que la carta siete refleje algunos de los niveles más antiguos del propio tarot.

Aunque originalmente la palabra «triunfo», hacía referencia a una de las partes que integran una procesión, ahora significa «victoria», como bien sabemos, y la victoria es uno de los significados principales de la carta de El Carro. La idea de una procesión de la victoria encabezada por un héroe en un carro engalanado nos acompaña desde hace siglos, por lo menos desde la antigua Roma, y nos llega hasta el presente con los héroes de la actualidad: astronautas o campeones de fútbol que pasan en limusinas recibiendo el saludo de las personas que los vitorean desde las calles o ventanas. Así tuvo lugar el asesinato de John F. Kennedy y suspendió esa práctica para los actos políticos, pero sigue ocurriendo para el mundo del deporte, por ejemplo, para los festejos de la Super Bowl, en Estados Unidos.

Los procesiones triunfales que se hacían en Roma no eran solo para héroes. Cada año, un carro tirado por leones amaestrados transportaba una piedra negra por las calles de Roma. La piedra simbolizaba a la diosa Cibeles, a la que los romanos llamaban «Magna Mater», o Gran Madre, de los dioses. En el tarot, la Gran Madre es La Emperatriz, pero analizaremos con más detalle la imagen de una mujer y un león en la siguiente carta, La Fuerza.

Estas son las interpretaciones iniciales de la carta de este capítulo.

Algunos significados que recibe El Carro

Extraído de *Los orígenes místicos del tarot*, de Paul Huson.

Cartomancia de Pratesi (1750): Viaje.

De Mellet (1781): Carro de Guerra. Crímenes de la Edad de Hierro.

Court de Gébelin (1773-1782): Osiris Triunfante.

Lévi (1855): La letra hebrea Zayin, el Carro Cúbico. Arma, espada, espada querúbica de fuego, el septenario sagrado, triunfo, realeza, sacerdocio.

Christian (1870): Arcano VII. El Carro de Osiris: victoria. Un carro de guerra, de forma cuadrada, coronado por un baldaquín estrellado sostenido por cuatro columnas. Avanza un conquistador que lleva un cetro y una espada en las manos. Está coronado con un filete de oro adornado en cinco puntas por tres pentagramas o estrellas doradas. El carro cuadrado simboliza la obra realizada por la voluntad, que ha superado todos los obstáculos; las cuatro columnas que sostienen el dosel estrellado, los cuatro elementos conquistados. La espada alzada es el signo de la victoria. Las dos esfinges, una blanca y otra negra, simbolizan el Bien y el Mal, uno vencido y el otro derrotado, ambos convertidos en siervos del Magus que ha triunfado sobre las pruebas de la vida.

Mathers (1888): El Carro. Triunfo, victoria, superación de obstáculos. En posición invertida: derribado, vencido por obstáculos en el último momento.

Aurora Dorada (1888-1896): Hijo del Poder de las Aguas, Señor del Triunfo de la Luz. El Carro. Triunfo, victoria, salud, éxito, aunque a veces no duradero.

Gran Oriente (Waite, 1889, 1909): Carro. Triunfo de la razón. Éxito, el derecho que prevalece, conquista.

Waite (1910): El Carro. Providencia, guerra, triunfo, presunción, venganza. Si aparece invertida: revueltas, disputa, litigio, derrota.

Llama la atención que Pratesi utilice una única palabra: «viaje». Este significado se ha vuelto común en las lecturas contemporáneas y aquí lo encontramos como la interpretación «original». También es interesante que Lévi introduzca el concepto del cubo metafísico aquí en El Carro y no en El Emperador. Esto es más llamativo aun si tenemos en cuenta que el tarot de Marsella, el único que conocía Lévi, no mostraba un carro cúbico.

La versión de Rider es la que da a El Carro la forma cúbica, al punto de que parece un bloque de hormigón, lo que crea una sensación de alguien aferrado en un lugar inamovible. De hecho, El Carro del mazo Rider sugiere la incapacidad de moverse, por el modo en que está en el suelo y porque el cochero pareciera estar incrustado dentro. Necesitamos a El Loco para poder abandonar este triunfo, completar con éxito los retos de la primera etapa y comenzar un viaje enteramente nuevo con La Fuerza y El Ermitaño.

Nótese algo curioso: en la versión de Marsella las ruedas apuntan en direcciones opuestas. Encontramos algo parecido en otras versiones, sobre todo en las de Thoth de Crowley y Harris, como si la carta de El Carro no estuviera pensada para ir a ningún lado.

Lévi nos recuerda el aspecto guerrero del cochero (o de un auriga romano), si bien la figura de Marsella sostiene un cetro en lugar de una espada o lanza. Lévi dice «arma» y «espada» pero luego introduce un nivel metafísico, hasta mítico, con la idea de «espada querúbica de fuego», una imagen que recuerda al serafín con la espada encendida y de cuatro lados que prohíbe a Adán y Eva (y a nosotros) regresar al Edén. Porque no podemos volver atrás, debemos avanzar hasta encontrar un sentido más pleno del Paraíso en la carta veintiuno, El Mundo.

Lévi introduce también el «septenario sagrado» y nos recuerda la importancia del número siete. Recordemos las siete esferas planetarias, las siete notas musicales, los siete chakras, los siete colores del arcoíris, así como también las siete aberturas del cuerpo masculino. De este modo, El Carro se vuelve una carta particularmente masculina.

La Fuerza, por el contrario, nos muestra un tipo de poder femenino, teniendo en cuenta que el cuerpo de la mujer contiene ocho aberturas.

Paul Christian profundiza sobre la idea de un carro «cuadrado» y la de las cuatro columnas. Este doble uso del cuatro indica manifestación, es decir, la idea de realizaciones en el mundo físico. Para Christian, esto significa «los cuatro elementos conquistados», la idea de que el magus o iniciado deben superar el mundo natural en la forma de una serie de pruebas.

Christian también introduce la idea de esfinges en lugar de caballos, algo que vemos en la versión de Rider. Ya sean caballos o esfinges, hay uno negro y otro blanco en representación de la dualidad y todas las contradicciones y dificultades de nuestra vida. Platón describió la mente como un carro tirado por un caballo blanco y negro. Christian nombra a las esfinges como Bien y Mal, y mientras que el joven de Los Amantes debe elegir entre el Vicio y la Virtud, el cochero debe vencer a ambos:

«Uno conquistado, el otro derrotado». Por haber «triunfado sobre sus pruebas», el magus hace de la dualidad misma su «sirviente».

Esto introduce el tema de la voluntad, que para muchos es la cualidad principal de El Carro. Pero ¿qué entendemos por voluntad? También se usa este término para describir a El Mago, ¿acaso son lo mismo? En mi opinión, El Mago demuestra el principio, o el ideal, de la voluntad bien orientada, y El Carro nos muestra a la persona que ha aprendido a utilizar la voluntad para enfrentar los retos de la vida. Los términos que Waite utiliza son «éxito..., conquista..., guerra, triunfo, presunción, venganza».

Es mediante la fuerza de su voluntad que el cochero se abre camino en el mundo. La fuerza de voluntad mantiene unidas las contradicciones de su vida. En la mayoría de las versiones de la carta no hay riendas; es solo con su voluntad que logra evitar que los caballos o las esfinges vayan en direcciones opuestas y destrocen todo lo que ha construido.

Este es un modo de verlo. Mi amiga y colega tarotista Zoe Matoff ve a El Carro como vehículo de la voluntad divina. El cochero no necesita hacerse cargo ni llevar las riendas porque se convierte a sí mismo en el vehículo de lo que tiene que suceder. La frase que se convierte en su lema dice: «No es mi voluntad, sino la tuya».

Cualquiera sea el modo en que veamos El Carro —ya sea magus, éxito en los ámbitos externos de la vida o agente de la voluntad divina—, muestra un triunfo que surge al absorber las lecciones de las cartas anteriores. Podemos ver esto de modo simbólico en la imagen del mazo Rider. Sostiene una vara larga como si fuera la varita de un Mago, pero la tiene más por debajo y la controla, no está elevada por lo alto. La Suma Sacerdotisa aparece en las esfinges blancas y negras, La Emperatriz en el dosel de estrellas sobre su cabeza, y El Emperador en el cubo del mismo carro que parece de piedra.

La posición de las esfinges recuerda a los discípulos de El Hierofante, mientras que Los Amantes aparecen sutilmente en el círculo alado (del mismo modo en que el ángel sobre Adán y Eva) por encima de la imagen como una tuerca y un tornillo. Se los denomina «lingam» y «yoni»: «lingam» es el falo del dios hindú Shiva, y «yoni», el útero de la mitad femenina de Shiva, Shakti. Los hindúes suelen representar a Shiva con piedras erguidas, el mismo tipo de piedras que representaban a Hermes en la antigua Grecia.

Aunque la inspiración original para El Carro puede haber provenido de las procesiones medievales, también podríamos hacer referencia a una imagen más esotérica: la visión de Ezequiel del carro celestial (Ezequiel 1: 1-28). Es increíblemente detallada, con imágenes de figuras de cuatro caras, como lo son los personajes que vemos en las esquinas de las cartas de La Rueda de la Fortuna y de El Mundo. El Carro, en hebreo *merkavah*, se convirtió hace dos mil años en la base de prácticas místicas que más tarde evolucionaron hasta convertirse en la Kabbalah. Estas prácticas, llamadas *ma'aseh merkavah*, el «trabajo del Carro», implicaban una cantidad de meditaciones intensas por las cuales los participantes viajaban a los siete *hekhaloth* o palacios celestiales. Desde ya que el siete es la carta de El Carro, así como las siete esferas celestes y los siete sefirot inferiores del Árbol de la Vida. En El Carro de la Tribu Luminosa el conductor tiene ambas manos extendidas hacia arriba, por un lado como gesto de transformación y triunfo, pero también para alcanzar el río de energía divina. Por encima de él, los círculos dentro de círculos sugieren la visión de Ezequiel.

Una vez, en una clase en Nueva York, dirigí una meditación orientada a visualizar el propio carro, el vehículo que nos llevaría por la vida. Si bien no me basé en la merkavá (de hecho, la meditación se inspiraba en un mito de Shiva), una joven se me acercó al terminar y, por su descripción, comprendí que había tenido una visión del carro celestial. Era muy diferente de lo que yo había expresado. Lo que ella vio cubrió el cielo y descendió hasta ella en una gran luz que la llenó de sobrecogimiento. Cuando trabajemos con las cartas y con las imágenes tan antiguas en ellas, debemos recordar que no son invenciones arbitrarias ni aleatorias.

Los carros figuran en el mito de Perséfone, raptada por Hades para convertirse en su Reina de los Muertos. Al principio, el suelo se abre cuando la doncella se arrodilla para arrancar una flor de narciso. La Muerte sale de las profundidades en un gran carro, atrapa a la muchacha, que está aterrorizada, y atraviesa el mundo antes de volver a bajar a las tinieblas. Más adelante, cuando Zeus (El Emperador) decide que Perséfone (La Estrella) debe volver con su madre Deméter (La Emperatriz), envía a Hermes (El Mago) para que la traiga de vuelta. Y la trae en un carro. Por último, cuando Deméter recompensa a la humanidad con el don de la agricultura, envía a un príncipe llamado Triptólemo a recorrer el mundo en un carro divino y a enseñar a la gente cómo usar esta herramienta, base de la civilización.

Las esfinges sugeridas por primera vez por Paul Christian evocan otro mito más, uno de vital importancia, el de Edipo. En el relato, Edipo huye de su casa porque el Oráculo de Delfos (véase el capítulo sobre El Mago para contrastar entre oráculos y adivinación) le ha dicho que matará a su padre y se casará con su madre. En un lugar «donde se juntan tres caminos», se encuentra con un hombre muy arrogante que llega en un carro y Edipo lo mata. Luego se adentra en la ciudad de Tebas donde se encuentra con que el pueblo está muy afligido. Una esfinge —una criatura mitad mujer, mitad león— se ha instalado en la plaza de la ciudad y exige a todo transeúnte que debe responder su acertijo. Si no puede, la esfinge lo devora. El rey, de hecho, ha abandonado la ciudad para ir a Delfos en busca de ayuda, pero no ha regresado, y el pueblo está desesperado.

Entonces aparece el acertijo más famoso de toda la literatura universal: «¿Cuál es la criatura que camina a cuatro patas por la mañana, dos en la tarde y tres por la noche?». Edipo responde correctamente: el hombre, que gatea de bebé, camina erguido de adulto y utiliza un bastón en la vejez. Furiosa, la esfinge se suicida, y los tebanos, exultantes, le proponen a Edipo que, como el rey no ha regresado de su misión, se convierta en su gobernante. Al fin y al cabo, es el más sabio de los hombres, y sabe lo que es un ser humano. Para dar legitimidad al forastero, el pueblo le sugiere que se case con su reina.

A estas alturas, incluso quien no conozca la historia ya habrá adivinado el secreto: el hombre que mató Edipo en el camino era su padre, el rey; y la reina es su madre. Desconoce el misterio más crucial de todos, el de su propio origen. Esta es la paradoja de la carta siete, El Carro:

lograr el éxito, haber superado los retos de las cartas anteriores, llegar a ser admirado y sentirse orgulloso, pero no saber nada en absoluto sobre la verdad última de uno mismo y del cosmos. En el segundo nivel, El Loco llegará a conocerse a sí mismo y, en el tercero, la gnosis —el conocimiento— se extenderá a la realidad misma.

* * *

En una lectura, El Carro significa ante todo éxito, en especial el éxito que se logra al ejercer la propia voluntad sobre el mundo. El Carro implica lo que antes se llamaba «la buena vida»: éxito, orgullo bien merecido, admiración de parte de los demás, confort. Estas cosas materiales pueden extenderse al éxito en el amor, dado que, desde ya, la carta sigue a la de Los Amantes.

Si la lectura se refiere a un proyecto puntual, El Carro es buen augurio, es decir, indica un resultado positivo, sin necesidad de mayor interpretación. El mensaje es todavía más fuerte si aparecen otras cartas de éxito, en especial las de El Mundo, el seis de bastos o los reyes, en particular el de oros.

En El Carro hay una cualidad masculina, que se ve acentuada si aparece junto con El Mago, El Emperador o alguna de las cartas de bastos. Si aparece con La Torre, esa fuerza puede devenir en agresión o violencia; otra opción es que fracasen los planes de la persona o que se venga abajo la estructura de lo que ha creado. La Torre es la carta 16, y 1 + 6 = 7; esto crea una relación entre las dos cartas.

No es necesario adoptar una visión extrema del lado oscuro u oculto de El Carro. Pero sí podemos decir simplemente que una voluntad fuerte crea un personaje, una especie de máscara (la palabra «persona», raíz de la palabra «personaje», proviene del griego y significa las máscaras que los artistas griegos usaban para representar a los dioses; «persona» en realidad deriva de Perséfone). Esta máscara puede resistir en el tiempo o puede resquebrajarse. En el «tarot de la Tribu Luminosa», la parte delantera de El Carro es una máscara, pero se resquebraja para revelar otro mundo en su interior.

En un nivel muy simple, El Carro puede indicar viajes que estén por surgir o incluso la compra de un coche nuevo. Si aparece invertida no necesariamente indica fracaso, sino que sugiere la falta de fuerza de voluntad, que la persona duda de sí misma. Una vez, en una lectura, una mujer preguntó por qué no podía adelgazar. Esperaba que apareciera algún secreto horrible y reprimido, pero lo que salió fue El Carro invertido, y le dije: «Te falta fuerza de voluntad». Me dijo, sorprendida: «¿Eso es todo?». A veces, el tarot nos habla sin vueltas.

El Carro puede aparecer en posición invertida cuando se mantiene una situación a fuerza de voluntad y ya no es momento de hacerlo, o si tan solo no se quiere hacerlo. Por ejemplo, permanecer en un trabajo que no nos gusta por obligación y esfuerzo de la voluntad. En casos así, El Carro invertido puede querer decir que no sigamos haciéndolo. Las otras cartas de la lectura pueden indicar si la persona lo logrará o no, o si llegará a comprender que quiere algo diferente en la vida.

Esta es la paradoja de El Carro al revés. Fracasa la voluntad y puede ser doloroso, sobre todo si aparece La Torre, pero también puede ser lo mejor para la persona. Si aparece La Fuerza después de El Carro en posición invertida, lo que muestra es que la persona encuentra la fuerza interior para cambiar. Si aparecen cartas de relación o cooperación, como Los Amantes o el tres de copas, la persona recibe ayuda de los demás o aprende a comunicarse mejor.

Y, por supuesto, si aparece la carta de El Carro invertida también puede significar la cancelación de un viaje o problemas con el coche.

Una lectura basada en El Carro

Esta es una de mis tiradas favoritas, porque las posiciones se basan en los primeros ocho Arcanos Mayores. Si una carta aparece en su propia posición, digamos, por ejemplo, si El Emperador aparece en la posición cuarta, se enfatiza su poder.

Para esta lectura se pueden usar dos mazos: uno para disponer la posición de cada carta en la mesa, y el otro para las cartas en sí, para mezclarlas y colocarlas en cada posición, sobre las otras.

1. (El Loco). ¿Hacia dónde estoy dando un salto en este momento de mi vida?
2. (El Mago) ¿Dónde está la energía, la magia?
3. (La Suma Sacerdotisa) ¿Qué está oculto o no dicho, qué es secreto?
4. (La Emperatriz) ¿Cuál es mi pasión?
5. (El Emperador) ¿Cuáles son las reglas (posiblemente escondidas o inconscientes)?
6. (El Hierofante) ¿Cuál es el camino trazado para mí?
7. (Los Amantes) ¿Cómo expreso mi pasión?
8. (El Carro) ¿Hacia dónde va todo?

El propósito de esta lectura es contribuir a una mayor conciencia de un momento determinado, de modo que uno pueda tomar las riendas del carro que es la propia vida.

O
1
3
4
7
5
6
2

VII
EL CARRO

La Fuerza: 8
Correspondencia astrológica: Leo
Letra de la Kabbalah: ט Teth
Camino en el Árbol de la Vida: Chesed (Misericordia) a Gevurah (Poder)

Cartas de La Fuerza de los mazos: Visconti, Marsella, Rider, Ritual de la Aurora Dorada, Egipcio y de la Tribu Luminosa

La Fuerza

Lo primero que hay que decir sobre La Fuerza es que para muchas personas para nada la carta corresponde al lugar que tiene. En el tarot de Marsella, y para muchas personas del tarot moderno, la carta ocho es La Justicia y La Fuerza es la carta once. La Aurora Dorada invirtió este orden, en gran parte porque Leo (el león) parecía ir con La Fuerza y Libra (la balanza), con La Justicia. En el orden de los signos, Leo va antes que Libra, y Virgo (una buena elección para El Ermitaño) se sitúa entre ambos. Waite, líder de la Aurora Dorada en determinado momento, siguió este orden, de modo que la mayoría de la gente piensa ahora que La Fuerza es el ocho.

En lo personal, a mí me parece valioso considerar como punto medio a La Fuerza iniciadora del segundo nivel y a La Justicia, y no solo de la línea, sino de todos los Arcanos Mayores.

En mi enfoque del tarot, el significado tiene más peso que los sistemas (y podríamos decir que triunfa, justamente, sobre ellos). Si bien entiendo el orden que sugiere la Aurora Dorada, y me parece el más significativo, también veo el valor de la tradición más antigua. Si vemos las cartas ocho a catorce como una búsqueda de nuestro verdadero ser, La Justicia puede simbolizar el deseo que nos mueve a empezar y La Fuerza, la cualidad que necesitamos en medio de este proceso. Por otra parte, aunque puede motivarnos el deseo de verdad, necesitamos una gran fuerza interior para iniciar dicho proceso. Nos alejamos de la fuerza de voluntad de El Carro y encontramos el valor para mirarnos hacia dentro. Después de unas exploraciones iniciales, alcanzamos un punto central, vemos nuestra vida y equilibramos la balanza.

En la Edad Media y el Renacimiento, La Fuerza, también llamada «Fortaleza», hacía referencia a una de las cuatro virtudes cardinales. En el pensamiento medieval significaba dominar o vencer las pasiones, especialmente el deseo sexual. El león simbolizaba los deseos «animales». Podríamos pensar en alguien que lucha contra algún impulso inaceptable —una aventura amorosa tal vez, o robar, o ceder ante una adicción— y se contiene en este deseo mediante la autodisciplina. Algunas versiones antiguas de la fortaleza mostraban al héroe Hércules matando a garrotazos a un león (el primero de sus doce trabajos). La imagen de la mujer que cierra la boca del león (algunos dicen que la abre, otros que consigue que el león hable) nos muestra una forma diferente de dominar las pasiones, a través de la confianza. Aun así, el objetivo sigue siendo el mismo: vencer el deseo. Aleister Crowley cuestionó esta idea y nombró a la carta «Lujuria»; en ella se ve a la mujer, desnuda y exultante, montando al león.

Debemos reconocer que las personas del Medievo podían ver algo mucho más positivo en la figura de los leones. Por ser el «rey de las bestias» y de cabellos dorados como el sol, el león simbolizaba a Cristo, la luz dorada de la existencia para los místicos cristianos. Pueden reconocerse al menos dos fantasías modernas que utilizan este tipo de imágenes. El libro para niños del escritor británico C. S. Lewis *El león, la bruja y el armario* tiene un rey león parecido a Cristo que muere y resucita. Charles Williams, autor de la novela sobre tarot llamada *The Greater Trumps* («Los mayores triunfos»), recurrió al león como arquetipo de majestuosidad en su thriller místico *The Place of the Lion*. En la novela de Williams, el mundo se enfrenta a un gran peligro cuando una poderosa meditación permite, sin saberlo, que los Ideales Platónicos tomen existencia física en los cuerpos de animales escapados de un circo. Al final, el héroe asume el papel de Adán, el humano arquetípico, y nombra a las bestias, lo cual hace que los arquetipos se retiren. El humano vence al león con el poder de la palabra, imagen de la fuerza.

Podríamos pensar en esta carta como la cualidad de nombrar, y por tanto comprender, la naturaleza. Puede ser que las generaciones más antiguas la consideraran el símbolo de la agricultura y la civilización, como el modo de domar la naturaleza salvaje. Hoy podríamos pensar en ella más como la idea de la ecología, donde el mundo humano y el natural coexisten en armonía. En la versión de Rider, es llamativo cómo el cinturón de flores de la mujer se extiende suavemente al cuello del león.

En líneas generales, este simbolismo toma la idea de la fuerza como sometimiento del deseo. Para muchas personas, la imagen muestra algo más simple, la apreciación de la propia fuerza, la confianza en uno mismo. Podemos hablar de fuerza interior, de creer en uno mismo sin tener que controlar o dominar a los demás. Y como yo no considero que la pasión sea algo peligroso (¡ni pecaminoso!), usé la imagen de una leona indómita en mi propia versión de esta carta. La Fuerza en el mazo de la Tribu Luminosa procede de un medallón persa de un grifo, un león alado. Si bien hay quienes observaron que la postura parecía ir a la defensiva, yo soy más de la idea de que la leona se orienta hacia el futuro al mismo tiempo que mira al pasado. Está enraizada en la tierra, pero puede moverse hacia lo desconocido.

Como varían tanto las ideas sobre La Fuerza (tanto de la cualidad como de la carta), decidí encuestar a varias personas del mundo del tarot y conocer sus opiniones. Para mi sorpresa, unas cuantas mantienen la idea de sometimiento o conquista del deseo. Avigayil Landsman, que escribe sobre los significados espirituales y adivinatorios de las cartas hebreas, citó la frase: «¿Quién es fuerte? Aquel que controla sus pasiones». Johanna Gargiulo-Sherman, la creadora del «tarot de la Rosa Sagrada», dijo que lo espiritual prevalece sobre lo físico, y los instintos animales ceden al acto de hacer «lo correcto».

La pregunta es... ¿cómo sabemos lo que es correcto si va en contra de nuestros instintos? El Hierofante podría decirnos que sigamos sus doctrinas; El Emperador, que obedezcamos sus reglas. Pero si vemos el tarot como conjunto, como modelo de autodesarrollo, la cuestión se vuelve más peliaguda (y si vamos a los trucos entramos en el reino de El Mago). Tal vez podríamos pensar en fusionarnos con nuestros deseos, o en que nuestros deseos se eleven, de modo que la acción correcta, la voluntad personal y la voluntad divina se vuelvan la misma cosa.

Megan Williams, una tarotista australiana, adopta lo que yo considero un enfoque más moderno. La Fuerza es una cualidad interior, femenina, hecha de amor propio y confianza. En las lecturas, ella piensa en crear confianza y mostrar amor. La numeróloga Carey Croft la describe como la cualidad que te permite hacer algo difícil pero necesario, en línea con tu yo superior. Puede significar fuerza mental, fuerza de espíritu y capacidad de enfocarse en algo. Joan Pantesco, que también se hace llamar Purple, se centró en el león, o más bien en la relación entre el león macho y la mujer. Para ella, La Fuerza es androginia, una combinación de lo masculino y lo femenino.

Avigayil Landsman, a quien mencioné antes, tiene una visión fascinante de todo esto: para ella, la mujer es una partera, y el león, un cuello uterino que la mujer ayuda a abrir. La fuerza femenina se convierte en el poder de la mujer para dar a luz. Esta idea podría ayudar a explicar una conexión muy antigua de las diosas con los leones. Uno de los primeros tallados de la historia, que data de unos ocho mil años de antigüedad, muestra a una mujer de gran porte sentada en una silla, con la «corona» de un bebé que emerge entre sus piernas y dos leonas o leopardas agachadas a cada uno de sus lados. Era común que se representara a varias diosas de Medio Oriente junto a leones, y en la sección sobre El Carro mencionamos cómo los romanos celebraban a Cibeles, la Gran Madre de los dioses, y cómo transportaban su meteorito negro en un carro tirado por leones. Cibeles proviene de la zona oeste de Turquía, Anatolia, la misma región que la de aquella diosa sentada del tallado de miles de años de antigüedad.

Laura Triana hizo hincapié en la tradición esotérica en torno a La Fuerza. La letra hebrea Teth significa «serpiente», y así también la energía *kundalini* que descansa como una serpiente enroscada en la base de la columna vertebral. En general experimentamos la *kundalini* como algo sexual, pero puede viajar por la columna vertebral y transformarse en iluminación espiritual.

La serpiente también representa la fuerza vital, que los ocultistas reconocieron como energía en espiral mucho antes de que se descubriera que el ADN tiene una forma de doble hélice. También el número ocho puede verse como espiral.

La artista y tarotista Paige Vinson dijo que para ella la carta significaba «cercanía a los animales». Zoe Matoff dio un paso más en esta línea e hizo referencia a los comunicadores de animales, es decir, las personas que utilizan su conocimiento especial y la conexión con lo psíquico para identificar lo que los animales necesitan decirles a las personas que los cuidan. O bien podría significar escuchar a tu propia naturaleza animal.

Ahora que hemos analizado lo que se piensa de La Fuerza hoy en día, veamos qué decía la cartomancia de épocas anteriores.

Algunos significados que recibe La Fuerza

Extraído de *Los orígenes místicos del tarot*, de Paul Huson.

Cartomancia de Pratesi (1750): Violencia.

De Mellet (1781): Fortaleza, quien acude en resguardo de la prudencia gracias a vencer al león, la tierra salvaje, sin cultivar.

Court de Gébelin (1773-1782): Fuerza o Fortaleza.

Lévi (1855): La letra hebrea Kaph, Fuerza. La mano en el acto de agarrar y sostener. Fuerza 11.

Christian (1870): Arcano XI. El león domado: fuerza. En el mundo divino, el principio de toda fuerza, espiritual o material; en el mundo intelectual, la fuerza moral; en el mundo físico, la fuerza orgánica.

Mathers (1888): Fuerza o Fortaleza. Poder, poderío, potencia. Si aparece invertida: abuso de poder, avasallamiento, falta de fortaleza.

Aurora Dorada (1888-1896): Hija de la Espada Ardiente, Líder del León. Fortaleza, coraje, fuerza, poder que no se detiene en el acto del juicio sino que pasa a la acción ulterior, a veces obstinación.

Gran Oriente (Waite, 1889, 1909): Fortaleza o Fuerza. Coraje, vitalidad, tenacidad ante las cosas, gran resistencia.

Waite (1910): Fortaleza. Poder, energía, acción, coraje, magnanimidad, éxito y honores. Si aparece invertida: despotismo, abuso de poder, debilidad, discordia o desgracia.

Pratesi empieza por la violencia, posiblemente en respuesta a la imagen de Hércules apaleando un león. De Mellet ve a la mujer «venciendo» al león, que simboliza la naturaleza salvaje. Paul Christian, Mathers y la Aurora Dorada hacen hincapié en el poder, al igual que Waite, con su nombre y con el de Gran Oriente.

Entonces, ¿cómo surge la idea de dulzura, de pasión femenina? Tal vez venga de las mujeres de modo literal y de las mujeres modernas en particular, de las muchas que han ayudado a dar forma a la interpretación del tarot en las últimas tres o cuatro décadas. Una de las primeras intérpretes modernas fue Eden Gray, autora de varios libros de tarot a finales de la década de los años sesenta y principios de la de los setenta. Esto es lo que dice esta autora sobre La Fuerza:

> Fuerza de carácter, el poder espiritual que vence al material, el amor que triunfa sobre el odio, la naturaleza superior sobre los deseos carnales. En posición invertida: dominación de lo material. Discordia, falta de fuerza moral, miedo a lo desconocido en nosotros mismos, abuso de poder.

Con todas estas posibilidades, ¿qué debemos decir cuando La Fuerza aparece en una lectura? En el caso de esta carta aun más que con la mayoría de las otras, esto depende de lo que la cualidad signifique para quien consulta. Al mirar de frente esta carta —y debemos asegurarnos de mirarla con atención— se debe pensar en cómo entendemos la fuerza y, si estamos leyendo para otra persona, preguntárselo.

¿Es el poder de soportar los desafíos de la vida? ¿De superar la propia naturaleza animal? ¿De trabajar con nuestro yo animal? ¿Es una persona que trabaja con animales literalmente (en veterinaria, adiestramiento o comunicación con los animales)?

¿Puede ser que el león signifique deseo o sexualidad? Y, de ser así, ¿cuál es su relación con la mujer?

El primer significado que yo le asigno a esta carta es el de invitar a las personas a darse cuenta de su propia fuerza, especialmente en situaciones en las que se creen inadecuadas. Según la pregunta y las otras cartas, puede indicar una necesidad de fortaleza. En mi experiencia, no es que el tarot solo nos dice «disponer de esto sería una buena idea». Si una carta aparece como algo que alguien necesita, también dice que la persona puede encontrarlo dentro de sí.

La Fuerza no recomienda necesariamente una acción concreta. A veces significa la fuerza de no hacer nada. Las otras cartas pueden indicar qué es lo que hay que hacer, si es que hay que hacer algo. La Fuerza indica que uno tiene la capacidad de hacer lo que es necesario hacer.

En posición invertida, puede significar los deseos desenfrenados, el ceder a la tentación, en especial la sexual. ¿Acaso eso es necesariamente malo? Las generaciones pasadas pensaban que sí. Hoy, las opiniones difieren, pero si las otras cartas muestran algún tipo de peligro por el comportamiento imprudente, sí debemos preocuparnos por el deseo desenfrenado.

En mi experiencia con La Fuerza en posición invertida lo primero en lo que pienso es en debilidad, o en una persona que duda de su propia fuerza. Si alguien se enfrenta a una tarea difícil o está envuelto en una situación difícil desde hace tiempo, La Fuerza invertida puede ser que muestre un sentimiento de «no puedo con esto». Tal vez las otras cartas indiquen que la persona en realidad tiene más recursos de los que conocía, más coraje interior o más determinación. Pero tal vez no. Puede que «debilidad» no sea un juicio, sino una descripción de la situación. En posición invertida, La Fuerza puede estar para advertirnos que no intentemos hacer algo que no se puede hacer.

Y, por otro lado, ¿acaso la debilidad es necesariamente algo malo? Muchas veces soportamos una situación mala solo porque podemos soportarla (ya sea por nosotros mismos o porque otra persona es débil y somos quienes tenemos que ser fuertes). Una vez en una lectura una persona preguntó: «¿Qué es lo mejor que se puede hacer en este momento?». Apareció La Fuerza al revés y nos sorprendió. Después de un rato, me di cuenta de lo que venía a decir: «Déjate ser débil. Deja que alguien más lleve la carga».

Una lectura basada en La Fuerza

1. ¿Cuál es mi modo de ser fuerte?
2. ¿Cuál es mi modo de ser débil?
3. ¿Cuándo necesito ser fuerte?
4. ¿Cuándo necesito ser débil?
5. ¿Qué me fortalece?
6. ¿Qué me debilita?

El Ermitaño: 9
Correspondencia astrológica: Virgo
Letra de la Kabbalah: י Yod
Camino en el Árbol de la Vida: Tipheret (Belleza) a Netzach (Victoria)

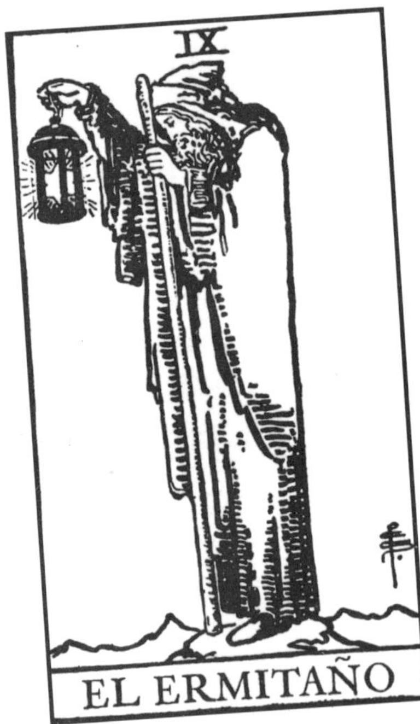

Cartas de El Ermitaño de los mazos: Visconti, Marsella, Rider, Ritual de la Aurora Dorada, Egipcio y de la Tribu Luminosa

El Ermitaño

Antes que nada, digamos lo más obvio: El Ermitaño significa estar solo. Ya sea por elección o por las circunstancias, una persona pasa por un período en el que está literalmente sola o emocionalmente apartada.

¿Qué significa estar sola? A veces se hace la distinción entre «estar solo físicamente» y «sentirse solo». Es de suponer que en el primer caso es algo que elegimos y, en el segundo, algo que padecemos, y que lo mejor es poder elegir siempre. Algo que nos pasa a casi todas las persona cuando convivimos en una relación un tiempo largo es que disfrutamos de los momentos en que nuestra pareja se va y podemos hacer lo que queramos: hacer ruido a cualquier hora, comer cosas que no le gustan a la otra persona, o tan solo redescubrir quiénes somos por fuera de la relación.

Sin embargo, no creo que esto implique renunciar a la relación por completo, por el hecho de tener «tiempo a solas» de continuo.

Durante mis viajes puedo pasar días enteros sin hablar con nadie. Y lo disfruto. Cuando estoy en casa me gusta juntarme con mis amistades. Tengo una amiga que puede pasarse días enteros en la casa, sin contestar al teléfono y ni siquiera escuchar los mensajes, pero siente frustración si en un vuelo en avión la persona de al lado no quiere hablarle.

Si una persona les pregunta a las cartas si este es el año en que se encontrará con su alma gemela y le aparece El Ermitaño, lo más probable es que se sienta decepcionada. Pero si la pregunta es: «¿Qué necesito en mi vida ahora mismo?», El Ermitaño puede abrir posibilidades y entusiasmo. E incluso si la pregunta se convierte en «¿Qué necesito para encontrar a mi alma gemela?», El Ermitaño puede sugerir un momento muy útil de búsqueda y de autoaceptación.

Pero ¿acaso esto es todo lo que significa El Ermitaño: estar solo? La imagen y su historia revelan un entramado de ideas.

Cuando yo era niña me gustaba leer de todo, pero lo que más me gustaba eran los cuentos de hadas. En la universidad, cuando tuve que especializarme en un aspecto de la literatura, elegí al rey Arturo, porque esas historias se parecían mucho a los cuentos de hadas, con caballeros y magos, y castillos que desaparecían por la mañana, y un cáliz de oro que curaba enfermedades. Pronto me di cuenta de un recurso literario interesante. Merlín era el tutor de Arturo (aunque con frecuencia le hacía trucos y bromas, como un Hermes juguetón y un Hermes magus), pero cuando alguna otra persona —Lancelot, por ejemplo— necesitaba que le enseñasen algo o lo instruyeran en algo mágico, aparecía un «ermitaño» para revelar la verdad necesaria. Empecé a imaginarme los bosques artúricos llenos de viejos ermitaños sabios, vestidos con una larga túnica harapienta y con un bastón portentoso en la mano. Siempre eran viejos y siempre eran sabios.

¿De dónde surge esta imagen? Hasta cierto punto existían modelos en la realidad: personas que abandonaban la interacción con la vida social y se dedicaban a la meditación y la oración. La mayoría entraba en los monasterios, pero había algunos que lo intentaban por su cuenta. Al mismo tiempo, la imagen, la idea del ermitaño, existe en muchas culturas. El dios hindú Shiva vive en una cueva oscura hasta que llega el momento de destruir el universo. Los chamanes se alejan durante largos períodos para lograr que se les vengan las visiones de algo. Un gran chamán esquimal llamado Igjugarjuk le relató al explorador noruego Knud Rasmussen que se pasaba días enteros en el hielo sin comida ni cobijo porque «la soledad y el sufrimiento abren la mente humana».

Entonces, ¿el ermitaño es esto? ¿Un chamán en la búsqueda de una visión? Como lleva una linterna, podríamos decir que ha encontrado su visión y ahora utiliza su conocimiento para iluminar el camino a los demás.

Cuando aparece en una lectura hay que preguntarse si El Ermitaño representa a quien consulta o a alguien que le servirá de maestro o guía.

En nuestra cultura, la experiencia de El Ermitaño a veces es a través de la terapia. Nos separamos de nuestras preocupaciones cotidianas, al menos durante una o dos horas a la semana, para descubrir nuestro yo verdadero. Pero El Ermitaño también aparece en el terapeuta, la figura sabia de quien (esperamos) ha pasado por el proceso de autodescubrimiento antes que nosotros y ahora puede ayudarnos a iluminar el camino.

Un modelo más antiguo para estas experiencias viene a través de la iniciación. Una vez más: El Ermitaño puede representar al candidato a dejar atrás la sociedad normal o al maestro/gurú que marca el camino. Tanto El Hierofante como El Ermitaño dan la significación de maestros. El Hierofante dirige el aprendizaje que podemos encontrar en las doctrinas, los libros y las ceremonias. El Ermitaño revela misterios que debemos experimentar directamente. ¿Significa esto que siempre que aparezca El Ermitaño debemos encontrarnos un maestro/gurú/chamán/terapeuta? No, porque recuerden que la carta puede indicar nuestra propia búsqueda personal o tan solo tiempo a solas.

Cuando me encontré con el término «Hermetismo» por primera vez, pensé que podría derivar de «Ermitaño», y de hecho podríamos pensar en el anciano sabio como Hermes Trismegisto. Tanto El Loco como El Ermitaño nos dan versiones de Hermes, el embaucador/ladrón y el gran maestro. Quizá solo podamos entender a Hermes si pensamos en los dos juntos.

Con seguir su ejemplo nada más, El Ermitaño nos muestra que la iluminación es posible. El Ermitaño del mazo Marsella sostiene un farol cerrado, pero Waite diseñó uno abierto para la versión del Rider, para que podamos ver la luz en forma de estrella de seis puntas. Y no las sostiene para sí mismo, sino para los demás. Waite describe esa lección básica como «Donde yo estoy, también puedes estar tú».

El anciano sabio que aparece en momentos cruciales —todos esos ermitaños de los cuentos del rey Arturo— encarna lo que el psicólogo Carl Jung denominó un «arquetipo», una imagen arraigada en la psique humana (y es posible que también en el cerebro físico), de modo que aparece espontáneamente en los mitos y cuentos de hadas de muchas culturas, y también en los sueños o en la forma en que interactúan las personas con esas figuras en su vida, si es que son maestros (o también analistas *junguianos*). Por estar en una sociedad patriarcal, Jung veía a esta figura como masculina, al igual que los mazos de tarot clásicos. Algunos tarots modernos la representan con mujeres solteronas, viejas sabias o brujas y le asignan la carta nueve.

En el texto anónimo de *Meditaciones sobre el tarot*, se evoca a El Ermitaño como aquello que nos guía o inspira, y se lo ve en términos arquetípicos. «Es el venerable y misterioso Ermitaño, que fue dueño de los sueños más íntimos y atesorados de mi juventud, como por otra parte es el dueño de los sueños de todos los jóvenes de todos los países que van en la búsqueda del portal estrecho y del camino difícil hacia lo divino. No existe época ni país en los cuales la juventud... no haya tenido la imaginación atormentada por la figura de un padre sabio y bueno, un padre espiritual, un Ermitaño».

El filósofo Friedrich Nietzsche, con lo radical de sus ideas, nos dio una versión moderna del arquetipo en su libro *Así habló Zaratustra*. El nombre del personaje en realidad proviene de un anciano sabio de tiempos mucho más antiguos, el profeta persa Zoroastro, fundador del monoteísmo. En el prólogo del libro, leemos que Zaratustra ha pasado treinta y cinco años en una cueva y ahora regresa para enseñar a la humanidad lo que ha visto: el clásico ermitaño.

Lo que se cree erróneamente es que el mismo Nietzsche se consideraba el «Ubermensch» u «hombre superior», un suprahombre (término que es mucho mejor que *superman* o superhombre, por razones culturales obvias). En realidad, Zaratustra aclara que él no es el hombre superior, sino que su rol es despejar el camino para que surja este nuevo ser. Él enseñará y abrirá el camino. Lamentablemente, pronto empieza a sentir un rechazo profundo hacia la sociedad porque se aferra a preceptos morales viejos, a sus reglas hierofantes del bien y del mal, a su servilismo e indiferencia generalizados, lo cual Zaratustra considera una enfermedad.

¿Qué caracteriza a este suprahombre? Él (o ella, aunque el sentido de la mujer de Nietzsche parece limitado) vive para la vida, no para el servicio ni la piedad; cree en la salud, no en la moralidad; y encuentra la verdad dentro de su propio ser, más que en las reglas sacerdotales.

El Ermitaño hace brillar una luz para nosotros, pero solo si subimos tan alto para verla. Porque habita en la cima de una montaña y necesitamos del compromiso y el valor de La Fuerza para alcanzar el nivel en que al menos podamos ver el farol del ermitaño. El tarot de la Tribu Luminosa muestra a El Ermitaño mismo en el camino. Ha dejado atrás el mundo de las cosas ordinarias y se subió a la colina de la meditación, donde cruzará al otro lado de un portal. Allí encontrará la luz que dejaron los ermitaños anteriores a él. Nos comprometemos en la oscuridad de nuestra ignorancia y, una vez que lo hacemos, justo ahí descubrimos que la luz está esperándonos.

Hay un viejo chiste sufí que habla de estas cuestiones y de la relación de El Loco con El Ermitaño. Resulta que un hombre que iba caminando por las calles de la antigua Bagdad se encuentra con Nasruddin (el loco o el tonto de muchos de estos cuentos sufíes), que busca algo en el suelo, bajo una farola. Le pregunta qué hace y Nasruddin le responde: «He perdido las llaves y las necesito para entrar a mi casa». (Recordemos que es común referirse a las cartas del tarot como «llaves» y pensemos también qué podría simbolizar una casa cerrada).

El hombre se agacha para ayudarlo a buscar y le dice: «¿Dónde se te han caído?».

—En la calle de al lado —responde Nasruddin.

—¿La calle de al lado? Pero ¿por qué las buscas aquí?

—Porque tengo mejor luz.

Quizás El Ermitaño nos dice que antes de buscar las llaves debemos atravesar la oscuridad hasta llegar a la luz genuina.

¿Acaso siempre se ha interpretado esta carta como el anciano sabio? Aquí presentamos los distintos significados que tuvo.

Algunos significados que recibe El Ermitaño

Extraído de *Los orígenes místicos del tarot*, de Paul Huson.

Cartomancia de Pratesi (1750): El Anciano.

De Mellet (1781): El Ermitaño. El sabio en busca de justicia.

Court de Gébelin (1773-1782): El Sabio, o buscador de la verdad.

Lévi (1855): La letra hebrea Teth, el Ermitaño o monje capuchino. Bondad, repulsión del mal, moralidad, sabiduría.

Christian (1870): Arcano IX. La lámpara velada: la prudencia. El Arcano IX está representado por un anciano que camina apoyado sobre un bastón y sostiene por delante una linterna encendida medio oculta por su capa. Personifica la experiencia adquirida con los años en la vida. La linterna encendida significa la luz de la mente, que debe iluminar el pasado, el presente y el futuro. La capa que lo oculta a medias da el significado de discreción. El bastón simboliza el apoyo que da la prudencia al hombre que no revela su propósito.

Mathers (1888): El Ermitaño. Prudencia, cautela, deliberación. Si aparece al revés: exceso de prudencia, timidez exagerada, miedo.

Aurora Dorada (1888-1896): El Magus de la Voz de la Luz, el Profeta de los Dioses. El Ermitaño o profeta. La sabiduría que se busca y se obtiene desde lo alto. En los títulos místicos, esta figura junto con la de El Hierofante y la de El Mago constituye la de los tres magos.

Gran Oriente (Waite, 1889, 1909): Ermitaño. Cautela, seguridad, protección, separación, prudencia, sagacidad, búsqueda de la verdad.

Waite (1910): El Ermitaño. Prudencia, circunspección. También traición, canallada, corrupción. En posición invertida: ocultamiento, disfraz, temor, cautela injustificada.

Nos referiremos al «viejo» de Pratesi en un momento, pero antes observemos que De Mellet y Court de Gébelin introducen la idea del sabio. Y, sin embargo, busca la verdad o la justicia, pero aún no la encuentra, y como en el mazo Marsella justo antes de El Ermitaño viene La Justicia, tal vez el sabio De Mellet no la encontró y necesita retroceder un paso. No encontramos el arquetipo completo hasta la Aurora Dorada, que habla de «El profeta de los dioses».

Paul Christian a El Ermitaño lo llama «prudencia», y siguen esta idea tanto Mathers como Waite. La prudencia, al igual que la fortaleza de La Fuerza, es una de las virtudes cardinales. En el estudio moderno de la historia del tarot hay quienes rechazan la idea de cualquier significado esotérico para el primer tarot, y así ven la prudencia como la interpretación original. Aunque a mí no me parece demasiado probable, sobre todo porque nadie lo sugirió antes de 1870.

El «viejo» de Pratesi podría representar simplemente la madurez, y esto se ha convertido en un significado moderno. Pero si observamos la versión de Visconti de la carta vemos que el hombre sostiene un reloj de arena, no una lámpara, y así se convierte en un símbolo del tiempo y de los límites de la mortalidad. Esta imagen todavía la vemos en nuestra cultura, de hecho, en cada diciembre, en la forma del año viejo gris y desgastado que cojea hacia el renacimiento como el bebé enero. Si tenemos en cuenta que la carta que sigue es La Rueda de la Fortuna, se le añade que algunas personas ven cómo el año que cambia el viejo es más significativo aún.

La imagen tiene un significado más y con él se hace más amplia: el del planeta Saturno. Saturno es el planeta visible más alejado y el que se desplaza más lentamente (desde nuestra perspectiva terrestre) y desde siempre ha representado las limitaciones y la mortandad. La Aurora Dorada lo relacionaba con la carta de El Mundo: a planeta final, carta final. Quienes leen el tarot en la modernidad creen que Saturno debería ir con El Ermitaño. La astróloga Liz Greene puso a El Ermitaño en la tapa de su libro sobre Saturno.

Podemos pensar en El Ermitaño como parte de una serie que nos lleva a La Muerte. Simboliza los finales por ser el número nueve, el último de un solo dígito. Pero el nueve también es el número de la vida nueva, por los nueve meses que dura un embarazo.

En la segunda tríada, El Ermitaño se interpone entre La Suma Sacerdotisa de arriba y La Torre de abajo. El Ermitaño lo guarda todo por dentro, en silencio, sin definirse. La Torre explota todo hacia el exterior y rompe las separaciones y las categorías. La sabiduría y dedicación de El Ermitaño mantienen unidas estas fuerzas.

Aquí presento una historia de un ermitaño proveniente de la fuente misma del arquetipo en la cultura occidental, los Padres del Desierto del cristianismo primitivo (y la palabra «ermitaño» proviene de un término griego que significa «uno que vive en el desierto», ya que es ahí donde los primeros monjes establecían sus retiros).

Annie Dillard es quien relata esta historia en su maravilloso libro *For the time being* («Por el momento»).

El abad Lot se acerca al abad Josep y le dice:

«Padre, en todo lo que yo puedo, obedezco las reglas y hago el ayuno, y rezo y hago mis meditaciones y contemplaciones silenciosas. Y en todo lo que puedo, intento mantener mi corazón limpio de pensamientos. Dime, ¿qué más debo hacer?».

En respuesta, el anciano se elevó hacia los cielos y estiró las manos y sus dedos se convirtieron en diez lámparas de fuego. Dijo: «¿Por qué no ser convertido enteramente en fuego?».

A menos que sostengamos en nuestras manos la luz del amor y la pasión, toda nuestra búsqueda de conocimiento y meditación o verdad sagrada se vuelve una lámpara que no ilumina ni da calor en la cima tan solitaria de la montaña. Debemos convertirnos en las imágenes, debemos convertirnos en fuego.

En la versión de la Aurora Dorada que se muestra aquí, el ermitaño está en el centro del círculo de la serpiente de Uróboros, que se muerde su propia cola, como símbolo de la eternidad. La letra hebrea brilla dentro de la lámpara y también desde su cabeza. Yod es la primera letra del tetragrámaton, Yod-Heh-Vav-Heh, y la que la Aurora Dorada le asigna al elemento fuego: ¿por qué no ser convertido enteramente en fuego?

Como representación del mismo Hermes, el ermitaño lleva una luz compleja en su lámpara. Pero ¿cuáles son los significados que viene a traernos cuando aparece en una lectura? Antes que nada, solitud, separación, alejamiento. Si lo que alguien busca es amor, no será la carta con la que desee encontrarse (a menos que uno esté enamorado de su maestra o maestro de meditación, por ejemplo). Pero puede ser que nos señale algo que necesitemos y no queramos, porque varios de nosotros tenemos que aprender que podemos vivir la vida y disfrutarla sin que un compañero o compañera vengan a «completarla». Para las personas que están en una relación, en especial si es complicada, la aparición de El Ermitaño puede revelar el deseo de terminar. Tal vez sugiera que las tensiones provienen de un deseo no reconocido de ir tras los propios intereses en soledad.

El segundo significado más notable es el del arquetipo del anciano sabio: ya sea un maestro, mentor, terapeuta o guía espiritual. Según la posición en que aparezca en la lectura, la carta puede significar la necesidad de esa figura o que esa persona ya existe y pronto aparecerá y, también, desde ya, que la misma persona que consulta sea la figura sabia. Algunas veces otras personas proyectan a El Ermitaño (o algún otro arquetipo) en alguien que conocen. Cualquier carta del tarot puede representar esa proyección, pero las que muestran una relación o un modo de autoridad (como El Ermitaño, Los Amantes, El Diablo, La Emperatriz y El Emperador) parecen más susceptibles.

El Ermitaño también puede indicar la presencia de la madurez y la sabiduría que vienen con los años. Si aparece de algún modo contrapuesto a El Loco podemos mirar las demás cartas para identificar el mejor enfoque: ya sea el de la juventud despreocupada o de la madurez cautelosa. Pero no debe olvidarse que ambas cartas muestran aspectos de Hermes. La pregunta no es cuál es correcta y cuál incorrecta, sino qué nos ayuda en la situación presente.

¿Y si la carta aparece invertida? Es que no es buen momento de estar solo. Puede indicar la necesidad de vincularse más con otras personas o poner fin a un estado de soledad o el éxito en la búsqueda de una relación. También puede significar el temor a la soledad. La tirada de la cruz celta tiene una posición para «las esperanzas y los temores». Hay personas que temen estar solas y, al mismo tiempo, lo desean.

El Ermitaño en posición invertida puede significar que alguien que está en el rol de maestro o guía no está y, por lo tanto, aparece la necesidad de encontrar el propio camino. También puede indicar que hay un «síndrome de Peter Pan» y que la persona se resiste a crecer. Pero también puede ser que se necesite algo de diversión a lo

Peter Pan. Tomemos en cuenta una vez más a El Ermitaño y a El Loco del mazo Rider. A ambos los vemos en lugares elevados, pero mientras que El Ermitaño está en una postura erguida y algo rígida, envuelto en tonos de gris y con una barba blanca, El Loco es joven y baila en libertad. ¿Cuál es la actitud que necesita la persona en verdad en este momento?

RIDER:
El Ermitaño y El Loco

Una lectura de sabiduría basada en El Ermitaño

1. ¿Cuál es el secreto de El Ermitaño?
2. ¿Cuál es la luz de El Ermitaño?
3. ¿Qué revela?
4. ¿Qué preguntas quiere El Ermitaño que nosotros hagamos?
   A.
   B.
   C.

1 3

4

2

Una lectura personal basada en El Ermitaño

1. ¿Qué necesito hacer por mi cuenta?
2. ¿Dónde encontraré mi luz?
3. ¿Qué iluminará?
4. ¿Qué es lo que El Ermitaño quiere que yo vea?
5. ¿Qué o quién es mi maestro o maestra secretos?
6. ¿Qué puedo aprender?

La Rueda de la Fortuna: 10
Correspondencia astrológica: Júpiter
Letra de la Kabbalah: כ Kaph
Camino en el Árbol de la Vida: Chesed (Misericordia) a Netzach (Victoria)

Cartas de La Rueda de la Fortuna en los mazos:
Visconti, Marsella, Rider, Ritual de la Aurora Dorada, Egipcio y de la Tribu Luminosa

La Rueda de la Fortuna

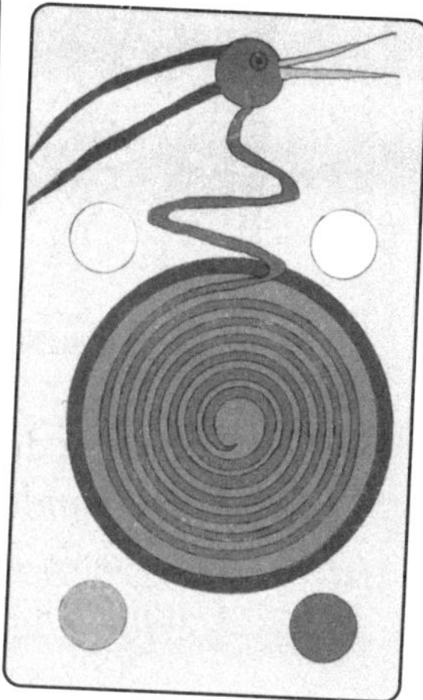

En las historias del rey Arturo, cuyas imágenes han encontrado en su mayoría el modo de entrar en el mundo del tarot, llega un momento antes de la batalla final en que se destruye la esperanza de un mundo donde el poder no se rige según la ley del más fuerte, sino que se pone al servicio. Es de noche, y al día siguiente Arturo se enfrentará a su incestuoso hijo bastardo Mordred. Por el momento, tiene un sueño y ve una gran rueda, y encima de ella hay un rey barbudo sentado en su trono, fuerte y magnífico. Entonces la rueda gira, y como el rey está aferrado a ella, cuando llega abajo, lo aplasta. Arturo se despierta con una conciencia de la fatalidad que se avecina.

Para el público medieval esta escena enseñaba una lección moral, que volveremos a ver en la carta de La Muerte. Sin importar cuánta riqueza o poder tengas, la vejez, la enfermedad y la muerte te destruirán igual que a todos los demás seres. Por lo tanto, no te aferres a la fortuna cambiante de este mundo, sino más bien a las verdades eternas.

Y, sin embargo, como hemos visto tantas veces, detrás de este sermón puede haber significados más profundos de la imagen. A partir de la magnífica obra de sir James Frazer, *La rama dorada*, ha habido una intensa discusión sobre el concepto del rey sacrificado, tanto si lo creó la Europa pagana como si fue inventado por mitógrafos modernos. El concepto es así: el rey representa el año, aunque habitualmente con ciclos más largos, digamos, de siete años. Aquí la palabra «representa» no se refiere a una metáfora intelectual. En el pensamiento antiguo, el símbolo es real, una identidad genuina.

El rey es el año, pero la diosa es la tierra. En primavera y verano (o la primera parte del ciclo de siete años), el rey es joven y sano, y la tierra fértil. Pero en otoño e invierno (el final del ciclo), el rey envejece y la tierra se vuelve estéril. Para devolverle a la diosa una pareja potente, el pueblo sacrifica al rey y elige un sucesor. Pensemos por un momento en los presidentes estadounidenses y en el modo en que se ven frescos y vigorosos cuando llegan al cargo y cómo lo abandonan viéndose agotados y exhaustos; no es necesario ningún sacrificio, bastaría con una enmienda que les prohibiera volver a presentarse. Joseph Maxwell, en su libro sobre el tarot de Marsella, relaciona astrológicamente la carta diez con el Trópico de Capricornio, cuando el Sol alcanza el punto más bajo del año: el solsticio de invierno.

Podemos considerar que La Rueda de la Fortuna trata sobre el tiempo, diferentes tipos de tiempo. El sueño del rey Arturo existe en el tiempo moral y en el tiempo mortal, cuando el sueño de la muerte de un rey nos enseña una lección. Debemos mirar más allá del tiempo mortal de La Rueda hacia el tiempo eterno, en el que Dios resucita a los muertos para que vivan eternamente. El tarot nos muestra el regreso de La Muerte en la carta veinte, en El Juicio, donde el ángel hace sonar el cuerno y la gente se levanta de la tumba. La Rueda es diez y El Juicio es veinte, como si fuéramos más allá de la única realidad del tiempo mortal hacia una verdad superior.

La Rueda puede simbolizar el tiempo cíclico. Todo da vueltas; y lo que está arriba, baja, y lo que está abajo, sube; para siempre, o al menos para la vida de la Tierra. Los paganos modernos y otros practicantes de religiones basadas en la Tierra han adaptado La Rueda para que sea un símbolo del año y sus celebraciones estacionales. Los neopaganos y wiccanos añaden cuatro días de «cuartos cruzados» a los equinoccios y solsticios para obtener ocho sabbats. La versión del mazo Rider de La Rueda contiene ocho radios, aunque probablemente no sea para representar los festivos estacionales.

A simple vista, el tarot de Visconti parece mostrar algo parecido al sueño de Arturo. Vemos a un hombre mayor en el suelo, pero sin corona. De un lado, un hombre joven que sube; del otro, una figura tal vez de alguien mayor que baja. Pero ¿qué hay de la figura sentada más arriba, que parece llevar orejas de asno? Las orejas sugieren el rey de los locos y, por lo tanto, el tiempo de carnaval, es decir, el tiempo que está fuera de las reglas sociales normales. O tal vez solo nos muestren la insensatez general de la humanidad, otra vez el tiempo moral. En el centro vemos a un ángel con los ojos vendados. Podríamos pensar que es La Justicia, salvo que en el tarot, no suele cubrirse los ojos.

La Rueda de Marsella muestra una figura coronada en la parte más larga de la rueda, pero se trata de un animal con rostro humano y alas: una esfinge que lleva una espada, tal vez para cortar a los mortales insensatos. Del lado derecho, un animal que sube, mientras que del izquierdo, otro que baja. Joseph Maxwell no identifica a ninguna de las dos criaturas, pero considera que su color y postura son clave para saber qué significan. El rojo, a la izquierda, simboliza el deseo y el instinto, que tiran de nosotros hacia abajo; mientras que a la derecha, el amarillo, color del intelecto, nos tira hacia arriba. La mano derecha de los animales simboliza la pureza de la acción.

Esto me parece un poco dualista, y quizá no tome en cuenta que una rueda gira y gira. En *Meditaciones sobre el tarot* se identifica a los animales como el mono a la izquierda y el perro a la derecha. El mono desciende para volver a subir, el perro sube para bajar. Aquí vemos no solo el tiempo cíclico de la naturaleza, sino el de los ciclos espirituales, el movimiento entre la materia y el espíritu.

Otro tipo de tiempo cíclico es la idea hindú y budista de la «rueda de la reencarnación», según la cual pasamos de una vida a otra, a veces más arriba, a veces más abajo. Aunque la esfinge es, por supuesto, una imagen griega y egipcia (los griegos probablemente la tomaron de los egipcios), a la esfinge con ojos vendados del mazo Marsella podría identificársela con las leyes del karma, que son imparciales.

Me parece fascinante que el mazo Marsella tenga un mono que desciende, siglos antes de la idea darwiniana de la «descendencia del hombre» de los simios. Quizá no sea sorprendente, porque los monos se parecen a los humanos, solo que son más animales, menos racionales. ¿Por qué un perro para el ascenso? ¿Por los valores de lealtad, fidelidad y amor?

Observemos también la manivela de la rueda de la versión de Marsella. Sugiere que el giro de los acontecimientos en nuestra vida, o las estaciones, no ocurren porque sí, sino que alguna mano desconocida —llámese Dios, la ley universal, el karma— hace girar la rueda.

El tarot egipcio sigue las ideas de Paul Christian y muestra la esfinge como sabiduría espiritual, mientras que representa a las criaturas de los lados como más mitológicas. La Aurora Dorada muestra más bien una bestia agazapada, mientras que el mazo Rider le devuelve a la esfinge la postura del mazo Marsella pero le quita las alas. Y ahora las figuras de los lados se hacen más explícitas. La serpiente de la izquierda es una forma de Tifón, nombre griego de Set, dios egipcio de la destrucción y asesino de Osiris. A la derecha, vemos a un hombre con cabeza de chacal, el dios Anubis, hijo de Osiris, que con Isis y bajo la dirección de Thoth devuelve la vida a Osiris. Anubis conduce a los muertos a la sala de La Justicia (véase la siguiente carta), un papel similar al de Hermes que guía a las almas muertas, por lo que los hermetistas a veces ponen a los dos juntos como Hermanubis. De esta manera, el mazo Rider nos traslada al tiempo espiritual, donde el cuerpo (inevitablemente) se hunde, pero el alma puede elevarse.

Esta es la imagen básica, pero el mazo Rider amplía el número de símbolos de las cartas para crear una sensación de misterio, o más bien de secretos, es decir, de información que la mayoría de nosotros desconocemos pero que podemos aprender. En la rueda se alternan letras hebreas y romanas. El hebreo deletrea el tetragrámaton, Yod-Heh-Vav-Heh, el nombre todopoderoso que suele «traducirse» con la palabra «Señor». Los cabalistas ven el nombre como una fórmula de creación (véanse también los cuatro palos de los Arcanos Menores).

Las cuatro letras del alfabeto romano representan que ver la vida como una rueda nos brinda muchas más posibilidades que considerarla una línea recta. Si se parte de un punto cualquiera y se avanza en cualquier dirección, pero siempre manteniendo el orden, se encuentran varias palabras de cuatro letras en diferentes idiomas. MacGregor Mathers, cofundador de la Aurora Dorada, halló esta frase: «ROTA TARO ORAT TORA ATOR». La rueda (en latín, *rota*) del tarot (*taro*) habla (en latín, *orat*) la ley (en hebreo *Tora*, que generalmente se escribe *torah*) del amor (de Ator, o Hathor, una diosa egipcia afín a Afrodita).

Por la parte interna del borde y conectados a los puntos cardinales marcados por las letras romanas, vemos los signos alquímicos de la sal, el agua, el azufre y el mercurio. Juntos, prometen que podemos transformar los interminables ciclos y giros de la rueda.

Pero ¿qué hay de las cuatro criaturas que se encuentran en las nubes? Debido a la influencia del mazo Rider, se asume que pertenecen a la imaginería estándar, pero si echamos un vistazo rápido a las otras vemos que Waite y Smith las añadieron (de hecho, las tomaron prestadas) de la carta de El Mundo.

En El Mundo, los vemos como figuras realistas; en La Rueda, como caricaturas. Estamos a la mitad del camino de los Arcanos Mayores y hemos alcanzado cierto nivel de conocimiento y experiencia, pero todavía hay mucho que permanece oculto, en clave simbólica.

RIDER: *La Rueda de la Fortuna y El Mundo*

Cuando lleguemos al final veremos con claridad. «El mito es la penúltima verdad», escribió Ananda Coomaraswamy; mientras que Pablo, en Corintios I, nos dice: «Ahora vemos como a través de un cristal velado. Pronto veremos cara a cara».

Las mismas imágenes revelan capas de significado que solo pueden transmitirse visualmente. Los libros que sostienen revelan que simbolizan los «cuatro evangelios»: Mateo, Marcos, Lucas y Juan (recordemos que Waite era cristiano y que el tarot procede de una cultura cristiana, pero no es necesario suscribir a las creencias cristianas para comprender su simbolismo). Pero ¿por qué la tradición vincula a los cuatro autores de los Evangelios con criaturas aladas? La gran visión de Ezequiel del Merkavah, o de El Carro (véase la carta siete, El Carro), describía a estas mismas cuatro bestias como quienes marcaban las cuatro esquinas del carro celestial.

Ezequiel experimentó su visión en Babilonia. Si bien los hebreos vivieron días de sufrimiento durante el exilio, también aprendieron mucho, en particular de astrología. En última instancia, las cuatro criaturas representan Acuario (el humano), Escorpio (el águila), Leo (el león) y Tauro (el toro). Hace cuatro mil años estos eran los signos del solsticio y equinoccio; cuando el zodíaco cambió, pasaron a llamarse los cuatro «signos fijos».

Esta referencia sutil al zodíaco nos remite al tiempo cósmico, a los movimientos de las estrellas y los planetas. Pero también es el tiempo terrestre, ya que los signos fijos representan las estaciones: Leo es el verano; Escorpio, el otoño; Acuario, el invierno y Tauro, la primavera.

Es más: el cambio del zodíaco nos recuerda lo que Platón llamó el Gran Año. Debido a un bamboleo en el eje de la Tierra, el zodíaco parece girar, muy lentamente, alrededor de la Tierra. Un amigo físico me explicó una vez en detalle cómo funciona esto, y hasta lo ilustró con diagramas. Para mí es incomprensible hasta hoy, pero confío en que sucede y, más aún, en que los antiguos lo sabían y que hasta le habían calculado un número a este Gran Año, el 25.920. Hay una gran cantidad de números que aparecen en mitos y enseñanzas esotéricas que son, en realidad, una referencia a este largo ciclo. Los babilonios utilizaban el número sesenta como número base para la astrología; y 25.920 dividido 60 es 432. La cosmología hindú describe cuatro edades, o *yugas*, de existencia, cada una de 432.000 años de duración, y cuando las cuatro se hayan agotado, el mundo se acabará, solo para volver a empezar después de un gran período de descanso, un verdadero marco cósmico para La Rueda de la Fortuna (véase también la carta veinte, El Juicio).

El número 432 sugiere una pirámide invertida. Si la completamos con el agregado del uno (por la totalidad de la existencia), obtenemos:

x x x x
x x x
x x
x

Demos vuelta el número y obtendremos 1 + 2 + 3 + 4 = 10, La Rueda de la Fortuna. La Rueda de nuestra existencia está formada por la suma de las cuatro primeras cartas, las figuras arquetípicas de El Mago, La Suma Sacerdotisa, La Emperatriz y El Emperador.

Es interesante lo que ocurre si añadimos dos cartas. Al añadir cinco, El Hierofante, guardián de las doctrinas, la ortodoxia y los códigos morales estrictos, obtenemos quince, El Diablo. Si a toda esta doctrina le añadimos amor —la carta seis, Los Amantes, que es la que sigue a El Hierofante—, obtenemos 1 + 2 + 3 + 4 + 5 + 6 = 21, la carta de El Mundo, la imagen de la plenitud y la liberación, que ahora hemos visto que se parece a La Rueda de la Fortuna pero con los símbolos aclarados.

La tercera tríada está formada por La Emperatriz, La Rueda de la Fortuna y La Estrella. Hemos visto que La Emperatriz nos muestra a Deméter, diosa de las cosas que crecen en la naturaleza y a la madre en el mito de Perséfone. En La Estrella encontraremos a la propia hija, Perséfone, raptada por La Muerte para convertirse en su esposa, y que luego debe pasar parte del año entre los vivos y parte entre los muertos. En medio, encontramos la rueda de las estaciones, los tiempos fructíferos y los tiempos estériles que marcan los movimientos de Perséfone entre la vida y la muerte. El tiempo estacional y el tiempo mítico se unen.

La Rueda también se encuentra en el medio de una tríada numerológica: el 19 se reduce a 10 (1 + 9 = 10), que a su vez se reduce a 1 (1 + 0 = 1). Esto nos da a El Mago, La Rueda de la Fortuna, El Sol.

La versión de la Tribu Luminosa muestra una imagen diferente, junto con un título distinto: Espiral de la Fortuna. Inspirada en una pintura rupestre de los nativos norteamericanos, muestra una espiral rodeada por un círculo. Las vueltas de la espiral representan los ciclos aparentes de nuestra vida, en especial la forma en que creemos que damos vueltas y vueltas en círculos, y que repetimos las mismas acciones una y otra vez. En realidad, nos dice la imagen, nos movemos en espiral, y cada vez que bajamos, volvemos a subir un poco más, hasta que por fin nos liberamos de la repetición y adquirimos una nueva conciencia de las posibilidades de la vida.

Frente a una carga simbólica tan poderosa, podríamos pensar que la carta siempre tuvo este tipo de mensajes. Pero esta vez he dejado los significados históricos para el final para demostrar que los significados cambian y evolucionan a través de las muchas vueltas de la rueda de la tradición del tarot.

Algunos significados que se asignan a La Rueda de la Fortuna

Extraído de *Los orígenes místicos del tarot*, de Paul Huson.

De Mellet (1781): La Rueda de la Fortuna. La injusticia de la diosa inconstante.

Court de Gébelin (1773-1782): La Rueda de la Fortuna.

Lévi (1855): La letra hebrea Yod, la Rueda de la Fortuna. Principio, manifestación, alabanza, honor viril, falo, fecundidad viril, cetro paterno.

Christian (1870): Arcano X. La esfinge: fortuna. Una rueda suspendida desde su eje entre dos columnas. A la derecha Hermanubis [el dios grecoegipcio compuesto por Hermes y Anubis con su cabeza de perro], el Espíritu del Bien, se esfuerza por subir a la cima de la rueda. A la izquierda, Tifón [el dios grecoegipcio Set], el Espíritu del Mal, cae por tierra. La Esfinge, en equilibrio en la cima de esta rueda, sostiene una espada con sus patas de león y personifica el Destino que siempre está listo para golpear a izquierda o derecha. Según la dirección en la que gira la rueda, el más humilde se eleva y el más alto se hunde.

Mathers (1888): La Rueda de la Fortuna. Buena fortuna, éxito, suerte inesperada. En posición invertida: fracaso, buena suerte inesperada.

Aurora Dorada (1888-1896): El Señor de las Fuerzas de la Vida. Rueda de la Fortuna. Buena fortuna y felicidad y realización.

Gran Oriente (Waite, 1889, 1909): Rueda de la Fortuna. Mutación, revolución, el lado externo de la fortuna.

Waite (1910): Rueda de la Fortuna. Fortuna, éxito, elevación, suerte, felicidad. En posición invertida: aumento, abundancia, superfluidad.

Una de las primeras cosas que observamos es la diferencia de género entre De Mellet (diosa inconstante) y Lévi (honor varonil, falo… cetro paterno). Paul Christian es el primero en presentar algunos de los conceptos y símbolos que más tarde se convertirían en la norma. Después, sin embargo, descubrimos un alejamiento de las ideas esotéricas para acercarnos al significado más exotérico de la suerte o fortuna en el sentido más literal de la palabra.

Un último símbolo, el símbolo central, es el centro literal de una rueda (y todo lo que esté sobre una rueda gira constantemente hacia arriba o hacia abajo, nada permanece igual, excepto el centro). Nuestro verdadero centro permanece constante. Juliet Sharman-Burke, la diseñadora del tarot Sharman-Caselli, al centro de la rueda lo llama «el núcleo de nuestro ser». Una rueda se monta sobre un eje y, para ello, el centro debe estar vacío. Lao-Tse escribe en el Tao Te Ching: «Treinta radios se unen en el centro de una rueda. Una rueda es útil porque su centro está vacío». Los acontecimientos de nuestra vida, las muchas vueltas de la rueda, irradian desde un centro que no es ninguna cosa, pero que tiene en sí todas las potencialidades de la nada de El Loco. El número 10 se compone de 1, El Mago, y 0, El Loco.

* * *

Qué carta tan rica y qué imágenes tan poderosas. Podemos ahondar en estas verdades más profundas cuando la carta aparece en las lecturas. Y aun así, el sentido primario que surge con frecuencia es simple: la rueda gira, la vida cambia y algo nuevo surgirá. La Dama Fortuna se apodera de esa manivela y le da una vuelta. No podemos saber lo que va a surgir y con frecuencia eso mismo es lo que está en juego.

Lo que sí podemos afirmar con certeza es que la tradición parece dar por sentado que la rueda gira en dirección a algo mejor: que la fortuna aumente, que surja buena suerte inesperada.

Si La Rueda aparece con otras cartas que significan adicción o imprudencia —El Diablo, el siete de espadas, La Templanza invertida, el ocho de espadas— puede indicar una compulsión al juego. A fin de cuentas, La Rueda de la Fortuna es un dispositivo de juego. Si La Rueda aparece con cartas de autoanálisis, especialmente La Justicia y/o El Ermitaño (11 y 9 con respecto al 10 de La Rueda), puede llamarnos a mirar al interior de los acontecimientos, a buscar ese centro inmóvil donde podemos encontrar el verdadero yo.

Cuando La Rueda aparece invertida, algunos lo ven como un giro errado, porque suponen —desde el pensamiento lógico— que simplemente va en dirección contraria. Pero sospecho, sin embargo, que podríamos ver esto como en esas cartas, como el Sol y el cuatro de bastos, en que el significado sigue siendo esencialmente el mismo al derecho o al revés: un cambio de circunstancias que no podemos predecir o controlar desde la lógica, pero quizás aquí las consecuencias sean menores.

La posición invertida puede venir a mostrar el comienzo de la recuperación de una adicción al juego (pero antes de asumirlo, hay que ver las otras cartas). También puede ser el comienzo del difícil proceso del autoanálisis, de aprender a dejar de culpar a la mala suerte por cualquier desastre que haya comenzado en la vida.

Una lectura de La Rueda de la Fortuna

1. ¿Qué hace girar la rueda?
2. ¿Cuál es el cambio exterior que vendrá?
3. ¿Qué cambio interior es posible?
4. ¿A qué nueva situación me enfrentaré?
5. ¿Qué se eleva?
6. ¿Qué cae?
7. ¿Qué está en el centro?

Alternativa

La Rueda del Año con una carta para cada mes. Debe colocarse en forma de reloj, enero arriba y junio abajo, febrero en la posición que sería la una en un reloj; marzo, a las dos, y así. Empezamos por el mes en curso y colocamos todas las cartas boca abajo antes de darles la vuelta. En otras palabras, si el mes es octubre, la primera carta va en la posición de las 9 en punto y será la primera carta que se dé la vuelta después de colocar todas las cartas boca abajo sobre la mesa. La segunda carta va a las 10 en punto, para noviembre, y así sucesivamente, hasta que septiembre se coloque en la posición de las 8 en punto. Entonces la lectura comienza al dar la vuelta a la carta de octubre y así a las demás hasta llegar a septiembre. Esta lectura es buena para cumpleaños, aniversarios o comienzos.

X
T
A
R
O
LA RUEDA de la FORTUNA

La Justicia: 11
Correspondencia astrológica: Libra
Letra de la Kabbalah: ל Lamed
Camino en el Árbol de la Vida: Gevurah (Poder) a Tipheret (Belleza)

Cartas de La Justicia de los mazos:
Visconti, Marsella, Rider, Ritual de la Aurora Dorada, Egipcio y de la Tribu Luminosa

La Justicia

«La justicia, y solo la justicia perseguirás, para que prosperes
y ocupes la tierra que el Eterno (YHVH), tu Dios, te da».
(Deut. 16:20)

En la secuencia tradicional de las cartas del triunfo (del mazo Marsella), La Justicia aparece en el lugar de la carta ocho, y La Fuerza, once. La Justicia en el octavo lugar sugiere compromiso con la verdad en preparación para apartarse de El Ermitaño. En la numeración de la Aurora Dorada, La Justicia aparece justo en el medio de la progresión de El Loco, con diez cartas por delante y diez que la siguen. Esta coincidencia representa uno de los muchos pares que simbolizan las balanzas en equilibrio perfecto de la mayoría de las versiones de la carta. Pero otros pares posible son:

Pasado	Futuro
Otros	Yo
Arriba	Abajo
Interno o por dentro	Externo o por fuera
Inconsciente	Consciente
Emoción	Razón
Altruismo	Necesidades personales
Potencialidad	Realización
Medios	Fines

La imagen estandarizada de La Justicia para el tarot —una mujer sentada que sostiene una espada y una balanza— es similar a la que se ven en las estatuas de los tribunales. Es una figura que deriva de una diosa griega llamada Themis, también conocida como Astraea. El parecido de la palabra «Astraea» con «astral», si pensamos en el plano astral de los principios espirituales, indica que la justicia no es solo una preocupación terrenal o una invención humana que carece de sentido por fuera de las normas y decisiones arbitrarias del sistema legal.

La imagen de la Justicia de las leyes, en especial en Estados Unidos, en general lleva una venda en los ojos que indica imparcialidad. Pero la balanza termina inclinándose a un lado porque los tribunales deben decidir hacia un lado o el otro. En el tarot, La Justicia ve con claridad, sin todas las vendas del prejuicio, el condicionamiento, el adoctrinamiento y el miedo. La balanza está en equilibrio en pos de la armonía y la unificación de lo físico y lo espiritual.

Cuando hablo de «espiritual» no me refiero a ninguna religión, tradición ni doctrina en particular, ni siquiera a la creencia en un ser supremo. Sí, en cambio, hablo de una especie de conciencia de una dimensión sagrada de la existencia que, según nos enseña el tarot, puede surgir en cada uno de nosotros. Sin embargo (para dar crédito a los preceptos de El Hierofante), algunas tradiciones en particular pueden ayudar a despertar esa conciencia. Analizaremos dos de ellas, una hebrea y otra egipcia. La hebrea procede de mi propia experiencia.

Hace algunos años tuve que acudir a los tribunales para pedir una orden de restricción perimetral contra alguien. No diré quién ni las circunstancias que lo requerían, pero sí que me resultaba difícil y aterrador hacerlo, y también muy necesario. El estado de Nueva York a una orden de este tipo la llama «orden de protección».

A partir de esa orden, se le prohibía a la persona comunicarse conmigo de ninguna manera, ni llamadas telefónicas ni mensajes. Al día siguiente de emitida la orden tenía el contestador automático lleno y tuve que vaciarlo tantas veces, casi sin parar, hasta que finalmente desconecté el teléfono. Ahora tenía que tomar una decisión. Quienes me habían asesorado me habían dicho que lo más importante una vez emitida la orden de protección era hacer el seguimiento: debía reportar si la persona no cumplía con la restricción.

Entonces, ¿debía ir a la policía con los trece mensajes que me había guardado (y los tantos otros que había borrado)?

Decidí preguntarles a las cartas, con el tarot Greenwood de Chesca Potter, un mazo maravilloso que lamentablemente se agotó y no volvió a imprimirse. No sabría decir por qué usé ese, me llamó la atención por algún motivo. Tomé el mazo y le di vuelta, y me encontré con la carta de La Justicia que me miraba, era la última carta del mazo. Mezclé, corté y junté las cartas de nuevo; di vuelta la primera carta y era La Justicia. La Justicia dos veces. La carta que le siguió fue el cuatro de piedras. El mazo Greenwood es uno de esos que tiene una palabra que es el tema de cada carta. El tema del cuatro de piedras es la «protección».

A la mañana siguiente era sábado y decidí ir a la Congregación Judía de Woodstock antes de tomar la decisión final. El pasaje de la Biblia esa mañana era el de la cita que está al comienzo del capítulo: «La justicia, y solo la justicia perseguirás». Dos veces la justicia. El comentario del texto nos decía que si no podemos resolver un conflicto pacíficamente entre personas, no tenemos otra opción que ir a los tribunales. Así que llevé a la policía la cinta de mi contestador automático y el tema se resolvió en paz. En mi experiencia, cuando necesitamos saber algo realmente, el tarot nos habla con total claridad. En este caso, también fue así con la bibliomancia, la práctica de buscar respuestas en los libros.

La Torah (los cinco libros de Moisés, de los cuales Deuteronomio es el último) casi nunca tiene repeticiones de palabras. La repetición indica un gran énfasis. Hay quienes ven en su aparición la existencia de un mensaje. La búsqueda de la justicia es algo tan vital que debemos buscarla con pasión, con esfuerzo redoblado. La tarotista Zoe Matoff me recuerda las palabras atribuidas a San Agustín: «Cuando Dios quiere que escuchemos algo, lo dice dos veces». También comenta que la repetición le da entidad a algo, a la manera de un hechizo.

Yo pienso que la repetición también dice algo más, y que es significativo a las cartas del tarot. Hay dos tipos de justicia, y debemos ir tras ambas con la misma energía, porque la una no puede existir sin la otra. Mediante la justicia humana tratamos a las personas con toda honestidad y basándonos en el respeto, luchamos por crear un mundo justo. Las personas con frecuencia se sienten agotadas de ir en pos de la justicia. Cada victoria o avance parece quedar sobrepasado por cientos de contrariedades y dudamos de cuánto podemos hacer. Y aun así, debemos seguir adelante, ya sea por nosotros mismos como por cualquier tipo de efecto que podamos lograr. La Justicia está en el centro de nuestra vida, del mismo modo que está en el centro de los Arcanos Mayores. La Justicia es quien somos, nuestra naturaleza básica.

Junto con esta justicia mundana debemos perseguir la justicia espiritual. Ella comprende la autoconciencia, una mirada profunda y honesta a quiénes somos, a lo que hemos hecho y lo que no, y si nos hemos mantenido sinceros hacia quienes somos realmente o si hemos traicionado nuestro ser interior. La justicia espiritual nos invita a analizar nuestra relación con lo divino. Los Hierofantes del mundo a veces describen esta relación como un conjunto de reglas. Sigue los mandamientos, no cometas pecado, haz tus ofrendas, enciende los inciensos correctos, di las palabras correctas en el momento adecuado, y tu Dios o Diosa te recompensarán, por lo general, cuando mueras. Estos listados de reglas a mí me sugieren un profundo pesimismo hacia el comportamiento humano: como que si las doctrinas y las iglesias no controlaran a las personas, todos haríamos cosas espantosas y despreciables. Pero la justicia viene tanto de lo profundo de nosotros como de las fuentes celestiales. Como es arriba, es abajo. Como es por dentro, es por fuera. Si existe en el mundo sagrado, existe en el humano. Uno de los factores que admiro del paganismo moderno es su optimismo esencial. Nos dice: «Haz lo que quieras y no lastimes a nadie»; y lo que a mí me sugieren esas palabras es que si seguimos nuestra naturaleza interna más genuina, si confiamos sinceramente en lo que somos, no iremos en pos de lastimar a otras personas ni a la naturaleza.

Aleister Crowley fue más allá (como lo hacía con tantas cosas) y centró todo en un único mandamiento que reza: «Haz lo que quieras». Esto nos habla de un optimismo aún más poderoso, quizás equiparable al de Nietzsche o del expresado por Ralph Waldo Emerson en su ensayo incomprendido titulado *La autoconfianza*. Si seguimos nuestra naturaleza interior, si nos miramos por dentro, podremos descubrir nuestra propia divinidad. Es un camino difícil, y tenemos a El Diablo esperándonos apenas unas cartas más adelante. Pero no es la última carta.

Recordemos que las palabras a la entrada del Oráculo de Delfos no eran «Conoce el futuro» sino «Conócete a ti mismo». Si estamos dispuestos a conocernos a nosotros mismos de un modo genuino, se nos abre el camino a la justicia espiritual. Delfos fue una de las fuentes de inspiración de la carta de La Justicia de la Tribu Luminosa. Entramos en un lugar interior en que nos habla la verdad. La imagen muestra a una diosa primordial con ojos duros y penetrantes. También en el mazo de Rider, los ojos nos miran fijo, nos desafían a mirarnos en lo que somos y en lo que hemos hecho, para equilibrar la balanza.

La Justicia está justo en la mitad de los Arcanos Mayores y es el punto medio de nuestra vida, sin importar cuándo la experimentemos.

En La Justicia, equilibramos el pasado y el futuro. Recurrimos a nuestro autoanálisis y enmendamos lo que sea necesario de enmendar con los demás, le damos el perdón a los que nos hayan lastimado y a nosotros mismos por los propios errores, nos liberamos del pasado y creamos un futuro auténtico.

A veces me preguntan: «Si las cartas predicen el futuro, ¿eso significa que no existe el libre albedrío?». Para empezar, las cartas ni predicen los acontecimientos ni los provocan (algo que temen unos cuantos). En cambio, nos muestran tendencias y probabilidades. Pero ¿qué hace que algo sea probable? La respuesta radica en nuestra falta de autoconocimiento. Mientras no nos conozcamos de verdad internamente, repetiremos patrones, actuaremos desde el miedo o la vergüenza o a partir de deseos no reconocidos. Responderemos a la vida de un modo predecible.

Todos tenemos libre albedrío, pero rara vez lo usamos, porque la libertad genuina exige autoconocimiento. Debemos encontrarnos con los ojos fijos de la Justicia y equilibrar la balanza.

Justicia, y solo la justicia, perseguirás, para que prosperes y ocupes la tierra que el Eterno, tu Dios, te da. No podemos vivir sin justicia. Parece un ideal abstracto, pero si pensamos en las vidas que quedan truncadas y la muerte prematura de un niño que es maltratado, o en los sobrevivientes de un genocidio... realmente necesitamos justicia para vivir. Y necesitamos perseguir la justicia. Cuando un niño grita «¡No es justo!» revela un sentido interno de cómo debería funcionar el mundo. La respuesta de los padres, «La vida no es justa», describe cómo son las cosas, pero la justicia es un ideal, algo que hay que perseguir con tanta pasión como la riqueza, el amor y la aventura.

¿Qué podríamos entender por la parte de «ocupar la tierra»? No es un lugar fuera de nosotros, una porción de la geografía, sino de la tierra de nuestro verdadero ser, una tierra sagrada tan completa que la última carta de los Arcanos Mayores con total simpleza la llama El Mundo. Para entrar en él debemos perseguir la justicia, pues el anhelo de esta procede de lo más profundo de nosotros mismos. La frase describe a Y-H-V-H como «tu Dios», no como una figura remota e indiferente en un trono lejano, sino como una parte de nosotros. Y nótese que el tiempo verbal es dar. Nuestra búsqueda de la justicia no termina nunca, al igual que la tierra sagrada de nuestro verdadero yo es un regalo constante.

¿Qué hay de la historia egipcia? La versión de la carta de La Justicia del tarot egipcio muestra una escena del Libro de los Muertos (cuyo título real, Pert Em Hru, significa «salir a la luz»). Cuando muere una persona, el dios Anubis (véase la carta anterior, La Rueda de la Fortuna) conduce el alma a la diosa Ma'at, con nuestro viejo amigo Thoth a su lado para anotar lo que sucede. La diosa, cuyo nombre significa «verdad», toma el corazón de la persona y lo coloca a uno de los lados de una balanza; del otro lado hay una pluma de avestruz. Si la balanza se equilibra, la persona pasa a la siguiente vida, en un reino espiritual superior. Todas las almas llevan el nombre de Osiris, pues tratan de imitar al dios que murió y volvió a la vida. Pero si el corazón inclina la balanza por su peso, viene un monstruo llamado Ammit y devora al desafortunado «Osiris».

A nivel exotérico, la historia sirve, como tantas otras, para asustar a la gente y obligarla a obedecer un código moral y religioso, ya que, además de la verdad, Ma'at significaba «comportamiento correcto», el tipo de listado de lo que debe y no hacerse que consideren necesaria quienes no confían en el espíritu humano de «haz lo que quieras y no lastimes a nadie». Pero ¿no hay nada más operando aquí?

Quien alguna vez haya sostenido una pluma de avestruz, sabrá que no pesa casi nada. Un corazón humano pesa alrededor de medio kilo. Es evidente que hemos entrado en el terreno de lo simbólico.

Las expresiones del lenguaje como «de corazón a corazón», «decir algo desde el corazón» o «tener buen corazón» vienen a mostrarnos que podemos reconocer (vagamente) algo que los egipcios, y más tarde los sufíes, comprendieron en detalle: el corazón es más que un órgano que bombea; es el centro de nuestro ser, el lugar del conocimiento y la verdad. El chakra del corazón se sitúa en el punto medio de nuestro cuerpo, y tiene tres chakras de fisicalidad por debajo y tres de conciencia por encima de él, al igual que La Justicia se ubica en el punto medio de los Arcanos Mayores. El corazón delimita la frontera, el lugar donde se une lo de arriba y lo de abajo. Lo que le pesa al corazón —cuando intentamos «salir a la luz»— es la culpa, el miedo y la vergüenza. Lo que abre el corazón, lo que lo aligera, es la justicia. La justicia, y solo la justicia perseguirás, para que prosperes.

Paul Christian y Maurice Otto Wegener (cuyas imágenes siguen las ideas de Christian y son la fuente del tarot egipcio que se usa aquí) fueron los primeros en trazar la relación de la carta de La Justicia con Ma'at y la pluma. A continuación, se presentan las interpretaciones tempranas de esta carta, junto con la de Christian.

Algunos significados asignados que recibe La Justicia

Extraído de *Los orígenes místicos del tarot*, de Paul Huson.

De Mellet (1781): Justicia.

Court de Gébelin (1773-1782): Justicia.

Lévi (1855): La letra hebrea Cheth, Justicia. Equilibrio, atracción y repulsión, vida, terror, promesa y amenaza.

Christian (1870): Arcano VIII. Themis: equilibrio. El símbolo antiguo de la Justicia pone en la balanza los actos de los hombres y, como contrapeso, al mal le opone la espada de la expiación. Los ojos de la Justicia están vendados para mostrar que pone sobre la balanza y da sus golpes sin que haya diferencia según las convenciones establecidas de los hombres.

Mathers (1888): Themis o Justicia. Equilibrio, balanza, justicia. Si aparece invertida: fanatismo, falta de equilibrio, abuso de la justicia, exceso de rigor, parcialidad.

Aurora Dorada (1888-1896): Hija del Señor de la Verdad, quien sostiene el equilibrio. Justicia. Fuerza detenida en el acto de juzgar. Procedimientos legales, tribunal de justicia, juicio por la ley.

Gran Oriente (Waite, 1889, 1909): Justicia. Equilibrio en el lado mental más que en el sensual; en ciertas circunstancias, la ley y sus decisiones; también la ciencia oculta.

Waite (1910): Justicia. Equidad, probidad, vindicación. Si aparece invertida: la ley en todos los rubros, complicaciones legales, fanatismo, parcialidad, rigor excesivo.

En la mayoría de las versiones de la carta, la espada apunta hacia arriba, símbolo del compromiso con la verdad. En el mazo Rider, solo hay tres cartas con espadas verticales; en todas las demás se inclinan. Son La Justicia, el as de espadas y la reina de espadas.

* * *

Cuando en una lectura aparece La Justicia, ¿cuáles son las «circunstancias especiales» (para citar a Waite) que pueden llevarnos a verla como la ley? En lo más sencillo, cuando sabemos que la lectura se refiere a una cuestión legal, en particular un juicio o una demanda. Si La Justicia aparece derecha entonces indica un resultado justo y equitativo, lo que, por supuesto, puede no significar que la persona obtenga el resultado que espera. Para una lectura sobre el caso de un juicio debemos mezclar las cartas de modo tal que algunas queden invertidas. Así como La Justicia en la posición correcta nos indica que habrá un resultado justo, invertida puede significar un resultado injusto, y puede sugerir parcialidad en alguna parte del sistema. Si las otras cartas sugieren esto con fuerza y se está al principio de un caso, podría reconsiderarse en cuanto a avanzar o no.

Si la carta no aparece en la tirada, debe buscarse en el mazo hasta encontrarla. ¿Está en la posición adecuada o invertida? ¿Qué cartas aparecen a cada uno de sus lados? Puede indicar la presencia de problemas en la situación.

En términos más generales, la carta significa autoindagación, un momento para sopesar las cosas y evaluar la propia vida. Puede ser que alguien se enfrente a algún tipo de elección moral y necesite analizar sus motivaciones. Cuidado con culpar a los demás o —en el otro extremo— creer que todo es culpa de uno. Tratemos de equilibrar la balanza.

Otro tipo de equilibrio: conciencia y acción. La espada nos recuerda la necesidad de perseguir la justicia, posiblemente con una acción concreta. ¿Acaso hay alguna situación que requiere de una respuesta? Las otras cartas pueden sugerir si es necesario actuar y, de ser así, dónde: en la comunidad, en una relación, en el trabajo o en otro lugar.

Si la carta aparece invertida, indica la posibilidad de que surjan condiciones injustas o ilegales. Si aparecen cartas como La Torre, o aparecen invertidas algunas de las espadas o cartas de la corte, puede ser que nos adviertan que tengamos cuidado. Pero La Justicia en posición invertida también puede indicar una falta de voluntad para mirarse uno mismo o el propio proceder en alguna situación difícil. ¿Qué hay que hacer para que La Justicia vuelva a su posición correcta? ¿Es necesario protegerte o tomar medidas?

Una lectura basada en La Justicia

(En forma de balanza)

1. ¿Cuál es la justicia exterior?
2. ¿En qué radica la sabiduría de perseguirla?
3. ¿Cuál es el mejor accionar?
4. ¿Cuál es la justicia interior?
5. ¿Cuál es el rol que me corresponde a mí?
6. ¿Cómo se hará justicia?
7. ¿Cuál es la relación entre justicia interior y exterior?

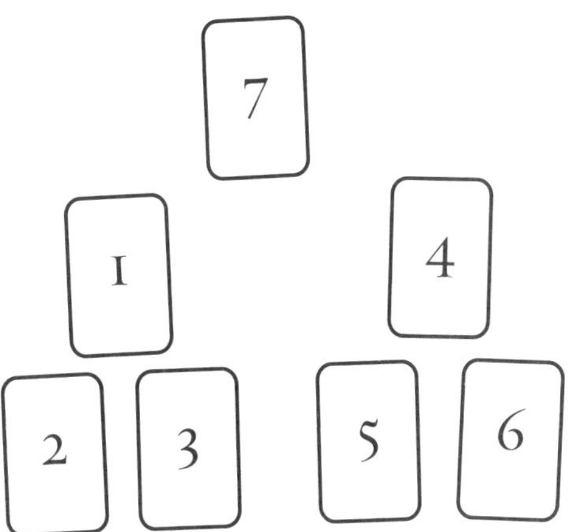
7
1
4
2
3
5
6

XI
LA JUSTICIA

El Colgado: 12
Correspondencia astrológica: Neptuno
Letra de la Kabbalah: מ Mem
Camino en el Árbol de la Vida: Gevurah (Poder) a Hod (Gloria)

Cartas de El Colgado en los mazos:
Visconti, Marsella, Rider, Ritual de la Aurora Dorada, Egipcio y de la Tribu Luminosa

El Colgado

Lo primero que puede llamarnos la atención sobre esta carta es el título.

O no. Lo primero que ven muchas personas es que está boca abajo. Cuando alguien ajeno al tarot ojea las cartas y llega a la carta doce, en general le da la vuelta. Es uno de los significados fundamentales de El Colgado: dar la impresión de estar, como mínimo, boca abajo, al revés. Incitar en las personas el impulso irresistible de darnos la vuelta para que nos veamos, pensemos y actuemos como todas las demás personas.

Rider y Marsella:
El Colgado en posición invertida

Rider y Marsella:
El Mundo en posición invertida

Esto puede entenderse en términos de conformidad social. La persona que se niega a dedicarse a una carrera y, en cambio, acepta un trabajo mal pagado, bien podría ser un colgado. Pero hay significados más profundos. El punto de vista del colgado en su conjunto, la percepción de la realidad, puede variar 180 grados con respecto a la de quienes lo rodean. Si los demás ven la realidad solo como lo que podemos tocar o ver, o quizá como una lucha entre el cuerpo y el alma, y uno la percibe como un flujo constante, hasta amor, entre la materia y el espíritu, puede que le digan que está equivocado. Cuanto más puedas aferrarte a tu propia verdad y no preocuparte por las creencias de los demás sobre ella, más podrás descubrir sobre la serenidad del apego de El Colgado.

Pero ¿qué hay del título? El uso de la palabra en su forma participia, «Colgado», da la connotación de ejecución. Justo antes de La Muerte, El Colgado puede sugerir castigo. En Italia, a los acusados de traición se los ejecutaba cabeza abajo, colgados de los pies. Cuando el pueblo italiano se volvió contra Benito Mussolini por haberlos arrastrado a una guerra desastrosa, salieron en tropel a lincharlo y lo colgaron boca abajo junto a su mujer. De hecho, hay varios mazos italianos que a la carta doce la llaman «El Traidor». En algunos mazos tempranos se ve a un hombre colgado boca abajo de una horca construida en un árbol, con el cuerpo torcido, la cara deformada y monedas o bolsitas de dinero que le caen de los bolsillos. Sugieren a Judas Iscariote, quien supuestamente traicionó a Cristo por treinta monedas de plata.

A lo largo de los años me he dado cuenta de que en la lectura moderna del tarot mayormente se asume un significado negativo para El Colgado, no tanto de traición sino atascamiento, o enrosque, en un sacrificio doloroso. La verdad es que a mí me sorprende porque siempre he visto esta carta como una especie de liberación del espíritu.

Si observamos la versión más antigua que se conoce, la de Visconti, podemos ver la postura relajada y la expresión serena. Encontramos la misma cualidad en los mazos de Marsella y más especialmente en el de

Rider, en el que el rostro está rodeado de un halo de luz que no aparece en ninguna otra carta, ni siquiera los tres ángeles de Los Amantes, ni La Templanza ni El Juicio.

Si invertimos el número de El Colgado, el 12, obtenemos el 21. Observemos lo que ocurre cuando lo damos vuelta (no para «corregirlo», sino para ver su postura con más claridad) y lo colocamos junto a El Mundo.

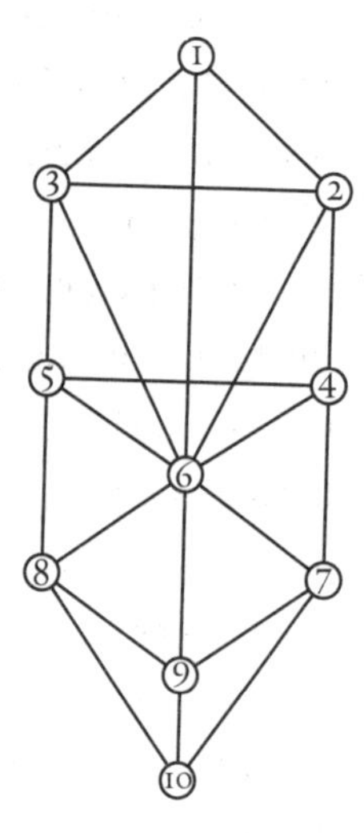

Rider:
El Colgado en posición invertida y el Árbol de la Vida

Es claro que aquí ocurre algo más que traición, ejecución, sufrimiento o sacrificio. El Colgado se parece mucho a El Mundo porque nos muestra que estamos en una etapa en que podemos vislumbrar grandes verdades. Empezamos a comprender, y no solo desde lo conceptual, sino desde el conocimiento genuino, lo que los griegos llamaban *gnosis* y los practicantes de la Kabbalah, *Da'ath*. Donde El Mundo baila libre, fuera de la realidad ordinaria, con los brazos abiertos, El Colgado mantiene el estado de conocimiento gracias a mantenerse boca abajo, al revés de las demás personas y sin intentar hacer nada. De ahí que los brazos estén atados por detrás de la espalda en la mayoría de las versiones.

La tradición de lo oculto considera que los brazos de El Colgado son un triángulo, por la idea de trinidad (de ser tres, no un trío religioso concreto), y que la pierna cruzada es el número cuatro, por la cuaternidad. Tres y cuatro, espíritu y materia. Si solo sumamos los dos números —es decir, añadimos conceptos espirituales a prácticas materiales— obtenemos el siete, El Carro, el control de uno mismo y de las circunstancias externas de la vida. Pero si multiplicamos tres por cuatro, obtenemos doce, El Colgado.

Con La Suma Sacerdotisa, vimos que el Árbol de la Vida se escondía tras su cuerpo, uno de los «secretos» de la carta. El Colgado se convierte en el árbol. Vuelve a observar el patrón, presentado con ligeros ajustes, junto al cuerpo de El Colgado (también dado vuelta para facilitar la visualización).

La parte alta de la cabeza es el sefirot 1, la corona (literalmente); los hombros son el 2 y el 3, los codos son el 4 y el 5, el centro del cuerpo es el 6, la rodilla y el pie de la pierna cruzada son el 7 y el 8, la rodilla de la pierna vertical es el 9, y el pie es el 10. Pero recuerda que la figura de la carta está boca abajo, de modo que el cuerpo de El Colgado es un árbol invertido.

Hay varios expertos de la Kabbalah que aducen que la sefirá no es más que eso, un árbol que crece al revés, las raíces en el Cielo y las ramas que llegan a la Tierra. Así, El Colgado en apariencia al revés representa el verdadero estado de la realidad, y lo que consideramos normal —que la materia es real y el espíritu no es más que una idea— representa el verdadero revés de la verdad.

Quizá podamos recordar aquí lo que nos enseñan en biología en la escuela secundaria: la retina recibe las imágenes al revés, y luego el cerebro cambia nuestras percepciones para que podamos movernos. Vemos el mundo al revés en un sentido bastante literal.

Seguramente muchos lectores estén familiarizados con el sistema de chakras, los siete centros energéticos del cuerpo humano. Tienen diferentes colores, porque la energía vital conocida como «kundalini» se transforma a medida que asciende por la columna vertebral. El orden de los colores, desde la base de la columna hasta la parte alta de la cabeza (donde se denomina «corona», como en el Árbol de la Vida), es: rojo, naranja, amarillo, verde, azul, índigo y violeta. ¿De dónde nos parecen conocidos? Del arcoíris, que los tiene en el mismo orden, solo que en él, el rojo aparece más arriba y el violeta más abajo. El cuerpo tiene los mismos colores que el arcoíris, solo que sí está invertido boca abajo.

Entonces, hay dos visiones de El Colgado: la del sufrimiento y la de la iluminación. ¿Qué se dice desde las primeras interpretaciones?

Algunos significados que se asignan a El Colgado

Extraído de *Los orígenes místicos del tarot*, de Paul Huson.

Cartomancia de Pratesi (1750): El traidor, traición.

De Mellet (1781): El Colgado. La prudencia.

Court de Gébelin (1773-1782): Prudencia.

Lévi (1855): La letra hebrea Lamed, hombre que cuelga de un pie. Ejemplo, instrucción, enseñanza pública.

Christian (1870): Arcano XII. El Sacrificio: muerte violenta. El Arcano XII expresa la revelación de la ley en el mundo divino; en el mundo intelectual, la enseñanza del deber; en el mundo físico, el sacrificio.

Mathers (1888): El Colgado. Abnegación, sacrificio, devoción, lo que está atado. Si aparece invertido: egoísmo, lo que no está atado.

Aurora Dorada (1888-1896): El Espíritu de las Aguas Poderosas. El Colgado o el ahogado. Sacrificio forzado, castigo, pérdida, sufrimiento.

Gran Oriente (Waite, 1889, 1909): Hombre Colgado. Renuncia, por cualquier causa y motivo.

Waite (1910): el Colgado. Sabiduría, circunspección, discernimiento, pruebas, sacrificio, intuición, adivinación, profecía. Invertido: egoísmo, la multitud, el cuerpo político.

El manuscrito descubierto por Pratesi dice «traidor» y después, la idea parece desaparecer hasta hace muy poco. Luego encontramos «prudencia», la misma virtud cardinal que Christian y Mathers le asignaban a El Ermitaño. Christian también introduce esa idea de sacrificio, hasta de violencia, pero solo en el mundo físico. Waite incluye el sacrificio, pero también cualidades como la sabiduría, la intuición, incluso la adivinación y la profecía.

La Aurora Dorada introduce un título alternativo, el ahogado, para emparejarlo con lo de «El Espíritu de las Aguas Poderosas». La letra hebrea Mem que se le asigna a El Colgado es una de las tres «letras madre» asociadas a los elementos fuego, agua y aire. El Loco es «Aleph», el aire; El Juicio es «Shin», el fuego; y «Mem», que significa literalmente «agua», es el agua. En el agua se disuelven todas las cosas que parecen fijas y rígidas, también el ego y sus supuestos sobre la realidad. «Ahogarse» puede significar entregarse, liberar el yo. En «La tierra baldía», el poema épico moderno basado en la leyenda del Grial, el poeta británico T. S. Eliot hace que su lectora de tarot, Madame Sosostris, diga: «Aquí está tu carta, el marinero fenicio ahogado... No encuentro a El Colgado. Debes temer a la muerte por el agua».

El Colgado es un arquetipo de iniciación. Veamos algunos ejemplos. La tradición cristiana describe a Pedro crucificado cabeza abajo. La razón —que no quisiera competir con Cristo— parece tan absurda que podemos sospechar de algún significado oculto. Los yoguis se ponen boca abajo con el cuerpo en concreto para mover la *kundalini.* R. J. Stewart, en el libro *The Merlin Tarot* («El tarot de Merlín»), cuenta una historia maravillosa sobre este mago prediciendo tres muertes distintas para la misma persona: muerte por caída desde un lugar alto, por ahorcamiento y por ahogamiento. En el clímax de la historia, el joven se cae de un precipicio, se le engancha un pie en unas ramas y acaba con la cabeza en un río.

Muere tres veces, y su cuerpo toma la forma de El Colgado (y también del ahogado). Stewart lo describe como una iniciación, morir para renacer.

En el mito nórdico, Odín o Wodan —a quien los romanos identificaban con Hermes o Mercurio— se cuelga del Árbol del Mundo, llamado Yggdrasil, para hacerse merecedor de recibir el alfabeto mágico de las runas. Se perfora en uno de los lados y se sacrifica el ojo derecho (el derecho es el lado del ego) a Mimir, guardián del pozo oscuro donde se esconden las runas. Finalmente, tras nueve días y nueve noches (el número de El Ermitaño, y tengamos en cuenta que Odín vaga por el mundo disfrazado de anciano que se apoya en un bastón), se agacha y se apodera de las letras.

Ahora retrocedamos un poco más. En un relato del Talmud, de unos dos mil años de antigüedad, se habla de dos ángeles, Shemhazai y Azazel, que desprecian a la humanidad por fracasar en todo a la hora de resistir la tentación. «Es fácil decirlo», les dice Dios. «Si caminaran sobre la tierra, harían lo mismo». Los ángeles se ríen de tal absurdo.

Así que Dios los viste con cuerpo humano y los coloca en la Tierra. En donde se encuentran con mujeres humanas, y sus buenas intenciones se desvanecen de inmediato como el humo en medio del viento. Azazel se apodera de la mujer que desea y, cuando ella se resiste, la viola.

Pero Shemhazai conserva un poco más la decencia o, al menos, el orgullo. Se acerca a la mujer que desea y le dice: «Acuéstate conmigo. Soy un ángel».

La mujer, que se llama Istahar, dice:

—Oh, por favor. Eso ya lo he oído antes.

—No, en serio —le dice él—, soy un ángel.

—Si fueras un ángel sabrías el nombre secreto de Dios.

—Claro que lo sé.

—Entonces dímelo.

Shemhazai se ríe.

—No puedo decírtelo —dice—. No eres más que una mujer.

—Y tú no eres más que uno más del montón —dice Istahar—. Hablas mucho y no tienes nada que demostrar.

Shemhazai se pone furioso y pronuncia el nombre. En cuanto lo oye Istahar, comienza a repetirlo y usa su poder para escaparse al cielo. Entonces Dios la transforma en una estrella, porque eso es lo que significa «Istahar».

Al ver lo sucedido, ya demasiado tarde, Shemhazai grita y ruega el perdón. Por esa razón, Dios lo suspende boca abajo entre el Cielo y la Tierra, un puente eterno entre la materia y el espíritu. ¿Y a Azazel? Dios lo deja suspendido sobre el Abismo, la terrible oscuridad que los griegos llaman «Tántalos» y, los cristianos, «Infierno» (al Infierno, John Milton lo llamaba «Oscuridad visible»).

Todos estamos suspendidos, no en algún estado fijo sino en un flujo constante, a cada momento. Solo que no lo sabemos. Tal vez si nos colgáramos del pie de un árbol que vibra empezaríamos a recordar. La poetisa Kathryn Good-Schiff opina que nos creemos erguidos sobre la tierra, pero como la gravedad nos sujeta por los pies y nuestro cuerpo sobresale del cuerpo de la tierra, todos colgamos boca abajo... Lo único es que no lo sabemos.

Escribí lo anterior sobre las raíces arquetípicas de El Colgado en un tren a Nueva York. Iba a una exposición del Museo Metropolitano sobre relicarios africanos: un «relicario» es un objeto sagrado que se entierra con los muertos. En la exposición vi un cortometraje sobre cómo era el rito de iniciación entre los mitsogo. La ceremonia consiste en tocar un arpa de madera arqueada, llamada «ngombi», mientras el líder relata los misterios antiguos. En la película se narra la creación del ngombi. Una vez un pigmeo se subió a un árbol alto y se cayó, pero antes de llegar al suelo su pie se enredó en las ramas. Un hombre colgado. Pero se le derramaron las entrañas y los intestinos se esparcieron por la tierra. Se convirtieron en las cuerdas del ngombi, que es la muerte, y su canción también lo es, porque todos los seres deben morir, y mientras pretendamos lo contrario, nos hacemos un gran daño. Después de El Colgado viene La Muerte, pero ¿y después de La Muerte? La Templanza, tal vez Shemhazai liberado, cada uno de nosotros liberado.

¿Y después de La Templanza? El Diablo, porque tal vez llegue el momento de liberar a Azazel de sus ataduras. Pero eso lo veremos más adelante. En este momento disfrutemos de la serenidad de El Colgado, porque, después de todo, cuando estás atado boca abajo de un árbol, ¿qué más podemos hacer sino disfrutarlo?

El modo en que vemos a El Colgado puede depender de la carta que tenga delante. Si podemos pasar la «prueba» de La Justicia —si podemos mirarnos a nosotros mismos y a nuestra vida con los ojos abiertos, y abrir el corazón para que no pese más que una pluma de avestruz—, entonces El Colgado se convierte en una carta de alegre entrega, de convertirse en el árbol, en el arcoíris. Sin embargo, si nos atascamos en La Justicia, El Colgado puede representar que estamos atascados en la vida, con temor de lo que va a ocurrir, y frente a algún sacrificio doloroso.

En la quinta tríada El Colgado se encuentra entre El Hierofante y El Sol. Invierte el camino del conocimiento, de las enseñanzas externas de El Hierofante a la revelación directa de El Sol. O podemos decir que planta los pies en la doctrina y la tradición y luego crece hacia la luz de la verdad.

El número 12, como el 21, combina el 1 y el 2, El Mago y La Suma Sacerdotisa. Y ambos se reducen al 3, La Emperatriz, madre de la vida sin fin. La imagen final de El Colgado aparece en la primera iniciación: el nacimiento. Los bebés emergen del universo cerrado del cuerpo de la madre a un mundo abierto y sorprendente. Y emergen con la cabeza, en lo que se llama «coronamiento». En las culturas más antiguas, antes de que se recostaran y las atendiera un servicio médico para parir, las mujeres se ponían en cuclillas y los bebés venían al mundo boca abajo, de cabeza y atados a su origen por medio de un cordón umbilical que partía del centro de su cuerpo.

Si se quiere tener la experiencia de El Colgado no hacen falta sacrificios ni rituales elaborados, ni siquiera hace falta ponerse cabeza abajo (si bien puede ayudar). Alcanza con abrir los ojos y mirar. Mirar como un bebé. Así lo afirmaba el científico y místico jesuita Teilhard de Chardin: «A lo largo de toda mi vida, a cada momento de ella, el mundo se ha ido iluminando gradualmente, y fue ardiendo ante mis ojos hasta llegar a rodearme por completo, encendido desde dentro». Esta es la luz del halo de El Colgado, la luz que llena el mundo.

* * *

Como se desprende de lo anterior, las interpretaciones de El Colgado varían mucho. Para algunos puede significar estar atascado, enfrentarse a un sacrificio doloroso. Para mí, es una carta que habla del apego a los valores. La veo como algo alegre y, a la vez, encerrada en sí misma, quizá malentendida por otras personas. En el tarot de la Tribu Luminosa hice que «La Colgada» se viera juguetona e infantil, para dejar en claro que mi intención era que fuera maravillosa y no dolorosa. Un consultante que ve aparecer a El Colgado puede ser alguien externo a todo, o que tenga actitudes diferentes a las de otras personas, que no tenga empuje para convencer a los demás, y que no vea la necesidad de buscar la aprobación de otros. Estar atado al árbol significa estar conectado a algo más allá de uno y, por tanto, ser capaz de resistir los vientos de la sociedad o las opiniones de los demás. Para las personas que están en un camino espiritual puede señalar un momento de iluminación o una experiencia de iniciación real.

Si aparece invertido, puede verse según distintos enfoques. Si la carta significa principalmente estar colgado, al revés puede significar movimiento: dejar de estar atascado o llegar al final de un sacrificio difícil. Para mí, suele dar el significado de conformidad, de permitir que las opiniones de otras personas o las actitudes de la sociedad se impongan a las tuyas. Waite lo llama «la multitud, el cuerpo político». Te has puesto en la posición que supuestamente es al derecho, la misma que todos los demás, pero ¿a qué precio?

Una lectura basada en El Colgado

(La forma de la tirada se basa en El Colgado del mazo Rider)

1. Pasado
2. Futuro
3. Apego actual
4. Verdad central
5. Lo que se entrega
6. Consuelo, calma
7. Lo que se da
8. Lo que se recibe
9. Lo que se revela, comprende, aprende

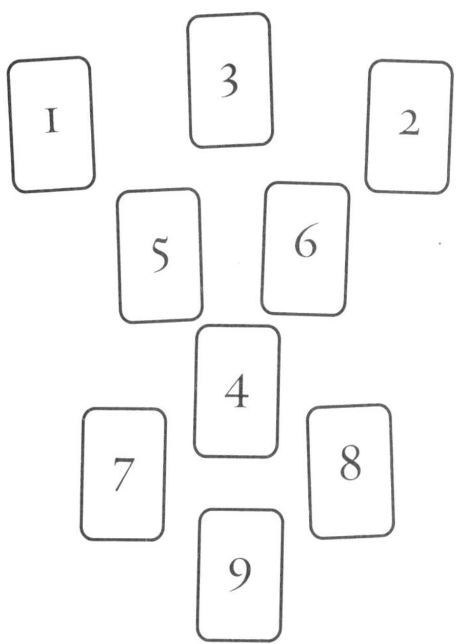
3
1
2
5
6
4
7
8
9

XII
EL COLGADO

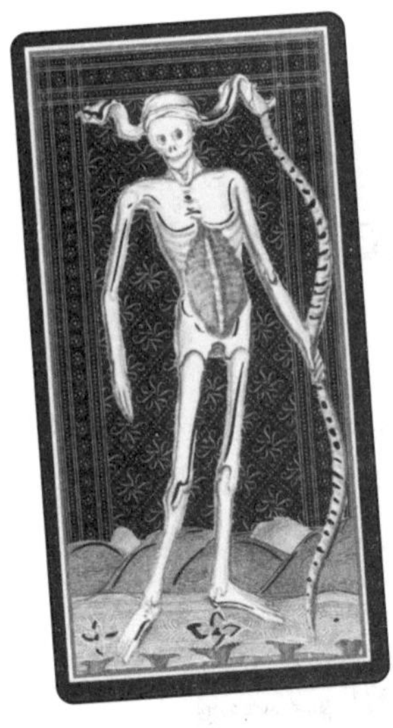

La Muerte: 13
Correspondencia astrológica: Escorpio
Letra de la Kabbalah: נ Nun
Camino en el Árbol de la Vida: Tipheret (Belleza) a Netzach (Victoria)

Cartas de La Muerte en los mazos:
Visconti, Marsella, Rider, Ritual de la Aurora Dorada, Egipcio y de la Tribu Luminosa

La Muerte

«Tú lo sabes, común es a todos, el que vive debe morir,
pasando de la naturaleza a la eternidad».
Hamlet

La carta de La Muerte se ha convertido en una especie de cliché del tarot, o más bien dos clichés: uno, el de la cultura popular; el otro, para quienes se dedican a la lectura del tarot. En el cine, el tarot aparece en películas de misterio que quieren dar un toque sobrenatural a la trama. Siempre hay un tarotista frente a un cliente atemorizado que le tira las cartas y, sin falta, aparece La Muerte con una música rimbombante. Y ahí el público (o al menos eso esperan los productores) pega un grito ahogado. Hace unos años hubo un asesino en serie (que en Estados Unidos se conoció como «el francotirador de Washington D. C.» o «el francotirador del tarot») que dejaba una carta de La Muerte del mazo

Marsella cerca de alguno de sus asesinatos. Tal vez este asesino esperaba que Hollywood hiciera algún día una película sobre él.

Para quienes leemos el tarot, el cliché va en la dirección contraria. En cuanto la carta aparece sobre la mesa decimos algo así: «Esta carta no significa que alguien vaya a morir. Significa el final de algo, y la oportunidad de que surja algo nuevo». Es algo que posiblemente sea bueno decir. La mayoría de las veces, la carta de La Muerte no significa una muerte inesperada, e incluso si aceptamos que pudiera serlo, ¿acaso es algo que queremos realmente predecir? ¿Qué efecto podría tener? ¿Y si nos equivocamos? ¿Podríamos causar un gran sufrimiento con tal de tener un momento de dramatismo en una lectura? A veces, como lectores del tarot, podemos caer en la trampa de querer que nuestras predicciones se cumplan, sin importar el desastre que podamos causar en la vida de alguien. Podría ser excitante pensar ideas extremas: «La persona dijo que estaba sana, pero yo vi que aparecía La Muerte en las cartas y dos semanas después, *zas*, tuvo un ataque al corazón». Pero ¿no preferiríamos que la historia fuera: «Le dije que fuera al médico y le detectaron un aneurisma justo a tiempo»? Es mejor un final feliz, y en ambos casos quedamos bien parados como videntes. Y, aun así, casi todo tarotista moderno preferirá no llegar a eso. Así que les decimos a nuestros consultantes, y a nosotros mismos, que La Muerte no significa muerte.

Veamos qué dice la tradición.

Algunos significados que recibe La Muerte

Extraído de *Los orígenes místicos del tarot*, de Paul Huson.

Cartomancia de Pratesi (1750): La Muerte.

De Mellet (1781): La Muerte.

Court de Gébelin (1773-1782): La Muerte.

(¿No empezamos a ver un patrón aquí?).

Lévi (1855): La letra hebrea Mem. Muerte. El Cielo de Júpiter y Marte, dominación y fuerza, nacimiento nuevo, creación y destrucción.

Christian (1870): Arcano XIII. La Guadaña: transformación. En el mundo divino, el momento perpetuo de creación, destrucción y renovación; en el mundo intelectual, la ascensión del Espíritu a las esferas divinas; en el mundo físico, la Muerte, es decir, la transformación de la naturaleza humana al llegar al final de su período orgánico.

Mathers (1888): Muerte, cambio, transformación, alteración hacia algo peor. Si aparece invertida: escaparse de la Muerte por poco, cambio parcial, alteración para mejor.

Aurora Dorada (1888-1896): El Hijo de los Grandes Transformadores, Señor de las Puertas de la Muerte. Muerte, tiempo, transformación, cambio, a veces destrucción, pero solo si lo confirman las cartas que lo acompañan.

Gran Oriente (Waite, 1889, 1909): Muerte, fuerza transformadora, destrucción.

Waite (1910): Muerte. Fin, mortalidad, destrucción, corrupción. También, para un hombre, pérdida de un benefactor; para una mujer, muchos obstáculos; para una mujer soltera, fracaso de las perspectivas de matrimonio. Si aparece invertida: inercia, sueño, letargo, petrificación, esperanza destruida.

Lévi introduce la idea de «nuevo nacimiento», pero ahora vemos realmente el concepto de «transformación» con Paul Christian y MacGregor Mathers. E incluso ahí, el significando sigue siendo muerte real. Y hasta para Waite, que suele ser quien aporta un significado sutil y espiritual, no sale del plano de lo concreto: «Muerte, fin, mortalidad, destrucción, corrupción».

Entonces, ¿debe volverse a la lectura de la carta de La Muerte como predicción de que alguien va a morir? Sigo pensando que es una mala práctica en general, pero también creo que debemos respetar la opinión arraigada de la tradición desde hace tanto tiempo. Si la carta y tu propio sentido de lo psíquico te dicen qué significa eso, mira a ver si las cartas que la rodean te dan más pistas, y luego ve cómo hablar de eso de un modo que apoye lo que la persona va a atravesar. Si no estás seguro, o crees que se trata de la muerte pero no tienes ni idea de quién o cuándo, es mejor que no saques el tema. En ese caso, es mejor seguir con el tema de los finales y el cambio, y quizás hablar de la muerte como parte de ese tema.

A veces, la carta apunta a la muerte como tema recurrente en la vida de alguien. Si hay un familiar o amigo del consultante que ha muerto recientemente o que tiene una enfermedad terminal, o si el consultante trabaja en un hospicio o (como me ocurrió en una lectura una vez) trabaja con tratamientos para una enfermedad mortal, la carta de La Muerte otorga el significado de la muerte, y las otras cartas pueden ayudar a guiar a la persona hacia una mejor comprensión de ella.

Si nos alejamos de lo literal, puede significar la muerte de un matrimonio, o trabajo o de una creencia arraigada. No siempre es algo triste, porque puede conducir a la liberación o a nuevos comienzos, pero no debemos asumir que sea fácil. En un libro anterior usé el modelo de terapia para la línea media de los Arcanos Mayores y di el ejemplo de alguien que empieza terapia para cambiar un hábito de toda la vida. Con frecuencia, las personas comprenden los problemas bastante pronto, al cabo de seis meses más o menos, y sin embargo continúan con sus viejos patrones durante mucho más tiempo. Tienen miedo a la muerte. Al principio pensé en esto por una amiga que trataba de bajar de peso y decía: «He sido gorda durante toda la vida, si pierdo peso, no existiré». No se trata de la muerte del cuerpo, sino del ego, la definición de quiénes somos y de lo que somos. Y hasta incluso si lo deseamos, no es fácil. Porque, por supuesto, mi amiga tenía razón. La persona que ella era —la que sabía ser— dejaría de existir.

Todos tenemos miedo de morir, todos nos resistimos a la muerte desde lo más profundo de la psique. Cada una de nuestras células quiere vivir. Nunca hay que subestimar lo instintiva que es la lucha contra la muerte. Podemos entenderlo en términos evolutivos. Los primeros humanos que no temían a la muerte probablemente murieron antes de tener la oportunidad de reproducirse y transmitir esos genes intrépidos. Los que tenían un miedo profundo a la muerte la evitaron el tiempo suficiente para tener hijos. Y sin embargo, si queremos crecer, sobre todo en términos espirituales, llega un momento en que debemos superar ese miedo arraigado. Para empezar, tarde o temprano todos moriremos. Thalassa, la organizadora del simposio de tarot del Área de la Bahía en Estados Unidos, se ríe cuando lee que sube o baja la «tasa de mortalidad», y lo dice así: «La tasa de mortalidad es siempre la misma: una por persona».

Hay otra razón para superar el miedo a morir. El miedo estrecha nuestra capacidad de abrirnos a la existencia misma, de abrir el corazón y ver las maravillas de la existencia.

El miedo a la muerte rodea de supersticiones a la carta de La Muerte (como también se ve en esas películas con adivinos funestos). La carta casi siempre lleva el número trece, pero en la mayoría de los mazos más antiguos no tiene título, como si con solo nombrarla pudiéramos invitarla a venir.

¿Por qué se considera al trece, en especial al martes o al viernes trece, de tanta mala suerte? Yo pensaba que era una tradición cristiana nacida de que Cristo fue crucificado un viernes y de que Judas fuera la decimotercera persona en la Última Cena. Al parecer, en todo Roma en general se ejecutaba a la gente los viernes. Tengamos en cuenta los doce signos en el zodíaco (y los doce dioses del Monte Olimpo), y así el trece va más allá del universo ordenado y conocido. ¿Y qué puede haber más allá de los doce signos? La muerte.

Aunque el miedo se remonta a miles de años atrás, algunos le atribuyen un origen más reciente: el viernes 13 de octubre de 1307. Ese día, la Iglesia junto con el rey de Francia, destruyeron a los templarios y detuvieron a su líder, Jacques de Molay.

Pero el trece también llega a algo más profundo. Un ciclo lunar dura aproximadamente 28-29 días, que es también la duración del ciclo menstrual de la mayoría de las mujeres. Esto da lugar a trece meses en un año. Así el trece significa los misterios de la luna, lo lunático, lo femenino. La Inquisición identificaba la luna con la brujería y el trece con supuestas orgías de brujas y demonios. Algunas brujas modernas tienen una visión mucho más positiva del vínculo del trece con las brujas y exigen que haya trece integrantes para un aquelarre tradicional.

Los trece ciclos de la luna nos recuerdan la muerte y el renacimiento. A diferencia del sol, estable y confiable, la luna muere, pasa por tres días de oscuridad y vuelve a nacer, solo para envejecer y debilitarse una vez más y desvanecerse hasta, finalmente, volver a morir.

La muerte llega en medio de la que posiblemente sea la tríada más poderosa, Amantes-Muerte-Juicio. Amor, muerte y resurrección, la gran historia. En este mundo nos entregamos al amor y, si tenemos suerte, lo recibimos; sin embargo, lo que de verdad importa es que demos amor con pasión y entrega. Y entonces llega la muerte y acaba con todo. Pero si podemos escuchar el toque de trompeta del ángel que llevamos dentro, podemos comprender que el amor se extiende más allá de todas nuestras percepciones limitadas. En mi estructura de los Arcanos Mayores, la sexta posición nos muestra una experiencia poderosa que llega cuando nos abrimos camino a través de los desafíos del grupo central de tres cartas. La Rueda de la Fortuna nos mostraba una visión del destino, o karma, o cualquier otro de los nombres para el misterio esencial de los acontecimientos y giros de nuestra vida. En La Justicia, nos abrimos a mirar de verdad quiénes somos para equilibrar la balanza. Y en El Colgado, nos unimos al Árbol de la Vida que fluye sin cesar. Lo que sigue es La Muerte.

La muerte es siempre lo que sigue. De alguna manera tenemos que aceptarlo, no solo a nivel intelectual, sino dentro de nuestro ser. Morimos para que otras criaturas cobren vida. Literalmente. Las criaturas muertas alimentan a las vivas, y los restos fertilizan la tierra. Y si damos un paso más aún, supongamos que pudiéramos clonarnos para siempre

—hacer copias idénticas, como las amebas, que se reproducen al dividirse en dos réplicas genéticas del original—; así, nunca acabaríamos. Pero tampoco surgiría nunca nada nuevo.

La Muerte llegó al mundo junto con el sexo. Cuando los organismos se convirtieron en macho y hembra y se reprodujeron sexualmente, pudieron mezclar sus genes para crear descendientes que se pareciesen a sus padres, pero que no son iguales a ellos. Y de esta manera, los padres morían, a diferencia de las amebas, que viven eternamente mientras puedan seguir dividiéndose en dos copias. El sexo y la muerte son, en realidad, una sola cosa. Y la resurrección —de un tipo u otro— viene al mundo con la muerte. Porque ¿cómo puedes renacer si no mueres?

Las representaciones de Deméter y Perséfone las muestran casi exactamente iguales, la hija es una copia de la madre. Cuando la Muerte —Hades— llega en su carro, impulsada por el deseo sexual, todo cambia. Entre otras cosas, tenemos la muerte y el renacimiento de la naturaleza en el cambio de las estaciones, y la vida de las plantas, que muere y vuelve a la vida.

¿Quién sabe lo que ocurre realmente después de la muerte? Hay hierofantes de todo tipo que aseguran saberlo, pero varían siempre en los detalles. ¿Por qué creerles? ¿Acaso alguno ha muerto y pudo volver con algún mensaje?

El gran mago Harry Houdini les dijo a sus amigos que haría todo lo posible para contactarlos en Halloween, aunque sin especificar cuál, después de su muerte. Por lo que dicen, no ha ocurrido todavía. Quizás el próximo 31 de octubre. Tal vez nos toque verlo con nuestros ojos.

Algunas tradiciones nos instan a no preocuparnos por la muerte. Llama la atención que la Torá, los cinco libros de Moisés, no tenga ningún concepto sobre la vida después de la muerte. La idea de un reino de los cielos no surge hasta los profetas. El budismo zen sugiere que prestemos atención al «aquí y ahora» y que no nos preocupemos por el «más allá». Y, sin embargo, no podemos escapar de la muerte, como tampoco podemos escapar del miedo a ella, y por eso los rituales de Misterio y las iniciaciones tribales hacen confrontar a sus candidatos con la muerte para que puedan «morir antes de morir» y descubrir su yo eterno. La Templanza, la carta después de La Muerte, nos da una visión de ese yo eterno en la imagen de un ángel en calma.

La Muerte del mazo Marsella muestra un esqueleto con una guadaña, que recoge una cosecha de cabezas y manos y pies: la cabeza para el ego, y los miembros para nuestra actividad en el mundo físico. En la mayoría de las versiones, las cabezas llevan coronas, ya que, al igual que la Rueda de la Fortuna medieval que aplasta a un rey orgulloso, la imagen transmite la idea de que incluso los reyes deben morir. La Muerte del mazo Visconti lleva un arco en lugar de una guadaña, como si atacara desde lejos, una referencia posible a la peste que había aniquilado a un tercio de la población europea en el siglo anterior.

El doctor Waite cambió la imagen radicalmente, y vemos a la Muerte como un caballero de armadura negra que porta un estandarte de rosas blancas, símbolo de la tradición de los Misterios Rosacruces. Hay cuatro personas que se enfrentan a la figura. Un rey, símbolo del ego orgulloso y resistente, yace muerto. Un obispo está de pie, entregado a la oración; lo sostiene la doctrina y la fe. Una doncella aparta el rostro, porque en la adolescencia tomamos conciencia de nosotros mismos y el ego empieza a temer por su destrucción. Un niño, símbolo de la apertura, saluda a la Muerte con flores y no le tiene miedo. Paul Foster Case criticó a Waite por esta carta por una razón en particular. La mitra del obispo, con forma de boca de pez, relaciona la carta con la Era de Piscis, símbolo astrológico del pez. En nuestra época, sin embargo, hemos empezado a entrar en una «nueva era», o Eón, la Era de Acuario (para más información sobre esta idea, véanse las secciones sobre La Rueda de la Fortuna y El Juicio Final). Según Case, los misterios de la Muerte atraviesan todas las épocas.

La Muerte es la última carta que tiene una tríada numerológica (junto con La Rueda, La Justicia y El Colgado). Si consideramos que El Loco es la carta 22, entonces 2 + 2 = 4 y, como 1 + 3 también es igual a 4, tenemos a El Emperador y a El Loco, poder e inocencia, que quedan con La Muerte entre ellos.

* * *

Ya hemos hablado de los momentos difíciles en los que La Muerte aparece en una lectura. ¿Acaso es porque se predice la muerte real? Probablemente no, pero sí debemos considerar que la muerte es un tema, en especial si alguien ha muerto o está muriendo en ese momento, o si la persona trabaja con la muerte de alguna manera.

Algunas cartas de espadas pueden enfatizar la muerte, en particular (en el mazo Rider) el tres, el cuatro, el seis, el nueve o el diez. Tradicionalmente, el diez de oros puede indicar herencia, así que la combinación de esa carta con La Muerte podría significar la muerte de un pariente.

Muy a menudo, la muerte significa el final de algo: un matrimonio que ha llegado a su fin, un trabajo que es necesario dejar, un largo proyecto que se termina. Lo que importa es lo que hacemos con esta situación. ¿La resistimos, nos negamos, la aceptamos? Si además aparece La Torre, el cambio puede producirse de forma muy brusca, con posibilidades de violencia.

A veces, puede pasarnos en una lectura que queramos hacer que una persona se sienta mejor. Y le decimos que la carta de La Muerte significa renacimiento, o un cambio, o un nuevo comienzo. En reali dad, significa muerte. Algo termina y, de una forma u otra, se sentirá como morir. Puede que vengan cosas buenas, pero primero hay que aceptar el final de lo que había existido. Incluso si muere algo desagradable, como una relación dolorosa, puede que nos aflijamos por la pérdida de lo que hemos conocido y de cómo nos hemos definido a nosotros mismos.

La Muerte en posición invertida puede significar la contención de la muerte. Si alguien ha estado enfermo mucho tiempo, con el miedo de no sobrevivir, La Muerte al revés puede decir que no le llegará la muerte pronto a esa persona ni en un futuro inmediato. Pero tampoco promete una recuperación, solo dice que la vida continúa. La carta de La Muerte invertida puede indicar resistencia al cambio, inercia. Las cosas no mueren, simplemente continúan. También puede ser tranquilizador aunque no sea una resolución.

Una lectura de sabiduría basada en La Muerte

1. ¿Qué es la muerte?
2. ¿De dónde viene?
3. ¿Qué la provoca?
4. ¿Por qué tenemos que morir?
5. ¿Qué viene de la muerte?
6. ¿Qué vendrá después?
7. ¿Qué significa en una lectura?

Una lectura personal de La Muerte

1. ¿Cuál es mi actitud ante la muerte?
2. ¿En qué medida estoy bien con ella?
3. ¿En qué medida tengo problemas con ella?
4. ¿Qué necesita morir en mi vida?
5. ¿Cómo lo dejo morir?
6. ¿Qué necesita para vivir?
7. ¿Cómo le ayudo a vivir?

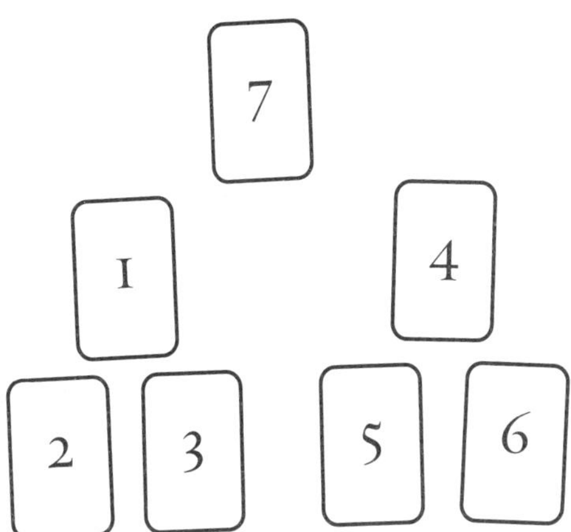
7
1
4
2
3
5
6

XIII
LA MUERTE

La Templanza: 14
Correspondencia astrológica: Sagitario
Letra de la Kabbalah: ס Samekh
Camino en el Árbol de la Vida: Tipheret (Belleza) a Yesod (Fundación)

Cartas de La Templanza en los mazos:
Visconti, Marsella, Rider, Ritual de la Aurora Dorada, Egipcio y de la Tribu Luminosa

La Templanza

Quiero confesar algo: La Templanza nunca ha sido una de mis cartas favoritas. No es que no me guste, es que no me entusiasma. La Templanza es una de las virtudes cardinales, junto con la fortaleza (la carta de La Fuerza) y la prudencia (El Ermitaño o El Colgado). Como virtud, la templanza habla de calma y equilibrio, de combinar diferentes energías, de recorrer la vía intermedia. Todo muy digno, pero nada emocionante. El número 14 se reduce a cinco (1 + 4 = 5), El Hierofante, y el cuatro del catorce nos recuerda a El Emperador. Tres de mis cartas menos favoritas en el mismo paquete.

La Templanza se volvió más significativa para mí cuando observé tres de sus características dinámicas.

En primer lugar, en la mayoría de las versiones el ángel se para sobre uno de los pies y el otro está en el agua, lo que nos sugiere la mezcla de la vida interna y la acción (algo que con frecuencia nos interesa a quienes nos dedicamos a la escritura). La Templanza nos permite hacer labores sin perder nuestro sentido personal de equilibrio. Acción sin ego.

La segunda característica tiene sus inicios en el tarot de Marsella y también en el de Rider, y está sugerida en el de Visconti también. Es el ángulo en que el ángel (o la mujer en el mazo Visconti) derrama el agua. Para decirlo de modo muy sencillo: es algo imposible de hacer. El agua no se inclina al derramarse, siempre cae en línea recta. De esta manera, la carta nos muestra una figura que con total calma y gracia realiza algo imposible. Tanto esta cualidad y esa acción sin ego me recuerdan una frase famosa del Tao Te Ching: «No hagas nada y nada quedará sin hacerse». Bien puede ser el lema de El Loco, de modo que estas cartas que parecen tan opuestas (El Loco nos dice que «aquel que duda, se pierde» y la Templanza nos dice que «miremos antes de dar el salto»), en realidad, se unen. Más que detenernos, La Templanza nos muestra cómo podemos actuar mágicamente mientras parece que no hiciéramos nada. Aleister Crowley le asignó un título nuevo a esta carta y la llamó «Arte». Se refería al arte de la alquimia, de la transformación mediante la combinación de energías en el nivel más alto.

La tercera cualidad proviene del mazo Rider, aunque también la puse en mi propia versión para el tarot de la Tribu Luminosa. Las alas son demasiado grandes, demasiado poderosas, para ser contenidas en la imagen. Esto le da una vitalidad que contradice la calma que transmite.

En nuestra cultura, a los ángeles se los imagina como figuras suaves y delicadas, tranquilizadoras y amorosas, pero esto último solo en términos «puros», no emocionales ni sexuales. No es la forma en que se veía a los ángeles siglos atrás. La palabra significa «mensajero» y los ángeles funcionaban como agentes de Dios. Con frecuencia eran feroces, como el serafín que guarda la entrada al Edén con una espada encendida. Y pueden ser apasionados, hasta destructivos, como lo demuestra la historia de Shemhazai y Azazel, que se recupera en la carta de El Colgado y en la que le sigue, El Diablo.

Hay diferentes opiniones en cuanto a la identidad de los tres ángeles del tarot Rider. Yo sigo la tradición que ve al ángel de Los Amantes como Rafael, al de El Juicio como Gabriel y al de La Templanza, como Miguel. El nombre Miguel significa «quien es como Dios». Algunos piensan en esta frase entre signos de pregunta y responden «nadie», pero si tomamos la frase como enunciado afirmativo, describe a Miguel tal como lo que dice: quien es como —que tiene las mismas cualidades que— Dios. Cuando pasamos por las pruebas del segundo nivel de los Arcanos Mayores descubrimos nuestra propia naturaleza divina.

Si nos detenemos a observar al ángel del mazo Rider, justo por debajo de la clavícula, veremos las cuatro letras hebreas del tetragrámaton inscritas con puntos de costura (para más detalle sobre estas letras, véanse las secciones de La Rueda de la Fortuna y de los Arcanos Menores).

Y por debajo, un triángulo dorado en un cuadrado blanco: el fuego del espíritu dentro de la materia terrenal purificada.

La carta siete representaba una victoria sobre los retos exteriores de la vida. La carta catorce nos muestra una victoria sobre el ego y su modo temeroso de aferrarse a las estructuras externas, las cosas que no queremos soltar por miedo a la muerte, todo lo que nos impide descubrir que si abandonamos el miedo, nosotros también podemos llegar a «ser como Dios».

En la mitología cristiana, Miguel encabeza los ejércitos de Dios contra la arrogante rebelión de Lucifer, el «portador de luz» que se convierte en Satanás, el «adversario». Es Miguel quien toma a Lucifer por el tobillo izquierdo y lo arroja al oscuro abismo del Infierno.

Veamos lo que dicen las interpretaciones más tempranas de esta carta.

Algunos significados que recibe La Templanza

Extraído de *Los orígenes místicos del tarot*, de Paul Huson.

Cartomancia de Pratesi (1750): El tiempo.

De Mellet (1781): La Templanza. Un ángel instruye al hombre sobre cómo evitar la Muerte.

Court de Gébelin (1773-1782): La Templanza.

Etteila (1785-1807): La Templanza. El Ángel del Apocalipsis. Si aparece invertido: convicciones. Los servicios de un sacerdote, por cualquier motivo sacramental que determinen las otras cartas.

Lévi (1855): La letra hebrea Nun. Templanza: el Cielo del Sol, los climas, las estaciones, el movimiento, los cambios de la vida, que es siempre nueva y también siempre igual.

Christian (1870): Arcano XIV. El Espíritu Solar: iniciativa. En el mundo divino, el movimiento perpetuo de la vida; en el mundo intelectual, la combinación de ideas que crean la moral; en el mundo físico, la combinación de fuerzas naturales.

Mathers (1888): Templanza. Combinación, conformación, unirse. En posición invertida: combinaciones desacertadas, intereses contrapuestos.

Aurora Dorada (1888-1896): Hija de los Reconciliadores, Portadora de Vida. Templanza. Combinación.

Gran Oriente (Waite, 1889, 1909): Templanza. Sangre nueva, combinación, añadidura y mezcla.

Waite (1910): Templanza. Economía doméstica, moderación, frugalidad, gestión, adaptación adecuada. Si aparece invertida: cuestiones relacionadas con iglesias, religiones, sectas, el sacerdocio, a veces incluso el sacerdote quien casará a quien consulta. También desunión, combinaciones desafortunadas, intereses opuestos.

Tanto Pratesi como Lévi se basan en la sección «temp» de la palabra «templanza» y ven el tema del tiempo (al tiempo en sí según Pratesi y a los cambios de la vida según Lévi). Paul Christian continúa esta idea con lo que llama el «movimiento perpetuo de la vida», pero en el mundo divino. Para lo intelectual y lo físico introduce el concepto de «combinaciones», que continúa a través de todos los demás.

La idea de combinar cualidades procede en parte de la imagen del agua que se vierte. Nada se derrama ni se desperdicia (de ahí la idea de Waite de «moderación, frugalidad», que son cualidades básicas de la virtud de la templanza), pero las energías de la izquierda y derecha se mezclan. Algunos mazos dan una variación a la imagen y muestran un ala dorada y la otra plateada, para las energías solar y lunar.

Un significado antiguo de la palabra «templanza» trae la idea de mezclar agua con vino para reducir el contenido de alcohol. De ahí se deriva la idea moderna de la abstinencia. A fines del siglo XIX hubo un grupo llamado Women's Christian Temperance Union (la Unión Cristiana Femenina de la Templanza) que luchó contra el alcoholismo; y a veces hasta directamente entraba en los bares con hachas para destrozar todas las botellas y los barriles de alcohol. Tal vez se inspiraran en las cualidades guerreras del arcángel Miguel. Aunque esto pueda parecer extremo, esta interpretación nos recuerda que la siguiente carta, El Diablo, nos trae el arquetipo de la adicción, una de las formas en que «caemos» del equilibrio de la templanza.

La ciencia medieval enseñaba que en el cuerpo hay «humores» o «temperamentos». La persona que está sana los equilibra, deja que la energía fluya entre ellos, y por este motivo «tener mal humor» significa perder el equilibrio y la capacidad de combinar diferentes cualidades.

La interpretación moderna de la Aurora Dorada presentada aquí, creada por Sandra Tabatha Cicero, nos ofrece dos versiones de La Templanza. En una, un ángel femenino se encuentra en la cuerda floja y mezcla fuego y agua. En la otra, la energía entra o sale de una especie de caldero de bruja, y hay un león rojo a la derecha y un águila blanca a la izquierda, ambos encadenados a su cintura, y un escorpión y una cabra que acechan detrás de ella. El león y la cabra son Leo y Capricornio, mientras que el águila y el escorpión simbolizan distintos niveles de Escorpio. Estos animales vinculan la carta con La Fuerza (Leo), y luego con La Muerte (Escorpio) antes de ella, y con El Diablo (Capricornio) después. La Aurora Dorada dio dos versiones porque consideraba que una era una forma «anterior» que vinculaba a Sagitario con otras correspondencias, y la «posterior» significaba Sagitario solo.

En algunos mazos modernos, como el llamado BOTA (por su sigla en inglés), diseñado por Paul Foster Case e ilustrado por Jesse Burns Parke, aparece un arcoíris detrás del ángel. Además de la idea de combinar colores y energías de los chakras, el arcoíris identifica la carta con Iris, la diosa griega del arcoíris. Iris presidía los juramentos que realizaban los propios dioses, que juraban sobre el agua del río Estigia, el río de la muerte.

Por lo tanto, la carta puede simbolizar un juramento o compromiso inquebrantable, y puede utilizarse para hacer ese juramento; es decir, antes de jurar tal compromiso, colocar la carta de La Templanza.

Iris sostiene la copa de las aguas de la muerte. El Grial, símbolo de la recuperación de la vida, también es una copa. Así, podríamos ver las dos copas de La Templanza como la vida y la muerte.

La Templanza le sigue a la carta de La Muerte y nos muestra un estado exaltado, que defrauda y queda casi oculto, en la imagen tranquila que muestra. Hemos encontrado nuestro yo angélico, la esencia que trasciende los límites de la vida ordinaria, la parte de quien es «como Dios». Pero también es un estado peligroso, porque podemos perder fácilmente la moderación que debería caracterizarlo. El ego agazapado finge estar desvanecido y nos susurra al oído: «¿Como Dios? Tú eres Dios. Todo lo que haces es perfecto».

Son numerosas las historias sobre varios grandes líderes espirituales que abusaron del poder que tienen sobre sus seguidores y amasaron grandes fortunas, o que abusaron sexualmente de sus acólitos, y hasta llegaron a declararles la muerte a sus oponentes. Es fácil tacharlos de farsantes porque, en definitiva, ¿cómo puede hacer algo así quien busca estar en un plano espiritual? Pero la respuesta es más compleja. Puede que su propia belleza espiritual los seduzca a ellos más que a nadie. Los que están en el nivel más alto son los que caen desde más alto. No olvidemos que la carta que sigue es El Diablo.

Un amigo me contó una historia hace unos veinticinco años: él había viajado mucho por Asia, y en Tailandia se hospedó en un monasterio. Allí meditaba y seguía las prácticas diarias y, en cierto momento, alcanzó la maravilla de la iluminación, o eso le pareció. Durante un tiempo disfrutó de la sensación de unidad, de sentir fluir la energía divina a través de él y de todo lo que le rodeaba sin separación. Pero un día le vino un pensamiento: hacía tiempo que no visitaba Occidente y extrañaba a sus amigos y su mundo de allí. Pero ¿y la iluminación? ¿La perdería si abandonaba el monasterio? Por supuesto que no. La iluminación no requiere de un lugar ni un patrón de conducta. Así que viajó a Ámsterdam y se encontró con sus viejos amigos y su vida de antes. No pasaron más de dos semanas y ya estaba consumiendo drogas, metido en conflictos de todo tipo y sumergido en los excesos. Y en el momento en que sintió que la última sensación de iluminación lo abandonaba por completo, oyó una vocecita en su cabeza que le decía: «Te tengo».

En las lecturas, La Templanza habla principalmente de esa vía intermedia, de la calma. Puede ser extremadamente valiosa en las situaciones de crisis, en especial cuando otras personas a nuestro alrededor se entregan a la histeria, la ira y las reacciones excesivas. La Templanza nos dice que nos mantengamos equilibrados en medio de todo esto.

* * *

Como cualquier carta, La Templanza no solo recomienda esa actitud, sino que nos asegura que somos capaces de actuar y sentir desde ese estado por nuestros propios medios. En otras palabras, no se limita a decir: «Sería bueno mantener la templanza en este momento», sino que dice: «No tengas duda de que puedes». Y como nos da una imagen, no solo una idea abstracta, nos ayuda a crear el estado. Si miramos la imagen de La Templanza y dejamos que entre en nosotros, no como concepto sino como experiencia, cambiará en lo concreto nuestro estado interior y nuestro comportamiento.

Una vez me hice una lectura a mí misma durante un período en que no podía dejar de reaccionar descontroladamente ante todo y todas las personas que me rodeaban. Podía darme cuenta de que lo hacía pero no podía controlarlo. La mayoría de las cartas reflejaban este estado extremo (el cinco de espadas, por ejemplo), pero en la posición «resultado posible» de la cruz celta aparecía La Templanza. Me decía: «También puedes hacer esto». Así que, durante los días que siguieron, cada vez que me encontraba fuera de control, visualizaba La Templanza. Poco a poco se convirtió en algo real para mí y el ciclo se detuvo.

También podemos utilizar La Templanza como herramienta para superar la adicción. Si la carta aparece en una lectura no necesariamente significa que hay una lucha contra las compulsiones (como Miguel luchando contra Satanás), pero si las otras cartas sí lo indican —y la persona lo describe como un problema—, entonces podemos considerar a la templanza como parte de la solución.

La Templanza combina energías. Aunque mi reacción personal hacia la carta es negativa, es mágica, dinámica, y por eso puede indicar la aparición de resoluciones creativas para los problemas. Podría ser que, para un problema que se tiene desde hace tiempo, la solución radique en combinar enfoques diversos, o los talentos y las ideas de diferentes personas.

Si aparece invertida nos volvemos desmesurados, extremistas, nos entregamos al comportamiento excesivo. Esto se hace más fuerte si está junto a El Diablo en posición correcta, como si el ángel no hubiera podido controlar impulsos «malignos». Puede ser que haya algo desequilibrado. Este significado se hace más fuerte si aparece también La Justicia invertida o el seis de pentáculos invertido en el mazo Rider, porque ambas figuras llevan balanzas equilibradas. El diez de espadas junto con La Templanza invertida podría sugerir un tratamiento con acupuntura para restablecer las energías o «temperamentos» de la persona.

A veces, La Templanza en posición invertida se convierte en una recomendación, porque hay situaciones que exigen reacciones extremas, del mismo modo que un padre puede arriesgarse para proteger a un hijo. En situaciones menos dramáticas, La Templanza invertida puede pedirnos que bajemos la guardia, que nos dejemos llevar, que nos arriesguemos. Esto se refuerza si aparece El Loco en posición correcta.

Una lectura basada en La Templanza

Puede usarse para quienes se enfrentan a una decisión difícil o están en una situación de contradicciones o contrastes extremos.

1. Situación actual
2. Alternativa
3. Posible vía intermedia
4. Enfoque que se requiere
5. Cómo dejar que fluya la energía
6. Cuál es el compromiso que se necesita

El Diablo: 15
Correspondencia astrológica:
Capricornio
Letra de la Kabbalah: ע Ayin
Camino en el Árbol de la Vida:
Tipheret (Belleza) a Hod
(Gloria)

Cartas de El Diablo de los mazos:
Marsella, Rider, Ritual de la Aurora Dorada, Egipcio y de la Tribu Luminosa

El Diablo

El mal. La sombra. El rebelde orgulloso en contra de Dios. Adicciones. Relaciones muy malas. Poder oculto. Oscuridad. Sexo salvaje. Borracheras. Guardián en el umbral. Tentación. Indulgencia. La serpiente de la diosa. El verdadero héroe del Edén. El camino del conocimiento. La caída desde lo alto. El príncipe de este mundo. La obsesión. La magia negra. La gloria del lucero del alba. Los rituales satánicos. El inventor del tarot.

De la carta quince se ha dicho todo esto y más. Al igual que la carta de La Muerte, El Diablo aparece con frecuencia en las películas más escabrosas. El solo hecho de que esta carta exista, fomenta cierto imaginario extremista de que el tarot entero es una invención de Satanás, en concreto para alejar a la gente de la religión verdadera.

Más allá de estas ideas tan simplistas, El Diablo nos invita a adoptar diferentes puntos de vista debido a que existen actitudes diferentes ante la oscuridad, el poder y el deseo. La última fila de los Arcanos

Mayores, que comienza con El Diablo, puede parecer la más compleja, pero también es la más sencilla, porque cuenta una historia de liberación de luz. En muchos mazos, El Diablo es la única carta con un fondo negro por completo. Luego vemos un relámpago en La Torre, después la luz de La Estrella, la de La Luna y la de El Sol, es decir, que la claridad y la luz van en aumento. Las dos últimas cartas, El Juicio y El Mundo, nos muestran lo que llamo la luz del espíritu y la luz del yo. Pero ¿todo esto pasa acaso porque de algún modo vencemos la oscuridad de El Diablo? ¿O porque lo que pasa es que las tinieblas contienen la luz?

Antes de adentrarnos más en las posibilidades de El Diablo, veamos qué se decía de él en las primeras interpretaciones.

Algunos significados que recibe El Diablo

Extraído de *Los orígenes místicos del tarot*, de Paul Huson.

Cartomancia de Pratesi (1750): Cólera.

De Mellet (1781): El Diablo. Tifón. La naturaleza humana mancillada y esclavizada.

Court de Gébelin (1773-1782): Tifón.

Lévi (1855): La letra hebrea Samekh. El Diablo. El Cielo de Mercurio, la ciencia oculta, la magia, el comercio, la elocuencia, el misterio, la fuerza moral.

Christian (1870): Arcano XV. Tifón: destino. En el mundo divino la predestinación; en el mundo intelectual el Misterio; en el mundo físico, lo Imprevisto, la Fatalidad. Tifón, el espíritu de las catástrofes, quien surge de un abismo en llamas y blande una antorcha sobre las cabezas de dos hombres encadenados a sus pies.

Mathers (1888): El Diablo. Fatalidad para siempre. Si aparece al revés: fatalidad para el mal.

Aurora Dorada (1888-1896): Señor de las Puertas de la Materia, Hijo de las Fuerzas del Tiempo. Demonio. Fuerza Material. Tentación, obsesión, en especial si aparece junto con Los Amantes.

Gran Oriente (Waite, 1889, 1909): El Diablo o Tifón. Fatalidad, maldad, el falso espíritu; también puede indicar el bien que trabaja por medio del mal.

Waite (1910): El Diablo. Violencia, vehemencia, fatalidad. Lo que está predestinado, pero no por ello es malo. Si aparece invertido: fatalidad hacia lo malo, debilidad, ceguera.

RIDER:
Los Amantes y El Diablo

Hasta cierto punto, estos significados toman al Diablo muy al pie de la letra, como símbolo del mal. También aparece la fatalidad, lo que está fuera de nuestro control, y que podemos experimentar como malo. Antes se consideraba que las catástrofes, como, por ejemplo, un terremoto, eran obra del Diablo, porque al fin y al cabo Dios no querría que sufriéramos. Waite puntualiza que cosas así «no son malas por razones como esta».

Cuando se evalúa qué es el mal, desde la interpretación se tiende a recaer en el dualismo de gran parte de la doctrina hermética, según la cual el mundo físico existe como prisión, o «cáscara», de la verdadera luz espiritual. El objetivo —la «Gran Obra», para tomar prestado un término de la alquimia— consiste en liberar el espíritu encarcelado. En lugar de ver que esa liberación puede producirse a través del mundo físico abrazando la belleza de la naturaleza o el poder de la sexualidad, algunos dicen que debemos rechazarlos y convertirnos en mente pura, amor divino incorpóreo. Waite dice sobre el Diablo: «No hay correspondencia en ese mundo [espíritu] con las cosas que son del bruto». ¿No hay correspondencia?

Cuando la Tabla Esmeralda nos dice: «Lo que está arriba es como lo que está abajo», ¿acaso excluye la dureza de lo físico?

El Diablo es 15, y 1 + 5 = 6, Los Amantes. En el mazo Rider diseñado por Waite, El Diablo aparece como una burda parodia de Los Amantes.

Si Los Amantes simbolizan la realización a través del amor y la relación, El Diablo puede indicar amor pervertido, el momento en que el sexo solo existe por sí mismo. No descartemos esta idea porque nos suene a un puritanismo anticuado, es cierto que el sexo puede convertirse en una adicción sin satisfacción, pero también es cierto que tiene algo de idea pacata. Y debemos recordar que, de hecho, El Diablo es el diseño más antiguo. Waite rediseñó la carta de Los Amantes para que pareciera una versión purificada de El Diablo.

Si el mundo físico es en cierto modo una prisión, entonces también puede convertirse en el medio de nuestra liberación. A través del cuerpo, de prácticas sexuales como el Tantra o la magia sexual moderna (*magick*, en inglés), podemos despertar la energía *kundalini* y transformarnos. Hace tiempo que me sorprende que el Cantar de los Cantares sea, de hecho, una descripción encubierta de tales prácticas.

Los Amantes y El Diablo. Tal vez Los Amantes muestren magia sexual hecha con intención espiritual y con El Diablo, ritos sexuales que se convierten en su propio fin y así nos dejan atrapados en la oscuridad. La aparición de El Diablo en una lectura puede significar esclavitud u otras formas de «desviación» sexual. Antes de descartar este tipo de cosas, tengamos en cuenta que los chamanes a menudo son atados antes de entrar en trance. Si los Amantes se vuelven demasiado puros, demasiado correctos, podríamos encontrar que el camino hacia una mayor conciencia pasa por el Diablo.

En la tradición del mazo Rider hay tres ángeles: en las cartas de Los Amantes, La Templanza y El Juicio (el mazo Marsella tiene a Cupido en la carta de Los Amantes). Hemos identificado a estos tres ángeles como Rafael, Miguel y Gabriel, pero ¿qué hay de Uriel, cuyo nombre significa «luz de Dios»? La pareja de instructores de tarot Wald y Ruth Ann Amberstone lo ven en la cuarta figura alada, el Diablo, que se eleva por encima de los demonios tal como Rafael se eleva por encima de Adán y Eva en Los Amantes.

¿De dónde viene la imagen del Diablo? En su versión más tradicional del tarot es una especie de monstruo con grandes alas de murciélago, cuernos y cola. En el Renacimiento, cuando se producían acusaciones de brujería, con frecuencia se creía que las mujeres practicaban sexo orgiástico con el Diablo, y a este último se lo representaba mayormente así. Un punto curioso: en los relatos, el hombre que hace un pacto con el Diablo firma un contrato con sangre, pero si se trata de una mujer, ella se entrega a través de sus fluidos sexuales.

Las imágenes del Diablo suelen ser proyecciones del miedo. En el *Malleus Maleficarum*, o *Martillo de las brujas*, el texto que se volvió una guía para los cazadores de brujas de la Inquisición, se leen fantasías exageradas del poder sexual de las mujeres sobre los hombres, por ejemplo, la existencia de cestas de penes reales robados de sus cuerpos. Aquí vemos al Diablo como imagen de la obsesión y el terror de los hombres proyectado sobre la mujer. Como los gobernantes varones que rigen la cultura no han superado su propio Diablo del miedo, millones de mujeres debieron sufrir muertes horribles.

El mazo Visconti no tiene las cartas ni de El Diablo ni de La Torre. Tampoco las tiene otro mazo antiguo que sobrevivió y es del mismo artista, uno llamado Cary-Yale Visconti. Si bien es posible que estas dos cartas se hayan perdido en ambos mazos (solo tenemos un ejemplar de cada una), bien podría ser porque no hayan surgido hasta más tarde. Quizá nadie veía necesidad alguna de tener cartas de maldad y destrucción hasta la época del mazo Marsella, en que la caza de brujas se había apoderado de la imaginación europea.

Debemos reconocer que tal vez hubiera brujas de verdad, pero no eran siervas del mal sino practicantes paganas, y los ritos sexuales eran una celebración de la naturaleza, no perversiones sobrenaturales. Visto así, El Diablo puede ser una figura alegre, una carta juguetona, y de hecho, la tradición hermética moderna describe su «función esotérica» como la de alegría: El Diablo como la carta de comediante de monólogo del *stand-up*.

La versión de la Aurora Dorada de esta carta introduce la figura con cabeza de cabra con la que solemos identificar al Diablo estándar, y ese otro supuesto icono de la carta, la estrella de cinco puntas. En la muestra de este libro, de hecho este pentagrama no aparece en otras versiones fuera de las de la Aurora Dorada del mazo Rider, y solo se menciona sobre su aparición al revés, en el mazo Rider. Entre otros significados del pentagrama también está el cuerpo humano, ya que si nos ponemos con los brazos abiertos y las piernas separadas formamos una estrella de cinco puntas. Si aparece en posición correcta significa naturaleza y fisicalidad, y se ha adoptado como símbolo de la Wicca. Al revés, sugiere los genitales por encima de la cabeza: el deseo que sobrepasa a la razón. Pero a esta imagen solo la vemos en esta única versión y en sus muchas imitaciones modernas.

La Tribu Luminosa muestra a un Diablo que parece atrapado por capas de puertas, rodeado por energía de unión. El cuerpo se vuelve hipersexual; capaz de seducir y, al mismo tiempo, confinado a la represión. Pero no hay puertas reales. La creencia nos retiene más que una opresión real. Encontramos una idea similar en las versiones de Marsella y Rider, donde las cuerdas o cadenas están lo bastante flojas para que puedan quitarse y dejarse atrás. Ante un grave peligro se enfrentan a problemas muy reales, pero incluso en las circunstancias más terribles el espíritu puede reconocer su libertad definitiva.

Existe otra forma de ver al Diablo de la Tribu Luminosa, que está parado en la puerta. Podemos decir que es el guardián de la entrada, y nosotros debemos encontrar un camino a través de esa puerta para explorar el resto de las cartas, que se encuentran más allá de ella. Y, además, que la única forma de llegar a esas cartas es a través de esa puerta de El Diablo.

En la tríada del Mago-Fuerza-Diablo vemos lemniscatas (signos de infinito) sobre la cabeza de los dos primeros, y el pentagrama por encima del Diablo. En las versiones del Rider, y otras más, el Diablo está en cuclillas sobre un bloque rectangular de piedra, la mitad de un cubo. Como vimos con El Emperador, los ocultistas a veces ven el cubo como un símbolo de la existencia: el «cubo del espacio», como lo llama Paul Foster Case. La mitad de un cubo simboliza una mitad de la verdad. Es la creencia de que solo la materia existe, y de que no hay dimensión espiritual en la vida.

El Hierofante es el cinco; El Diablo, el quince. Los hierofantes a veces usan imágenes terroríficas de demonios para asustar a las personas y hacer que los obedezcan. Si sumamos los números de todas las cartas hasta El Hierofante (0 + 1 + 2 + 3 + 4 + 5) obtenemos quince, El Diablo.

Hay quienes ven la imagen del Diablo como Baphomet, un supuesto dios adorado por los Caballeros Templarios, aquella malograda orden destruida el viernes 13 de octubre de 1307. Y Baphomet parece derivar de la imagen de Pan, un dios griego mitad cabra y mitad hombre que llevaba a los humanos a tener ritos sexuales salvajes. Las pipas de Pan conducían al «pánico», que quizás originalmente no significaba miedo, sino comportamiento imprudente, demente o nada más que sensual.

Según algunas fuentes, Pan era hijo de Hermes, el dios patrón del tarot. Hermes, en la figura de El Mago, encabeza la tríada, y El Diablo está en la parte inferior. Podemos insistir en que la magia buena, o «blanca», no tiene nada que ver con el mal, pero entre El Mago y El Diablo pueden producirse cambios de energía que son complejos, y se necesita a La Fuerza en el medio para sostener, o mediar, la energía. Hay otras historias que dicen que Pan era más antiguo que los dioses olímpicos, un poder de la naturaleza y de la tierra, y hasta el dios que le enseñó a profetizar a Apolo.

Pan tiene un lugar especial en el mito cristiano. En una historia algo curiosa de la primera época cristiana se cuenta que un marinero llamado Thamus oyó una voz que le ordenaba: «Cuando llegues a Palodes, proclama que "el gran dios Pan ha muerto"». Al oír este relato, los cristianos lo tomaron como prueba de que Cristo había sustituido a las deidades paganas. De hecho, el culto a Pan continuó en el mundo griego durante algún tiempo, y los paganos modernos lo han visto como un símbolo de lo terrenal, la sexualidad, el deseo y el juego. Unos cuantos mazos de la era moderna cambian la carta quince por «Pan».

Tanto a Pan como a algunos otros sátiros se los representa mitad humanos y mitad cabras, y también como seres muy sexuales. La imagen sobrevive hasta la actualidad no solo en las supuestas pezuñas hendidas del Diablo, sino en que en algunos idiomas a un hombre que persigue a mujeres más jóvenes se le llama «cabra». La Aurora Dorada a El Diablo le asignó Capricornio, el signo de la cabra.

Pan y Baphomet son las fuentes mitológicas más directas, pero hay otras. En la carta de El Colgado aprendimos de los dos ángeles que descendieron a la Tierra y codiciaban mujeres humanas. El ángel que se negaba a arrepentirse por violar a la mujer que lo rechazó se llamaba Azazel. Para los judíos, y por lo tanto para muchos seguidores de la Kabbalah, Azazel se convirtió en una figura parecida al Diablo, similar al Satanás del cristianismo, quien incita al *yetzer hará* o impulso maligno, que en la Kabbalah se identifica con el universo físico y la sexualidad.

El nombre de Azazel aparece en la Biblia, pero no en el pasaje que dio origen a la historia de los dos ángeles. Ese pasaje solo dice: «Los hijos del cielo descendieron y se mezclaron con las hijas de los Hombres». Azazel aparece en las instrucciones para el Día de la Expiación, donde se les dice a los israelitas que tomen un macho cabrío (otra vez ese animal), le transfieran todas las malas acciones del pueblo a él, y luego lo envíen al desierto, «a Azazel». En hebreo, decir «vete al Infierno» es equivalente a «vete a Azazel».

Hay algo más en relación con el tarot: en la leyenda de los dos ángeles, el arcángel que ata al pobre Azazel caído en el oscuro abismo es Rafael, el mismo ángel que bendice a Adán y Eva en la carta de Los Amantes del mazo Rider.

Y todavía algo más: el mito da el nombre de las dos mujeres de la historia. La que Azazel viola se llama Na'amah, a quien también a veces se identifica con el demonio, la hermana de Lilith. Pero la otra, que logra escapar de Shemhazai (quien se convierte en un colgado) y que vuela al cielo para convertirse en estrella, se llama Istahar. «Istahar» es una variante de la Ishtar babilónica, una de las reinas del cielo que analizamos en la sección de La Emperatriz.

Ishtar es, de hecho, otro nombre para el planeta Venus, esa hermosa estrella matutina o vespertina (según la época del año). Al igual que La Emperatriz en muchos mazos modernos lleva el símbolo de Venus en su escudo, también podemos identificar a Venus con la carta llamada La Estrella, la figura de una hermosa mujer que vierte sus aguas de plenitud. Istahar, una vez que escapa a los deseos de El Diablo y a la violencia de La Torre, las cartas 15 y 16, emerge como la carta 17, La Estrella.

Pero Venus también nos remite de vuelta al Diablo porque el mito cristiano describe a Satán (la palabra significa «adversario») originalmente como un ángel, el más radiante de todos los hijos del cielo. Su nombre era Lucifer, la estrella de la mañana. Lucifer significa «portador de luz», mientras que «estrella de la mañana» lo identifica con el planeta Venus.

Ya vemos que todo está conectado.

Los patrones astrológicos de los planetas no dependen de sus órbitas elípticas reales alrededor del Sol. Como no vivimos en el Sol sino en la Tierra, es desde aquí que observamos el «movimiento aparente» de los planetas, los movimientos del cielo por sobre nuestra cabeza. Hace mucho tiempo, a estos movimientos se les hacía un seguimiento y se observaban los patrones repetitivos. Mercurio, por ejemplo, el planeta de El Mago (recordemos que Mercurio es el nombre romano de Hermes), traza una serie de bucles por dentro de un círculo mayor que forma durante un período de tiempo. Cuando se dice que Mercurio «se ha puesto retrógrado», se hace referencia a que el movimiento de los bucles parece ir para atrás (si dibujamos un bucle en un papel veremos que hay una parte que va hacia atrás). Y aquí viene lo llamativo: hay veintidós de estos bucles, el mismo número que las letras del alfabeto hebreo y las cartas de los Arcanos Mayores.

Venus traza un patrón aún más llamativo. Durante unos ocho años forma en el cielo una estrella perfecta de cinco puntas. De esta manera, el pentagrama, que en las películas aparece como la marca de Satanás, de hecho representa a Venus, la diosa del amor. Pero como hemos visto, también es el cuerpo humano. Y, de un modo muy vital, encarna también al mundo vegetal. Si cortamos una manzana por la mitad por su eje horizontal, descubriremos una estrella de cinco puntas en cada mitad. Lo mismo sucederá con una granada, el fruto de Perséfone y Deméter. Hay muchas flores que en sus capullos tienen cinco pétalos o múltiplos de cinco, como las rosas silvestres. Así, el pentagrama une el Cielo con la Tierra, y el cuerpo humano es la unión o el puente entre ambos. Como es arriba, es abajo, unido en una imagen poderosa.

Pero ¿por qué vincular al pentagrama con el Diablo? ¿Cómo fue que Lucifer, la estrella de la mañana (Venus), se convirtió en Satanás? Hay diferentes teorías según el historiador o la historiadora que las formule (así como un pasaje malinterpretado en Isaías), pero a mí me gustaría proponer una visión mítica o simbólica, en el intento de aclarar más sobre la última línea de los Arcanos Mayores. Hay un período del año en que Venus desaparece del cielo. En la Antigüedad, coincidía con la época invernal y, por lo tanto, con lo árido y estéril. El regreso de Venus se da en la primavera y anuncia el retorno de la fertilidad. El Diablo es Venus en la oscuridad, la luz exiliada de sí misma, la ilusión de esterilidad y desesperación.

A nivel psicológico, en cualquier momento podemos desvanecernos de nuestra luz, por cualquier razón, o cuando lo horrible de la vida, o la debilidad, o el miedo, o el deseo por lo que puede lastimarnos o hasta destruirnos sobrepase nuestra creencia en el amor. Nos sentiremos encadenados y esclavizados por una fuerza destructiva. Pero liberarse de las cadenas es posible; de igual modo, Venus siempre volverá a asomar en el cielo.

En el orden de las cartas de la Aurora Dorada la letra hebrea Ayin le pertenece a El Diablo. Ayin significa «ojo», y aquí suele interpretarse como la afirmación materialista de que lo que se ve —el mundo físico— es todo lo que se tiene. Pero el acto de ver puede ser liberador, en tanto aprendamos cómo mirar. Al igual que Aleph, la letra de El Loco, Ayin es muda, y en el Génesis hay un juego de palabras importante que relaciona ambas letras. Cuando Adán y Eva están por abandonar el Edén se lee que «Dios les hizo vestiduras de piel para protegerlos». En general, esta frase se lee con el sentido de pieles de animal para darles calor fuera del Paraíso. Pero la palabra para «piel», *ohr*, también es la palabra para «luz», solo que escrita de otro modo. La piel que Dios les da es su propio cuerpo, una forma física fija que contiene la luz eterna de su verdadero ser. Nuestro cuerpo nos protege. En tanto vivamos en la ilusión de la dualidad, el mundo del ego, nuestra propia luz, nos abrumará. Si observamos las figuras de la carta de El Diablo en el mazo Rider vemos que parecen muy cómodas. El Diablo, en cierto sentido, nos mantiene a salvo hasta que estemos preparados para atravesar la puerta (recordemos lo dicho sobre la carta de la Tribu Luminosa) que lleva a las cartas finales de los Arcanos Mayores, donde «sanaremos el mundo» y redescubriremos nuestro verdadero yo.

Entonces, ¿todo esto significa que el mal no existe? Si leemos cualquier periódico al azar enseguida encontramos todo tipo de formas horrendas de la crueldad humana: desde el asesinato de niños hasta el genocidio. El mismo día en que escribí esto, el *The New York Times* relataba sobre algunos lugares de África donde la población vive abrumada por la guerra civil y el hambre, y cuando los padres creen que sus hijos son brujos, o los echan a la calle o los torturan para expulsar a sus supuestos demonios. Hay horrores similares en casi todos los países y casi todos los días.

¿Cómo entendemos estas cuestiones? ¿Les damos la espalda y afirmamos que todos los descubrimientos esotéricos descritos hasta acá no tienen sentido? ¿Decidimos que el Diablo —Satanás, Azazel, Iblis— al final existe, y arrastra por el mundo sus patas hendidas de cabra mientras apunta su lengua bífida hacia nosotros y nos ofrece pactos de sangre y sexo ardiente en rituales de medianoche? Para mí, eso no conduce a nada más constructivo que el *Malleus Maleficarum* y las mujeres quemadas vivas por brujería. ¿Y si decimos, como algunos gnósticos, que el mundo entero no es más que una ilusión brutal y que debemos liberarnos de nuestro cuerpo? Llevo viviendo sesenta y dos años en los que pude presenciar la belleza de la vida, en un mundo en que el camino del planeta Venus, y las rosas, y las manzanas, y el cuerpo humano con los brazos y piernas extendidos, forman todos la misma imagen, y encuentro que ese rechazo del mundo es demasiado negativo y demasiado fácil. Tal vez como tarotistas, y como personas corrientes, debemos aceptar lo que es, todo el dolor que vemos a nuestro alrededor, y al mismo tiempo mirar más allá y hacia dentro para lograr la realización de nuestro ser más profundo.

Esta es una declaración de un maestro jasídico, citada por Annie Dillard en su libro *For the Time Being* («Por el momento»), que tanto Dillard como yo vemos como respuesta a los integrantes de la Kabbalah que rechazan el mundo físico y la vida cotidiana como «cáscaras» que aprisionan la luz:

> Cuando caminas por el campo con tu mente pura y santa, de todas las piedras, y de todas las cosas que crecen, y de todos los animales, salen las chispas de su alma y se aferran a ti, y así se purifican y se convierten en un fuego santo dentro de ti.

Qué viaje tan complejo ha sido este; es uno de los recorridos más extraños de El Loco en su progresión desde la inocencia hasta la luz liberada de la carta de El Mundo. Entonces, ¿qué diremos cuando este tipo con sus cuernos torcidos aparezca en una lectura? Al igual que hacemos con todas las cartas, nos dedicaremos a estudiar la gama de significados y ver cuál es la que funciona mejor en el contexto de la lectura. Pero no hay carta en que esto sea más importante que la quince.

Este análisis de los significados posibles siempre debe tener en cuenta la reacción de quien consulta ante la carta. Hace algunos años hubo un tiempo en que trabajé con una tarotista magnífica que le hacía lecturas a una amiga todas las semanas. En una ocasión en que no podía hacerlo, yo me ofrecí a reemplazarla. La primera carta que salió fue El Diablo. Me quedé mirándola y empecé a pensar en obsesiones y cosas así, pero la mujer dijo: «¡Mi carta favorita!». Para ella no significaba otra cosa que irse de fiesta. Hace poco les pregunté a unos amigos qué carta podría dar el significado de bromas. Estuvimos de acuerdo en que es El Diablo.

En el extremo opuesto estaría el concepto del mal o de quien actúa de un modo malvado deliberadamente. Esta interpretación menos frecuente puede hacerse más fuerte si la carta aparece junto con cartas agresivas o que causan dolor, como algunas de las espadas o ciertas cartas de la corte en posición invertida.

En su versión más común El Diablo significa opresión de algún tipo, o adicción, o cualquier cosa que nos encadene. Con frecuencia, todas estas cosas tienen cierta cualidad de ilusión, porque en la imagen de las cuerdas o cadenas se ve que son lo bastante grandes para soltarse. El Diablo puede significar la presencia de ilusiones de cualquier tipo, equivocaciones, errores, o que nos aferramos a valores, situaciones o personas que nos perjudican. Sabemos que el Mago carga con cierta tradición secreta del engaño, pero son los juegos y las mentiras del Diablo los que pueden perjudicar de verdad.

Acompañado de cartas de copas, El Diablo puede significar alcoholismo, y esto se hace extensible a los otros palos. Si El Diablo aparece junto con espadas (a veces llamadas «agujas»), puede indicar adicción a las drogas; junto con bastos, obsesiones sexuales; y con oros, problemas vinculados al dinero, y hasta adicción al juego. La tarotista Carey Croft sugiere otra idea. Si El Diablo significa cadenas, si aparece junto a una carta menor, esa puede ser la que indique el problema. Por ejemplo, junto al dos de copas, El Diablo podría indicar un problema de pareja; si aparece rodeado de varios oros, de trabajo.

En posición invertida, El Diablo suele significar liberación. Cuando una persona se da cuenta de que en realidad no está encadenada, que puede liberarse y tomar distancia. También puede indicar que puede superarse la ilusión y lograr ver, o dar un giro hacia lo espiritual en la vida. A veces puede significar seriedad y responsabilidad en lugar de frivolidad. O que una relación primordialmente sexual se vuelve más seria en lo emocional. Esto se intensifica si aparecen Los Amantes, en especial frente a una secuencia temporal, es decir, primero El Diablo invertido y después Los Amantes.

Una lectura basada en El Diablo

(Con forma de pentagrama)

1. ¿Qué he perdido?
2. ¿Qué me bloquea en la posibilidad de volver?
3. ¿Cuáles son las cadenas ilusorias que me retienen?
4. ¿Qué realidad me retiene?
5. ¿Cómo puedo liberarme?
6. ¿Qué ocurrirá?

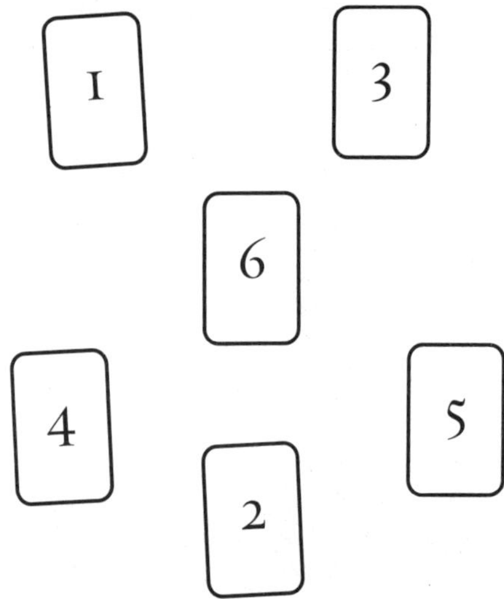

Una lectura de sabiduría basada en El Diablo

(Con forma de cuernos)

1. ¿Qué es el mal?
2. ¿Por qué existe?

3. ¿Dónde se origina?
4. ¿Cómo debemos responder ante él?

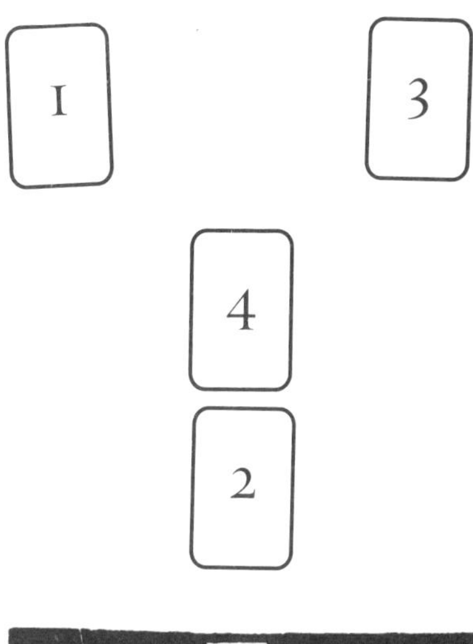

La Torre: 16
Correspondencia astrológica: Marte
Letra de la Kabbalah: פ Peh
Camino en el Árbol de la Vida:
Netzach (Victoria) a Hod (Gloria)

Cartas de La Torre de los mazos:
Marsella, Rider, Ritual de la Aurora Dorada, Egipcio y de la Tribu Luminosa

La Torre

Más aun que con El Diablo (la carta anterior), la gente se estremece en una lectura con la aparición de La Torre. La asociamos con trastornos, las situaciones extremas y hasta la violencia. Una vez vino a verme una mujer que había conocido a un hombre y comenzado una maravillosa relación, pero en cuanto él le dijo que la amaba, se volvió cada vez más celoso e imprevisible. (En términos del tarot, esto puede entenderse como Los Amantes, la carta 6, que se transforman en El Diablo, la carta 15; 1 + 5 = 6). Al final, el hombre se puso violento, ella llamó a la policía e interpuso una orden de alejamiento. Pero no podía olvidar lo bien que le había parecido la relación, así que les preguntó a las cartas si había alguna forma de que funcionara.

La lectura mostraba varias imágenes problemáticas y de agresión. Indicaba que la violencia de él provenía de adentro y que, si volvían, lo más probable era que se reiterara. La carta del «resultado» (la última carta de la tirada tradicional de la cruz celta) era La Torre. Al verla aparecer, la mujer dijo: «¿Podemos repetirlo?». Normalmente le hubiera dicho que no, porque se corre el riesgo de trivializar la lectura, pero creí que valdría la pena tratar de ofrecerle un enfoque diferente de la situación. Así que volvimos a leer y, una vez más, el resultado fue La Torre.

¿Será eso lo que nos inquieta de La Torre? Veamos un caso todavía más inquietante. El 11 de septiembre de 2001 un grupo terrorista estrelló dos aviones contra los edificios de Nueva York conocidos como las Torres Gemelas. Estallaron en llamas y la gente saltaba por la ventana, porque prefería morir así antes que quemarse viva. Excepto por el hecho de ser una dupla, esta es la imagen exacta de la carta dieciséis, una torre que es atacada, está en llamas y la gente que salta por las ventanas. Después de aquel día terrible, los lectores de tarot de todo el mundo informaron que la carta de La Torre había aparecido con frecuencia en las semanas anteriores al ataque. Una mujer de Melbourne, Australia, que se gana la vida como tarotista, dijo que La Torre había aparecido en cada una de sus lecturas durante dos semanas, sin importar el tema de consulta. ¿Acaso alguien trató de advertirle al Gobierno estadounidense o a la ciudad de Nueva York? Que yo sepa, no. Porque aunque podrían haber deducido que la aparición constante de La Torre indicaba que se avecinaba un acontecimiento mundial de mucha relevancia, saber lo que iba a pasar en concreto ya entra en el orden de las visiones adivinatorias. Y estos son los límites de la adivinación.

¿Debemos acaso estremecernos siempre que veamos aparecer a La Torre, o tal vez verla solo como una señal de algún tipo de perturbación, ya sea en lo personal o a nivel cultural? Desde luego que no. Por un lado, puede indicar una liberación, una situación del Diablo que se supera. La Torre puede indicar una equivocación en el trabajo que nos libera para dejar una labor que no nos satisface. En el caso de la relación mencionada anteriormente, si el hombre no hubiera perdido el control desde un comienzo, la mujer no se habría visto forzada a llamar a la policía y podría haber terminado en un cautiverio emocional terrorífico o hasta, de haber avanzado, podría haber terminado muerta. La Torre puede significar la llegada de noticias estremecedoras, de revelaciones inesperadas que pueden cambiar de raíz nuestra comprensión sobre las cosas o hacernos temblar en los cimientos y desprendernos de los viejos hábitos.

No suena demasiado reconfortante, ¿verdad? Pero veámoslo con más profundidad: si El Diablo representa el confinamiento de la luz, La Torre nos muestra su liberación. Si el «materialismo» de El Diablo indica nuestras percepciones limitadas, La Torre nos muestra el momento en que (re)descubrimos las grandes verdades de nuestra verdadera naturaleza espiritual. Y esto adopta tonos más marcados todavía cuando El Colgado, todo lo que creíamos que era la realidad, se pone del revés (que es la razón por la cual, en más de una versión, la gente cae de La Torre cabeza abajo).

En su expresión más extrema y jubilosa, La Torre simboliza el gran avance conocido como «iluminación», cuando el alma se abre y toda la existencia se llena de luz.

Veamos algunas imágenes de esta experiencia porque, de hecho, es una experiencia y no un concepto o una metáfora y nada más. En el yoga (la tradición espiritual, no los ejercicios), la meditación y las demás prácticas despiertan la energía vital de la *kundalini* que yace enroscada como una serpiente dormida en la base de la columna vertebral. Esta *kundalini* viaja por los chakras como un fuego eléctrico hasta que se abre en la parte superior de la cabeza, por el chakra de la coronilla.

La Kabbalah nos dice que la creación desciende por el Árbol de la Vida, desde la primera sefirá del ser puro hasta la sefirá final, la décima, que es el mundo físico. El camino del descenso se asemeja a una serpiente o un rayo. Vivimos en esa sefirá inferior, en la densidad de la materia, pero si lo deseamos y logramos concentrarnos en la intención, podemos ascender, con estudio y meditación, hasta poder entrar —retornar— a la unidad de esa sefirá más elevada, llamada Kether, que significa «corona», el mismo término que se usa en yoga para el «chakra corona».

Aquí está el rayo del Árbol de la Vida; y este es el rayo que golpea La Torre.

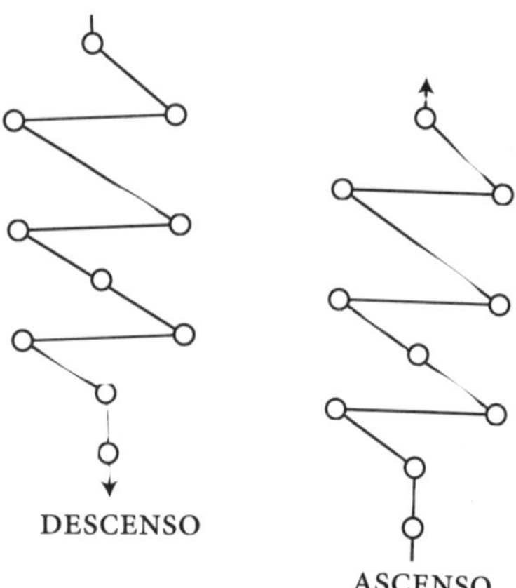

Se dice que Buda experimentó la iluminación sentado en la base de un árbol milenario. La tradición cristiana cuenta que Saulo de Tarso, un fustigador de los primeros cristianos, iba de camino a Damasco cuando lo alcanzó un rayo y se convirtió en San Pablo, quien difundió la doctrina del amor divino.

Hay un pasaje curioso en la historia del tarot según el cual algunos mazos antiguos titulan esta carta la *Maison de Dieu* (la Casa de Dios). Quienes se dedican a la interpretación no saben bien qué pensar de esto. También se cree que fue un error de imprenta para lo que era *Maison du Diable*, la Casa del Diablo. Paul Huson compara la carta con las imágenes medievales de Satanás que encierra las almas atrapadas en una torre, y lo describe como el «Descenso a los Infiernos», cuando Cristo descendió para liberar a las almas justas que habían tenido la mala suerte de nacer antes del nacimiento de Jesús. Así, la Casa del Diablo se transforma en la Casa de Dios. Sin embargo, en la mayoría de las versiones de la carta, las personas no parecen felices.

Para mí, la «Casa de Dios» hace referencia al antiguo Templo de Salomón, cuya imagen es central para la masonería y el tarot del ocultismo. Vimos que su entrada está velada en La Suma Sacerdotisa, una carta superior de la segunda tríada, que recorre el camino Suma Sacerdotisa-Ermita-Torre. El rayo en La Torre nos muestra el momento en que se abre el velo y vemos la verdad (la de nosotros mismos y la del cosmos). La carta resulta tan drástica porque la experiencia puede ser demoledora, abrumadora. Entre el misterio de La Suma Sacerdotisa y la revelación de La Torre, El Ermitaño sostiene una linterna de verdad en la oscuridad.

El templo de Jerusalén era un edificio real, pero también es un mito, lo mismo que el tarot, que es un mito y un mazo de cartas de colores brillantes. El rayo de La Torre destruye la ilusión de dualidad o separación. Parte de esa ilusión es la supuesta distinción entre historia y mito, entre «realidad» e imaginación.

En la tradición de la Kabbalah, la Shekinah, el aspecto femenino de Dios, vivía en el interior del templo, en el Arca de la Alianza (recordemos la película de Indiana Jones *En busca del arca perdida).* Cuando los romanos destruyeron el templo, en el año 70 d. C., la Shekinah se exilió con la humanidad, ya que la conexión entre Arriba y Abajo quedó quebrada. Podemos describir al tarot como un mito de exilio y retorno, de un mundo roto y de su sanación. También podemos llamarlo «un proyecto de restauración». La Suma Sacerdotisa nos muestra a la Shekinah velada, y la carta de El Mundo la muestra restaurada y no más oculta. Lo más importante es que nos demos cuenta de que la Shekinah somos nosotros mismos.

Es probable que la referencia bíblica más obvia de La Torre sea la Torre de Babel, y de hecho varios mazos de la época moderna muestran un edificio de estilo zigurat, porque parten de la base de que Babel procede de Babilonia, donde vivían los israelitas exiliados de su patria (después de que los babilonios destruyeran el primer templo, o el templo original; más adelante los romanos destruirían el segundo). Fue en Babilonia donde Ezequiel vio la visión del carro que inspiraría la tradición mística primitiva que habría de convertirse en la Kabbalah. En el tarot, La Torre es 16, y 1 + 6 = 7 es El Carro.

En el tema del exilio, el mito y la historia se entrelazan. Los babilonios destruyeron el primer templo, los romanos el segundo y, una vez más, un gran número de judíos fueron expulsados de su patria. Pero todos estamos en el exilio, y nuestra patria es el conocimiento de nuestro verdadero ser. En un mito galés maravilloso de destrucción y restauración, hay un hombre llamado Gwion Bach que sufre un terrible desmembramiento, para renacer luego como un bebé mágico que canta poemas y responde cualquier pregunta. Los campesinos que lo descubren lo llevan ante el rey, que le pregunta: «¿Quién eres y de dónde vienes?». «Me llamo Taliesin», responde, «y provengo de la región de las estrellas de verano». Taliesin somos nosotros.

Siglos después de la destrucción del templo, una cantidad de judíos emigraron a la península Ibérica (España y Portugal), donde junto a la cultura morisca predominante experimentaron un gran florecimiento que se extendió durante unos quinientos años. Esta edad de oro terminó con otro exilio masivo, la expulsión en 1492 de todos los judíos y musulmanes por parte de los nuevos gobernantes cristianos. Como dato, parte del dinero robado a los expulsados sirvió para financiar el viaje de Cristóbal Colón.

Unas cuantas décadas después, en El Cairo, un rabino genial y muy joven llamado Isaac Luria, leyó el Zohar, texto que es en sí mismo un gran mito de exilio y retorno. Le produjo tal inspiración que decidió emprender un viaje y unirse a una pequeña comunidad de la Kabbalah en las montañas de Galilea, el mismo lugar en que Jesús enseñaba, en los años anteriores a que los romanos destruyeran el templo. Luria fue el primero en desarrollar plenamente los vínculos de las letras hebreas con los caminos del Árbol de la Vida, una tradición que Éliphas Lévi extendería mucho más tarde a los Arcanos Mayores. Y fue Luria quien enseñó que vivimos en un universo roto, y que debemos dedicarnos a *tikkun olam*, la restauración del mundo. Hay un modo de ver La Torre como la ruptura, lo que Luria llamaba «la rotura de las vasijas». Pero hay otro modo de verla, que muestra la revelación del conocimiento verdadero —*gnosis* en griego y *Da'ath* en hebreo— que es necesario para comenzar la restauración.

Volvamos a analizar la historia de la Torre de Babel, en su posible fuente histórica y significado mítico, y su relación con el tarot.

Babilonia fue una de las primeras civilizaciones que existieron y la primera en formular la astrología occidental. Los israelitas aprendieron mucho durante su estadía en Babilonia, pero también es posible que realizaran trabajos forzados para la construcción de las poderosas torres de diseño zigurat, y que se encontraran con personas de todos los rincones de Oriente Medio y su multiplicidad de lenguas.

Según el mito, la humanidad hablaba originalmente una sola lengua y todas las personas se unieron para construir una gran torre que se elevaría hasta el mismísimo Cielo. Pero —esta parte no aparece en la

Biblia sino en versiones posteriores— usaron magia con fines perversos, que les enseñaron nada menos que a Shemhazai y Azazel, los dos ángeles caídos cuya historia hemos visto en las secciones de El Colgado y de El Diablo, y que también encontraremos en La Estrella. Todo está relacionado. Cuando Dios vio esto dijo: «Con que esto es lo que hacen cuando todos hablan una sola lengua», y entonces crea los idiomas, hace que las personas no se entiendan y las dispersa por toda la Tierra.

Es claro que mediante esta historia «se explica» por qué se hablan los miles de idiomas que existen. También enseña una moraleja sobre el peligro de utilizar el poder oculto en beneficio del ego. Podemos ver la secuencia Templanza-Diablo-Torre como un camino de autodestrucción. La persona que estudia hace su iniciación y pasa por una muerte, y un renacimiento alcanza un nivel de conocimiento alto y mucho poder. Pero si cree que así deja atrás el mundo, puede hacer un mal uso de ese poder y perderse en un camino oscuro de arrogancia que lleve a algún desastre. Waite describe La Torre como el castigo del orgullo ante el intento de penetrar en los misterios divinos.

Parece una lección moral bien clara, ¿no es verdad? Vayamos un poco más profundo. La letra de La Torre según la Kabbalah, Peh, significa «boca», el órgano del lenguaje. Al mismo tiempo, algunos describen el «habla» como la cualidad principal de El Carro. Recordemos que 16 (La Torre) se convierte en 1 + 6 = 7 (El Carro). La carta de El Carro nos muestra el habla humana, la capacidad de dar definiciones tanto del mundo como del yo. La «boca» de La Torre se abre con el habla divina, el poder abrumador de la experiencia que está más allá del lenguaje y la conciencia. El relámpago. Soy una fanática de los cómics y me gusta pensar esto como la historia del Capitán Marvel, cuando un huérfano sin hogar (la humanidad en el exilio) atraviesa un túnel oscuro repleto de imágenes de los vicios clásicos hasta conocer a un mago llamado Shazam. Cuando Billy pronuncia el nombre del mago —el poder del habla, de un nombre sagrado—, cae un rayo sobre él y se convierte en el Capitán Marvel, dotado del poder de seis dioses diferentes.

Cuando los cristianos hablan de Pentecostés se refieren al momento en que «el Espíritu descendió» sobre la población y la gente hablaba con sonidos extraños o lenguas variadas.

Estaban repletos de Dios en su interior y podían hablar mejor que nunca, más allá de la conciencia humana. Babel muestra un lado de La Torre, y Pentecostés, el otro. Y el Capitán Marvel vuela entre ambos.

¿Qué dicen las interpretaciones originales? ¿Encontraremos acaso indicios de lo que yo llamo «la torre esotérica», el rayo que rasga el velo de La Suma Sacerdotisa? ¿O será más bien todo violencia y destrucción?

Algunos significados de La Torre

Extraído de *Los orígenes místicos del tarot*, de Paul Huson.

De Mellet (1781): La Torre. La Casa de Dios. El paraíso terrenal de donde son expulsados el hombre y la mujer por un cometa y una tormenta de granizo, o una espada de fuego.

Court de Gébelin (1773-1782): Casa de Dios o Castillo de Plutus.

Etteila (1785-1807): El templo fulminado por un rayo. El capitolio. Pobreza. Si aparece al revés: cárcel. Calumnia injusta.

Lévi (1855): La letra hebrea Ayin. Torre: el Cielo de la Luna, alteraciones, subversiones, cambios, fallas.

Christian (1870): Arcano XVI. La Torre fulminada por el rayo: la ruina. En el mundo divino, el castigo del orgullo; en el mundo intelectual, la caída del Espíritu que intenta descubrir el misterio de Dios; en el mundo físico, los reveses de la fortuna. Fuerzas materiales que pueden aplastar a grandes y pequeños por igual. Rivalidades que solo acaban en la ruina para todos. Planes frustrados, esperanzas que se desvanecen, ambiciones arruinadas y muertes catastróficas.

Mathers (1888): La Torre fulminada por un rayo. Ruina, disrupción, pérdida, quiebra. En posición invertida: todas las anteriores, en grado parcial.

Aurora Dorada (1888-1896): Señor de las Huestes de los Poderosos. Torre. Ambición, lucha, coraje. En ciertas combinaciones (o si aparece invertida), destrucción, peligro, caída.

Gran Oriente (Waite, 1889, 1909): Torre en ruinas. Destrucción, confusión, juicio; también la idea de cólera divina.

Waite (1910): La Torre. Angustia, indigencia, adversidad, calamidad, desgracia, decepción, catástrofe imprevista. En posición invertida: según uno de los relatos posibles [Mathers, otra vez], lo mismo en menor grado. También encarcelamiento, tiranía.

De Mellet lo describe como el «paraíso terrenal», es decir, el Edén. Y, para él, «el hombre y la mujer» significa Adán y Eva expulsados a las exigencias de este mundo. Para muchos, la expulsión del Paraíso significa el «descenso» a un cuerpo terrenal. Zoe Matoff señala que, como el rayo cae *de arriba hacia abajo* y las personas caen en picada a las rocas, la imagen da más la idea de la entrada al estado infeliz de la materia y no al destello de la iluminación que nos libera. El tarot nunca es sencillo, ¿verdad? Los símbolos auténticos se resisten a un significado único y fijo.

El término que usa Court de Gébelin, «Castillo de Plutus», nos devuelve a la historia de Perséfone que parece atravesar las cartas. Plutus era otro nombre para Hades, el Señor del Inframundo que rapta a Perséfone, y la aleja de la luz de La Emperatriz para llevarla a la oscuridad de la muerte. Retomaremos esta historia en la siguiente carta, La Estrella.

Paul Christian introduce la interpretación moderna que culmina en los términos de Waite, «angustia, calamidad, desgracia, catástrofe». Vemos cierto alivio de estos temas en la idea de ambición y coraje de la Aurora Dorada, con la aparición de la destrucción solo en caso de «ciertas combinaciones» o en posición invertida. Mathers y luego Waite aportan una idea inquietante: que la carta invertida puede significar «lo mismo en menor grado». Hablaremos más de esto en un momento.

Rider: *Los Amantes y El Juicio*

Rider: *El Diablo y La Torre*

Hace poco descubrí algo en el mazo Rider: el simbolismo de la dualidad suele situar al hombre, o la luz, a la derecha de la imagen, y a la mujer, o la oscuridad, a la izquierda. Lo vemos en los pilares de La Suma Sacerdotisa y, más en concreto, en Los Amantes. Durante muchos años asumí que esto se prolongaba hasta la carta de El Juicio. Un día, en clase, afirmé con total seguridad que allí también vemos al hombre a la derecha. Pero cuando fuimos a verificarlo descubrí que había dejado que mis expectativas me nublaran la visión, porque en realidad el hombre y la mujer están cambiados.

Y cuando miramos en detalle, nos dimos cuenta de que el cambio se había producido en La Torre. En El Diablo, el hombre y la mujer están en el mismo lugar que en la carta de Los Amantes. Cambian de lado al ser arrojados desde La Torre. Es como si algo que comienza como una idea vibrante se desgasta para cuando llega a El Diablo. Ha llegado a su límite, y ahora tenemos que cambiar drásticamente nuestras percepciones. O tal vez podamos decir que, con la fuerza de la iluminación, ya no miramos las imágenes desde fuera, sino que entramos en ellas, nos convertimos en los símbolos, de modo que la derecha y la izquierda terminan dadas vuelta.

Ya hemos visto mucho de lo que se dice cuando aparece esta carta en una lectura. Los significados más comunes son desorden, cambio repentino, equivocación importante. Y que puede llevar a una liberación. La situación no siempre es tan drástica.

Una vez, en una lectura para mí que hice durante el día, no lograba ver qué representaba La Torre ni por qué la lectura me decía que debía evitar un enfoque desde la carta de El Carro y tener en cambio una mirada de siete de espadas (tres cartas «siete»). Más tarde, ese mismo día, salí a pasear con mi perro por el campo y dos perros feroces se nos echaron encima. Me puse a gritar y logré contenerlos, y nos pudimos alejar de la propiedad que cuidaban, pero teníamos que pasar por ahí para volver a mi coche. Estaba a punto de intentar volver a pasar por ahí a toda prisa cuando recordé la lectura. Los dos perros que amenazaban con el desastre eran La Torre. No pases como El Carro, decía la lectura, escabúllete como el hombre de puntillas del siete de espadas. Y, de hecho, esperamos un rato y pasamos sigilosamente sin alterarlos.

En un significado muy literal de esta carta funciona como advertencia contra los relámpagos. Podríamos pensar en esto si la carta se le apareciera a alguien que está a punto de aventurarse en una zona donde está por empezar una tormenta.

Más que un evento o una acción, La Torre puede indicar información, una noticia chocante que pone patas arriba nuestra forma de ver una situación. Podríamos pensar en una mujer que descubre que su marido tiene una aventura, pero no debemos saltar a una interpretación así si no hay otras cartas que la apoyen.

Para la aparición invertida podemos pensar en la idea de Mathers y Waite de «lo mismo en menor grado». Aún hay un trastorno pero no tan drástico. Las peleas no llegan hasta el final, la gente se contiene, o una situación que parecía desastrosa resulta no ser tan extrema como lo pensaba la persona. Sin embargo, también hay que considerar la posibilidad de que las situaciones continúen y no haya alivio ni liberación. Puede haber un sentimiento de negación o de aferrarse a algo que necesita ser liberado. Si La Torre puede significar una revelación de algún tipo, entonces de aparecer invertida puede indicar información o ideas no reveladas del todo.

Una lectura basada en La Torre

1. ¿Qué estructura he tenido en mi vida?
2. ¿Cómo me ha limitado?
3. ¿Cómo me ha apoyado?
4. ¿Qué es lo que me separa?
5. ¿Cómo afecta a los demás? (Puede sacar una tarjeta para cada persona en concreto).
6. ¿Qué puede surgir?
7. ¿Qué tengo que hacer?

Una lectura de sabiduría basada en La Torre (Maison de Dieu)

1. ¿Quién vive en la Casa de Dios?
2. ¿Qué la destruye?
3. ¿Qué se libera?
4. ¿Qué ocurre después de la destrucción?
5. ¿Qué comienza?

La Estrella: 17
Correspondencia astrológica: Acuario
Letra de la Kabbalah: צ Tzaddi
Camino en el Árbol de la Vida: Netzach (Victoria) a Yesod (Fundación)

Cartas de La Estrella de los mazos:
Visconti, Marsella, Rider, Ritual de la Aurora Dorada, Egipcio y de la Tribu Luminosa

La Estrella

Qué imagen más adorable. La mayoría de los mazos siguen a los de Marsella y Rider, y muestran a una mujer desnuda arrodillada sobre una sola rodilla, vertiendo agua de dos calabazas, una a la tierra y la otra a un estanque de agua. A veces, hay un pajarito en un árbol y estrellas que brillan en un cielo despejado. La mayoría de las ocasiones, a partir del mazo Visconti, la estrella principal contiene ocho puntas. La Aurora Dorada identificó esta carta con el signo de Acuario, por lo que se convierte en la carta de la Nueva Era (New Age) o Eón. También funciona históricamente, porque las imágenes de Acuario suelen mostrar una versión masculina de la doncella de La Estrella.

El mazo Visconti (la versión más antigua) muestra una imagen diferente a la de Marsella: sigue siendo una mujer, y también es grácil, pero tiene puesto un vestido que puede contener estrellas. Se parece a la figura de La Templanza, que sostiene dos copas muy decoradas por lo cual, a primera vista, podríamos pensar que representa a La Estrella.

Visconti: *La Templanza y La Estrella*

En ambos casos, las mujeres se sitúan en lo alto de un paisaje, al borde de un acantilado, con colinas o montañas que se achican por detrás de ellas. Las imágenes sugieren a la Reina del Cielo, un título que los cristianos dan a María, pero que se remonta a una serie de diosas, como la babilónica Ishtar, la hebrea Astarté y la griega Afrodita. Es probable que la palabra inglesa para estrella, *star*, derive de Ishtar/Astarte. Istahar, de la historia de los ángeles caídos (véanse las secciones de El Colgado, El Diablo y La Torre) es una versión de Ishtar. Todas estas figuras, estas Reinas del Cielo, remiten a esa hermosa luz, la más brillante después del Sol y la Luna, pero suave y aparentemente sensual, el planeta Venus. La estrella de la mañana. Y en el tarot, un término que recuerda a La Emperatriz, en la parte superior de la tercera tríada, mientras que La Estrella está en la parte inferior.

Y, como vimos con la carta de El Diablo, los antiguos identificaban otra figura con Venus: Lucifer, el portador de la luz, lucero del alba.

Como todo aquel que se rebela contra lo divino, Lucifer fue arrojado en la oscuridad para convertirse en Satanás (una acción de Miguel, el ángel de La Templanza). Cuando nosotros mismos perdemos la comprensión de que formamos parte de lo divino, de que en realidad no existe separación, nos sumimos en la oscuridad y a veces en la desesperación. Nos creemos encadenados. La Torre nos libera con sus revelaciones, pero La Estrella nos devuelve a nosotros mismos.

En términos astronómicos, el Diablo significa la época del año en que Venus —el planeta, pero también la diosa del amor— se ausenta del cielo. Cuando regresa en La Estrella, trae esperanza y restauración. No es tanto que hayamos escapado del Diablo, ni que lo hayamos derrocado, sino que hemos liberado la luz.

No todo el mundo acepta la definición de la Estrella como Venus. Desde algunas interpretaciones del tarot se la ve como Sirio, una estrella cuya aparición coincidía cada año con la crecida del Nilo, que hacía posible la vida en Egipto, un país por lo demás desértico. Tanto Venus como Sirio desaparecen —se pierden en la oscuridad— y luego regresan, por lo que ambas simbolizan la esperanza y la restauración. Otra candidata es la Estrella de Belén, que los magos —palabra de origen persa, plural de *magus* y de la que, por supuesto, obtenemos «mago»— siguieron para encontrarse con el niño Jesús, otro símbolo de esperanza y salvación. La Estrella de los Magos brilló al principio del antiguo Eón, la Era de Piscis. El nuevo Eón le pertenece a Acuario, a la carta de La Estrella.

Cuando observamos los significados antiguos, de hecho descubrimos que Sirio se remonta a los mismísimos comienzos de la tradición oculta del tarot, y los magos la siguen de cerca.

Algunos significados que recibe la carta de La Estrella

Extraído de *Los orígenes místicos del tarot*, de Paul Huson.

Cartomancia de Pratesi (1750): Regalo.

De Mellet (1781): La Estrella. La creación de las estrellas y los peces.

Court de Gébelin (1773-1882): Sirio. La Estrella Perro con Isis.

Lévi (1855): La letra hebrea Peh. La Estrella Ardiente. Cielo del alma, efusión del pensamiento, influencia moral de la idea sobre la forma, inmortalidad.

Christian (1870): Arcano XVII. La Estrella de los Magos: esperanza. En el mundo divino, la inmortalidad; en el mundo intelectual, la luz interior que ilumina el Espíritu; en el mundo físico, la esperanza.

Mathers (1888): La Estrella. Esperanza, expectación, promesas brillantes. Invertida: esperanzas no cumplidas, o solo en menor grado.

Aurora Dorada (1888-1896): Hija del Firmamento, Moradora entre las Aguas. Estrella. Esperanza, fe, ayuda inesperada. Invertida: esperanza engañada.

Gran Oriente (Waite, 1889, 1909): Estrella. Luz que desciende, esperanza; símbolo de la inmortalidad.

Waite (1910): La Estrella. Pérdida, robo, abandono; hay otra lectura que dice esperanza y perspectivas prometedoras. En posición invertida: arrogancia, soberbia, impotencia.

Court de Gébelin dice «Sirio», pero nadie parece haber seguido su ejemplo, al menos en cuanto a significados adivinatorios. Su amigo, el Conde de Mellet, parece identificar la carta con el quinto día de la creación bíblica, aunque el Génesis describe el sol y la luna como el cuarto día, y los peces (y los pájaros y animales) en el quinto. El Génesis no menciona las estrellas.

Paul Christian introdujo tanto la idea de la «estrella de los Reyes Magos» como el tema de la esperanza, que se ha convertido en el modo de ver la carta que más predomina. Waite incluye la esperanza, pero solo como «otra lectura». Prefiere las ideas mucho más negativas de «pérdida, robo, abandono», lo contrario de la única palabra de Pratesi, «regalo».

Para hacer justicia, debemos decir que el «método exterior de los oráculos» de Waite intenta captar la tradición adivinatoria de la carta. Por lo general, dice algo diferente en su texto *La doctrina tras el velo* («The Doctrine Behind the Veil»). (La parte más detallada de su libro *La clave pictórica del tarot*). Respecto de La Estrella, de hecho él descarta la interpretación de la esperanza pero luego dice que las «mentes preparadas» la verán como «la Verdad desvelada y gloriosa». La identifica con la Gran Madre, Binah, o Entendimiento, en el Árbol de la Vida (tercera sefirá). En lo que a mí respecta, pienso que la «Verdad desvelada» está en la carta anterior, La Torre, en la misma tríada que La Suma Sacerdotisa, que está sentada a la entrada velada del templo. Y suelo ver a la madre en La Emperatriz, la carta tres, mismo número que Binah.

Aunque Waite desdeña la «esperanza» por considerarla «la sumatoria de varias explicaciones chabacanas», se ha convertido en el mensaje de la carta para las lecturas modernas. Si pensamos en La Torre como una situación extrema que hace estallar de pronto algo que estaba reprimido o que era doloroso, después viene la paz, una sensación de haberse limpiado, de liberarse, de no guardarse nada. De esperanza. Si pienso ahora en esta carta hermosa, me pregunto si la esperanza podrá ser lo más valioso que tenemos, incluso más que el amor, porque si amamos pero no podemos tener esperanza, vivimos en un mundo sombrío.

En lo personal, la figura que más identifico con La Estrella no es Ishtar/Venus o Isis, sino a Perséfone. No la madre, sino la hija. Fue esta identificación, más que el vínculo más tradicional de La Emperatriz con Deméter o las granadas de La Suma Sacerdotisa, la que me llevó a buscar cómo rastrear el mito del rapto y regreso de Perséfone en las imágenes de vida, oscuridad y restauración de los Arcanos Mayores.

En el otoño de 1990 viajé a Grecia como parte de una serie de viajes sagrados para mi libro *El cuerpo de la diosa*. Y entonces surgió que los Misterios, con su ritual de nueve días de pérdida y recuperación, sería el tema del libro. El noveno día, después de que los iniciados, los Mystai, vieran las grandes revelaciones, vertían agua de dos vasijas dentro de grietas de la tierra, mientras gritaban *¡Hye! ¡Kye!*, que significa «¡Llueve! ¡Concibe!».

Llegué a Eleusis, el lugar de los Misterios, el primer día real del ritual, tal como se habría realizado en los dos mil años anteriores a 496 d. C., cuando se destruyó el Recinto Sagrado. Nueve días más tarde me encontraba en Creta, el lugar donde, según la tradición, se originaron los Misterios. Había planeado visitar un cementerio prehistórico, pero cuando empecé a subir por el sendero empinado, dos perros feroces me cerraron el paso, como el perro de tres cabezas, Cerbero, que cerraba la entrada al Hades en la mitología griega. Me pareció que el día del regreso de Perséfone no era el más propicio para andar de turista en el Inframundo, así que agarré dos botellas de agua y caminé por un acantilado hasta que encontré una pequeña cueva. En Eleusis hay una cueva así, y los antiguos la consideraban una entrada al País de los Muertos. «¡Hye, kye!», grité en honor de la diosa, y vertí mi agua de manantial, una botella en la cueva, la otra en la sima sobre el borde del acantilado. Justo cuando terminé vi un halcón que daba vuelas en espiral desde la tierra, en sentido de las agujas del reloj —o *deosil*, como dicen los wiccanos— hacia el sol.

Los alejandrinos, con su síntesis de las tradiciones griega y egipcia que desembocaron en el Hermetismo, hubieran dicho que el halcón es Horus, el hijo de Isis. Para mí, la imagen de una diosa que regresa de la oscuridad, y el vertido de agua de dos vasijas, evocaban a La Torre y La Estrella con exactitud. Diseñé la carta de La Estrella del tarot de la Tribu Luminosa (véase la siguiente página) para ilustrar el regreso de Perséfone como portadora de esperanza.

Isis/Sirio trae la regeneración a través de la inundación del Nilo. En el mazo Rider es Isis quien se sienta ante el templo velado de La Suma Sacerdotisa. Es Isis quien resucita a Osiris de los muertos para que, como Perséfone y Cristo, pueda abrir el camino más allá de la muerte, o *a través de* ella, hacia una nueva vida.

Hay un pajarito extraño que aparece en La Estrella del mazo Marsella y en muchas versiones posteriores. Según la tradición, se trata de un ibis, el ave sagrada de Thoth.

La tercera tríada contiene a La Emperatriz, La Rueda de la Fortuna y La Estrella. La Emperatriz encarna tanto a Venus como a Deméter. Dos cartas por debajo, vemos a la hija de Deméter, Perséfone, pero podemos identificar a La Estrella en sí misma con Venus. En el medio, La Rueda significa el cambio al nuevo año, es decir, la estación de la Serpiente, en la que Perséfone va hacia la oscuridad y cuando llega la hora de volver, cuando la tierra desolada vuelve a cobrar vida con esperanza y nueva vida.

La Tribu Luminosa y Marsella: *La Estrella*

La estrella concreta que se ve en la carta tiene ocho puntas en general (o el doble de ocho en el mazo Marsella, como se muestra más arriba), evoca una brújula, y, por extensión, a otra candidata por el solo hecho de ser la estrella que es, Polaris, La Estrella Polar. Como brilla en el polo norte, nunca se mueve, y por eso se la ha usado como foco de la navegación durante muchos siglos. Para el paganismo moderno, al igual que la comunidad wiccana, la estrella de ocho puntas es los ocho sabbats, o festivos estacionales. Las ocho puntas también nos recuerda La Rueda de la Fortuna, la carta intermedia de la tríada.

Y hay un significado más para las ocho puntas: la cultura griega, y tantas otras, había formulado un problema matemático llamado «cómo obtener un cuadrado del círculo». Significaba crear un cuadrado con la misma área interna que un círculo.

El cuadrado representa el mundo material, en sus cuatro direcciones y en los cuatro puntos solares del año (para leer sobre todos los conjuntos de cuatro en nuestro universo físico, véase la carta cuatro, la sección de El Emperador y la Introducción a los Arcanos Menores). El círculo representa los cielos, porque los únicos círculos con los que nos encontramos durante nuestra experiencia son el sol, la luna llena y la pupila del ojo, que nos permite llevar la mirada hacia arriba y maravillarnos. Así que lograr un círculo a partir del cuadrado sería como unir el Cielo con la Tierra.

El problema es que no puede hacerse. Recordemos lo que nos enseñan en la clase de geometría de la escuela secundaria, el área de un cuadrado depende de la letra pi (en griego, π), uno de los llamados números irracionales representado por la fracción 22/7 (números vitales para los Arcanos Mayores). Como pi no tiene ninguna injerencia en el área de un cuadrado, no es posible que las dos figuras se reconcilien. No podemos crear una réplica perfecta del mundo espiritual en el físico. Pero quizá podamos encontrar una imagen a mitad de camino, un punto intermedio. Una figura de ocho lados, el octágono, es la que cumple con esos requisitos, como si un cuadrado se metamorfosease a mitad de camino en círculo.

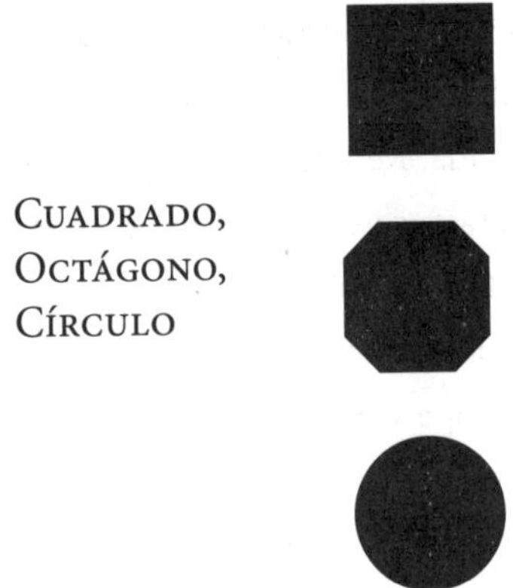

CUADRADO, OCTÁGONO, CÍRCULO

Una estrella de ocho puntas, con su evocación de la luz celestial que brilla como un don eterno, sugiere la presencia constante del espíritu en la vida cotidiana. En varias tradiciones, la Reina del Cielo, a quien se identifica muchas veces con el planeta Venus, desciende al mundo. En uno de los poemas más antiguos que se conocen, procedente de Sumeria, se describe cómo Inanna (la precursora de Ishtar/Istahar) desciende del Gran Arriba, inicialmente para adoptar la forma del cuerpo humano y experimentar el mundo físico, y luego para descender aún más, hasta el Gran Abajo de la muerte, donde su hermana, soberana del Inframundo, la encarcela hasta que llama a su marido para que ocupe su lugar. Así se convierte en un dios que muere y resucita, al igual que Osiris, Adonis, Dioniso y, por supuesto, Cristo, aunque allí la Reina del Cielo se convierte en su madre. En el mito de la Kabbalah, la Shekinah abandona el reino celestial del espíritu escindido para seguir a la humanidad al exilio y la estrella brilla sobre nosotros para darnos esperanza.

Estas historias tienen con frecuencia un fuerte elemento sexual, porque la relación entre tierra y cielo, materia y espíritu, es erótica, nada indiferente y ciertamente no hostil. La Torre y La Estrella retratan una sexualidad oculta, La Torre como el orgasmo masculino y La Estrella como el femenino. Basta con mirar las imágenes de ambas cartas si esta información nos sorprende. Y hay otra forma de verlo: El Diablo nos muestra la atracción del sexo; La Torre, el calor salvaje y La Estrella, la relajación que sigue. Y si podemos dar un paso más, La Luna nos muestra la extrañeza y la incertidumbre que puede venir después de tener sexo por primera vez; y El Sol donde nos damos cuenta de que una relación empieza a fortalecerse y a brindar más alegría.

Una cosa más: La Estrella que derrama sus aguas nos ofrece una imagen de curación muy poderosa. Isis revive a Osiris. Perséfone conduce a los muertos a una nueva vida. Recordemos el cuento infantil tan conocido de Rapunzel: una hechicera encarcela a la niña en una torre sin puerta. Cuando la hechicera descubre a la niña con un hombre, se pone furiosa y los arroja por la ventana a un páramo. Es la imagen de La Torre (por no hablar de Adán y Eva). El príncipe se lastima los ojos con los espinos de las zarzas, y comienza a vagar errante durante años hasta que por fin oye la voz de su amada. Ella lo abraza, como María a Jesús, y cuando le caen las lágrimas sobre su rostro no solo se curan sus ojos, sino que se regeneran. La tradición moderna de lo oculto enseña que un estudio profundo del tarot y del Árbol de la Vida cambiará nuestra conciencia y además sustituirá nuestra mismísima estructura celular, nos transformará en seres diferentes.

En la carta de La Templanza el ángel traspasa agua de una a otra entre las dos copas. La Estrella no se reprime, se arrodilla con elegancia en lugar de quedarse de pie. Y es humana, no idealizada, pues si deseamos transformarnos debemos hacerlo tanto a través del cuerpo como de la mente.

* * *

En una lectura, La Estrella da esperanza, una cualidad especialmente valiosa en situaciones difíciles, que son las que con mayor frecuencia llevan a las personas a consultar las cartas. También puede significar una actitud relajada y abierta, de alegría y de alivio. Quizá lo que viene después de una explosión o de una experiencia extrema. También puede ser una carta de curación y regeneración. La Estrella podría ser una aparición valiosa en cualquier lectura sobre enfermedad, afección crónica o un largo período de convalecencia.

La Estrella puede significar alguien que se siente bien en su cuerpo. Puede ser placer sexual o simplemente sensualidad.

Hay otro significado, sugerido por el título de la carta. ¿Qué significa ser una estrella? ¿Quizá reconocimiento, privilegio, presión, atención? No hace falta ser una estrella de cine o de *rock* para experimentar todo esto. Hay formas más sutiles en las que las personas se convierten en estrellas, como en la familia o la carrera. La carta puede significar ese rol o simplemente un momento en que alguien consigue brillar con luz propia.

En posición invertida, lo más común es que La Estrella signifique la falta de esperanza. Negatividad. El estado más extremo es la desesperación, pero no es necesario ir tan lejos. Puede significar duda o pesimismo, nada más. Otra posibilidad es falsa esperanza. Puede que algo con lo que contábamos o en lo que creíamos no se cumpla. Si la lectura se refiere a curación, puede ser que tarde en llegar más de lo esperado, o que algún enfoque o método concretos puedan resultar menos eficaces de lo que se esperaba.

En cuanto a ser una estrella, si esta carta aparece invertida puede significar que la persona es tímida, que no está lista para mostrarse al mundo, que mantiene oculta su luz. A veces se necesita estar así, ya sea porque uno está inmerso en un ambiente hostil en casa o el trabajo, o porque no ha desarrollado completamente lo que viene a compartir con el mundo. Para un artista, puede ser no querer mostrar sus cuadros porque no están listos, o, para un científico, evitar anunciar su trabajo en tanto no esté realmente terminado.

El fundador del movimiento jasídico judío se hacía pasar por una persona muy simple, algo tonta, hasta que llegó el momento de revelarse. La letra que la Aurora Dorada le asigna a La Estrella, *tzaddi*, es la primera de la palabra *tzaddik*, «persona santa». El modelo para una persona así es esa estrella oculta, a quien se llamó «Maestro del Buen Nombre». Imagino que las lecturas del tarot que le hacían de joven podían mostrar a El Loco y a La Estrella en posición invertida. Si surgen estas dos cartas puede ser indicio de que alguien es más de lo que parece.

La carta invertida podría sugerir algún tipo de problema con la imagen corporal, como anorexia o culpa sexual. Y estas posibilidades serán más fuertes si La Estrella en posición invertida aparece junto con El Diablo, el cinco de espadas o el ocho de espadas.

Una lectura basada en La Estrella

Teniendo en cuenta los temas de la carta de La Estrella, mezclamos el mazo del modo habitual y elegimos una carta para cada uno de los siguientes aspectos:

1. Esperanza
2. Guía
3. Paz
4. Curación

La Luna: 18
Correspondencia astrológica: Cáncer
Letra de la Kabbalah: ק Koof
Camino en el Árbol de la Vida: Netzach (Victoria) a Malkuth (Reino)

Cartas de La Luna en los mazos:
Visconti, Marsella, Rider, Ritual de la Aurora Dorada, Egipcio y de la Tribu Luminosa

La Luna

Las actitudes hacia esta carta, y también a su significado, han ido cambiando más que ninguna otra, con excepción de El Loco. Y recordemos que El Loco estaba originalmente vinculado a la luna por ser un lunático, que vive en la penumbra lunar de la locura. La tendencia de la tradición oculta es a ver la luna de forma negativa: locura, instinto animal, luz reflejada en lugar de luz verdadera. El resurgimiento de la espiritualidad femenina, así como de la Wicca y del neopaganismo, ha cuestionado todo esto. Y así, lo que ha pasado con la carta de La Luna, es todavía más extraño que lo que encontramos con El Loco y El Mago. En esas dos cartas lo que cambió fue el significado. En La Luna, los conceptos permanecen, pero ha cambiado su comprensión de ellos. En cierto modo, nuestra cultura de las últimas décadas ha pasado de una conciencia solar a una lunar, de un énfasis en la racionalidad, claridad y contundencia masculinas a la intuición, el misterio y la sutileza.

Echemos un vistazo a la evolución histórica.

Algunos significados que recibe La Luna

Extraído de *Los orígenes místicos del tarot*, de Paul Huson.

Cartomancia de Pratesi (1750): Noche.

De Mellet (1781): La Luna. Creación de la Luna y de los animales terrestres. El lobo y el perro representan al animal salvaje y al doméstico.

Court de Gébelin (1773-1782): La Luna.

Lévi (1855): La letra hebrea Tzaddi. La Luna. Los elementos, el mundo visible, luz reflejada, formas materiales, simbolismo.

Christian (1870): Arcano XVIII. El crepúsculo: engaños. En el mundo divino, los abusos del Infinito; en el mundo intelectual, las tinieblas que envuelven al Espíritu cuando se somete al poder de los instintos; en el mundo físico, los engaños y los enemigos ocultos.

Mathers (1888): La Luna. Crepúsculo, engaño, error. Si aparece invertida: engaños leves, errores insignificantes.

Aurora Dorada (1888-96): Soberana del Flujo y el Reflujo, Descendiente de los Hijos del Poderoso. Luna. Insatisfacción, cambio voluntario (opuesto a XIII, Muerte). Si aparece invertida: error, mentiras, falsedad, engaño.

Gran Oriente (Waite, 1889, 1909): Luna. Penumbra, mutación, incertidumbre intelectual, región de la ilusión; apariencia falsa.

Waite (1910): La Luna. Enemigos ocultos, peligro, calumnia, oscuridad, terror, decepción, fuerzas ocultas, error. En posición invertida: inestabilidad, inconstancia, silencio, grados menores de engaño y error.

Pratesi y Court de Gébelin no se salen de lo simple: «noche» y «Luna». ¿Qué significa eso? ¿Que algo sucederá de noche o cuando brille la luna? ¿O significa las cualidades de esas cosas, lo oscuro o misterioso, lo desconocido? Lévi introduce la idea de la luz reflejada, pero es Paul Christian quien lleva la interpretación en dirección negativa con «Los abusos del Infinito», al darle una nota tenebrosa.

Y nótese el significado para el mundo intelectual: «La oscuridad que envuelve al Espíritu cuando se somete al poder del instinto». Vuelve a aparecer el dualismo que ha recorrido gran parte del comentario ocultista, la valoración del intelecto sobre el instinto. Esta actitud continúa, y se hace más fuerte en Waite, cuando dice «peligro... oscuridad... terror». Y, aun así, a mí me parece que La Luna, en especial en la versión de Marsella y en la del propio Rider de Waite, nos muestra un camino más allá de las divisiones tajantes de lo positivo y lo negativo. Vemos dos pilares, como las columnas de La Suma Sacerdotisa, los caballos/esfinges blancos y negros de El Carro, los demonios encadenados de El Diablo. Pero ahora los pilares, o las torres, se pusieron grises, como si hubieran perdido poder o tan solo nitidez y se abre un camino menos delimitado que serpentea entre ellas desde las aguas del inconsciente hasta las montañas de la conciencia superior.

Puesta en el contexto de la línea final de los Arcanos Mayores, La Luna, que es la carta del medio, representa una especie de prueba, al igual que El Emperador y La Justicia, las cartas por encima de ella. La línea comienza con la oscuridad de El Diablo, luego la desgarra el rayo de La Torre y pasamos a experimentar la paz de La Estrella. Ahora debemos volver al mundo y hacerlo desde un lugar interior muy profundo. El camino atraviesa la penumbra extraña del instinto animal, los sueños y el mito. La carta de La Luna nos muestra ese viaje, uno de los más difíciles de la progresión de El Loco.

Hay quienes preferirían quedarse en el mundo interior de lo maravilloso, y quienes podrían confundir el asombro místico con una liberación genuina. En la literatura espiritual, abundan las historias y enseñanzas que nos advierten sobre ello. De hecho, es una de las razones por las que se dice que la luna evoca la locura —como en la palabra «luná-tico»— porque si no viajamos a través de la experiencia, de regreso a la vida cotidiana, podemos perder nuestro yo verdadero. La mitología celta nos dice que los mortales pueden entrar en el mundo de las hadas bajo la luz de la luna llena. Se quedan durante lo que les parece un día, pero al volver descubren que han pasado tantos años que todos los que conocen han muerto.

En las *Metamorfosis* de Ovidio hay un joven llamado Acteón, un cazador, que llega por casualidad al lugar donde se baña la diosa de la luna, Artemisa/Diana. En lugar de mirarla rápidamente y marcharse, se queda mirando hasta que la diosa lo descubre y lo convierte en ciervo para que sus propios perros lo despedacen. La carta de La Luna no tiene ciervos, pero la mayoría de las versiones tampoco muestran a ningún humano. Donde podría haber personas —en su disposición, se parece a las imágenes de Los Amantes, El Diablo y El Juicio— hay un perro y un lobo, y entre ellos, un cangrejo o una langosta.

Hay un proverbio zen que lo expresa así: «¿Qué se hace antes de la iluminación? Cortar leña y cargar agua. ¿Qué se hace después de la iluminación? Cortar leña y acarrear agua».

Como señaló Lévi, la luna no brilla por sí misma, sino que refleja al sol. Así pues, podemos verla como una verdad a medias. La Aurora Dorada lo relaciona con la letra hebrea Koof (que también se escribe Qoph), que puede referirse a la parte de atrás de la cabeza, mientras que la letra para El Sol, Resh, se refiere a la parte de adelante, la corteza cerebral, la que gobierna el pensamiento racional. La parte posterior contiene el tronco encefálico, la parte más antigua del cerebro, que compartimos con lagartos y dinosaurios.

Pero esto es teoría. Pensemos en los efectos de la luna. Si bien quienes estudian las estadísticas insisten en que las salas de urgencias y las comisarías no registran actividad extra en verdad durante la luna llena, los policías y las enfermeras dirán lo contrario. Una enfermera me dijo una vez que no es tanto que haya más casos sino que surgen casos realmente extraños.

¿Será verdad que los perros y lobos le aúllan a la luna? No lo sé, nunca lo vi en persona aunque resido en el campo con un perro (no hay lobos donde yo vivo, en Rhinebeck). Pero otras personas que sí lo vieron me dijeron que sí. ¿Alguna vez has sentido una sensación extraña, una especie de miedo primario e indefinido, usualmente de noche? Esto es lunar, sea cual sea la fase en que se encuentre la luna. Y cuando te despiertas de un sueño con una energía extraña en el cuerpo, tanto que te quedaste asombrado un rato, con la boca abierta, eso también es la luna. Pero también lo es la emoción inexplicable que sentimos al oír un mito o un cuento de hadas que no podemos reducir a una simple alegoría. «El mito es la penúltima verdad», escribió Ananda Coomaraswamy, y mientras que algunas personas intentan llegar al final lo antes posible, puede que haya otros que elijan disfrutar del paso por el mito. Hete aquí un gran secreto: nosotros mismos somos mito, nosotros mismos somos historias. No somos luz aprisionada en cuerpos burdos y densos, sino luz plasmada en forma de historias. Hay un proverbio jasídico que dice: «¿Por qué hizo Dios a los humanos? Porque ama las historias». Y el ensayista contemporáneo Callan Williams dice: «Desde el momento en que nacemos, nuestro cuerpo empieza a morir y nuestra historia, a crecer».

Además de la conexión con la letra Koof, la luna es un «planeta» y por lo tanto le corresponde una sefirá del Árbol de la Vida; en este caso el nueve, llamado Yesod, o Fundación. Los seguidores de la Kabbalah que no son fanáticos del tarot, también identifican este sefirá con la luna, el mito y los sueños.

En la versión del árbol de la Aurora Dorada, hay tres líneas que parten de la sefirá inferior llamada Malkuth, donde se encuentra el mundo cotidiano de los sentidos. Esto nos da tres vías para entrar en los niveles superiores, a través de Yesod, pero también a través de Hod a la izquierda, dedicado a Mercurio y por tanto a la mente, o de Netzach a la derecha, dedicado a Venus, planeta del amor, la emoción y la sensualidad. Sin embargo, en el árbol más famoso anterior al de la Aurora Dorada, la versión de Isaac Luria, hay solo un camino que conecta el Malkuth cotidiano con el resto del árbol, y es Yesod.

En esta imagen más antigua, si deseamos ir más allá de lo material hacia verdades «superiores», debemos viajar a través del reino lunar del mito, el sueño y la intuición. Es el portal. También significa que todas esas verdades superiores nos llegan filtradas a través de la penumbra lunar.

El resurgimiento de la espiritualidad de la Diosa en la década de 1970 ha cambiado en gran medida la forma en que ven la luna los tarotistas modernos. La conexión especial de las mujeres con la luna proviene de uno de los hechos más sorprendentes de nuestra existencia, que el ciclo menstrual humano dura lo mismo que el mes lunar. En general, las mujeres ovulan durante la luna llena —la parte de la Madre de la Triple Diosa— y sangran en luna nueva, la época de la Doncella. En algunas comunidades aisladas, la mayoría de las mujeres que no han tenido hijos, si no todas, seguirán juntas este patrón. Como vimos en La Suma Sacerdotisa, podemos ver este vínculo como una coincidencia interesante o como la demostración más poderosa de que «como es arriba, es abajo».

En varias culturas politeístas se identifica a la luna con lo femenino y al sol con lo masculino. Por tanto, pensamos que los hombres son solares (fuertes, directos, a veces avasallantes) y las mujeres, lunares (sutiles y cambiantes).

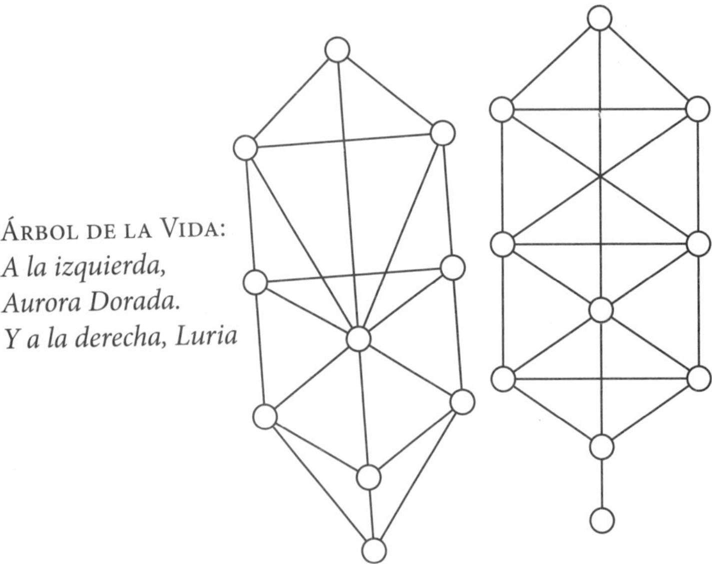

Árbol de la Vida:
A la izquierda, Aurora Dorada. Y a la derecha, Luria

Si lo convirtiéramos en regla y esperáramos que todos los humanos siguieran estos patrones, caeríamos en un dualismo burdo. La Luna nos desafía a ir más allá de estas limitaciones, a atravesar el portal entre las dos torres. Sin embargo, el renacimiento del divino femenino nos ha permitido celebrar y explorar cualidades lunares que durante mucho tiempo se consideraron como negativas o perturbadoras.

Un detalle interesante: una de las pocas culturas que vio la luna como lo masculino fue Egipto, y uno de los dioses que la representaba no era otro que Thoth, el supuesto creador del tarot y quien inicia la doctrina «como es arriba, es abajo».

El movimiento pagano y el renacimiento de las tradiciones chamánicas nos han permitido apreciar otro aspecto de la carta de La Luna, el despertar de los instintos animales. La tradición occidental nos ha enseñado que los humanos estamos a mitad de camino entre los ángeles y las bestias, y que debemos intentar reprimir a la bestia y elevarnos al ángel. ¿Por qué dividirnos así? ¿Por qué intentar desprendernos del cuerpo? ¿Acaso es posible hacer algo así?

En la versión de Marsella caen «gotas de luna» de luces de colores del cielo. En la del mazo Rider, toman la forma de Yod, la décima letra del alfabeto hebreo y la primera del nombre divino YHVH (véase también las secciones de La Rueda de la Fortuna y los Arcanos Menores). Los Yods simbolizan el apaciguamiento del espíritu perturbado, como si la luna nos generara reacciones profundas y después nos calmara, siempre que aceptemos lo que ocurre y no tratemos de luchar contra ello o negarlo.

En la mayoría de los mazos, empezando por el de Marsella, los animales miran hacia arriba, hacia la luna. En el de la Aurora Dorada, el de la izquierda mira hacia las aguas y la langosta. Este animal, que es más como una jaiba o langosta de agua dulce, simboliza las sensaciones, los miedos, los instintos de aquellas partes más antiguas del cerebro, hasta previas a la evolución del mamífero o, para recurrir a la gran frase de Waite, «lo que yace más profundo que la bestia salvaje». En la mayoría de las versiones, esta langosta de río está asomándose a medias, como un miedo primitivo que rumiamos por dentro pero nunca llega a ser plenamente consciente, porque no pertenece al cerebro consciente.

Algunos mazos dejan de lado a los animales pero sí tienen la langosta de río. El mazo Visconti, en su versión más antigua, no tiene ninguna de estas cosas, sino que nos ofrece a la diosa de la luna, Artemisa/Diana. Mi versión de la Tribu Luminosa pone el énfasis en los cielos —con la luna en cuarto creciente como el arco de Artemisa, las estrellas como la cuerda y el rayo como la flecha— que se ven sobre una triple formación montañosa que representa a la Diosa Alada. Algunos mazos cambian a la langosta de agua dulce por un cangrejo, el animal del signo lunar de Cáncer. Como el cangrejo no es una criatura de agua dulce, la mayoría de los mazos mantienen la langosta, como para subrayar que estas sensaciones profundas no proceden de una fuente vasta y omnímoda, sino de partes íntimas de nosotros mismos.

El estanque de agua nos recuerda que la luna rige las mareas (un efecto de la fuerza de gravedad). Las mareas que suben y bajan, junto con el cambio de luna nueva a creciente, a llena, a menguante y a oscura, nos dicen que la carta de La Luna simboliza los ciclos.

¿Y cuando La Luna aparece en las lecturas? He visto casos en los que significaba locura literalmente. Pero se trataba de situaciones en las que la insania era un problema y en que quien consultaba tenía que tomarlo con seriedad. En una escala menor de locura, La Luna puede indicar un pasaje difícil de la vida, en que se agitan emociones o miedos poderosos.

Entre los significados tradicionales también están las verdades a medias y los engaños, y no deberíamos pasar por alto esa posibilidad, en especial si hay otras cartas que lo apoyan. De un lado más positivo, podemos ver La Luna como los sueños, la intuición y el desarrollo psíquico. También significa sutileza y sensibilidad. A estas cualidades debemos convocarlas en cualquier lectura, pero especialmente cuando aparece La Luna.

También puede indicar situaciones cíclicas o repetitivas. En las otras cartas, así como en la situación de quien consulta, puede verse en qué punto del ciclo se encuentra la persona. En términos más sencillos, si

La Luna aparece en la posición adecuada, significa que está creciendo o avanzando, mientras que del revés sugiere una situación menguante.

En una lectura sobre estados de salud femeninos, La Luna puede aludir a cuestiones relacionadas con los ciclos menstruales o los órganos reproductivos. Las lecturas sobre salud siempre son delicadas y debemos abordarlas con precaución.

Si aparece invertida, La Luna puede indicar la idea de que algo está menguando o a punto de desaparecer. Para las personas propensas a los cambios de humor, puede significar depresión o simplemente un momento de tranquilidad y retraimiento. Esto se acentúa si La Luna aparece junto con El Ermitaño o La Suma Sacerdotisa, porque ambos están conectados con la luna. La Suma Sacerdotisa suele llevar un tocado lunar, mientras que el número de La Luna, el 18, se reduce a 9, El Ermitaño (1 + 8 = 9). De hecho, la correspondencia astrológica de la Aurora Dorada para La Suma Sacerdotisa es la Luna.

A veces, la carta invertida refuerza los aspectos más problemáticos, como los sueños perturbadores, la dificultad para aceptar las emociones o las capacidades de videncia fuera de control. Pero La Luna invertida también puede indicar un tiempo lunar que llega a su fin. ¿Cómo saber la diferencia? Deberían ayudarnos las otras cartas junto con la intuición. Si sale La Luna invertida y luego cartas como El Sol o el as de bastos, podemos decir que está terminando una fase lunar.

Una lectura basada en La Luna

1. ¿Qué hay en lo profundo?
2. ¿Qué lo sacude hasta despertarlo?
3. ¿Qué revelará?
4. ¿Cuál será el efecto?
5. ¿Cómo podemos utilizar esta energía?
6. ¿Qué la calmará?
7. ¿Qué luz refleja la luna?

Bono adicional: La luna aparece en más canciones que cualquier otro cuerpo celeste. Esta lectura puede hacerse al son de canciones sobre ella como *Moon River* (Río de luna) *o The Old Devil Moon* (La vieja luna del diablo).

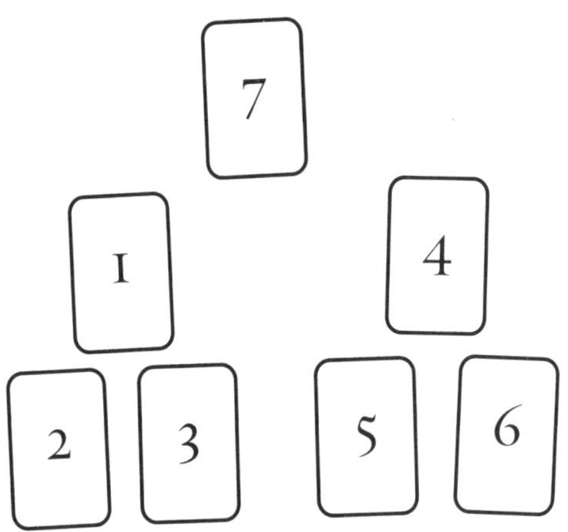
7
1
4
2
3
5
6

XVIII
LA LUNA

El Sol: 19
Correspondencia astrológica: Sol
Letra de la Kabbalah: ר Resh
Camino en el Árbol de la Vida: (Gloria) a Yesod (Fundación)

Cartas de El Sol de los mazos: Visconti, Marsella, Rider, Ritual de la Aurora Dorada, Egipcio y de la Tribu Luminosa

El Sol

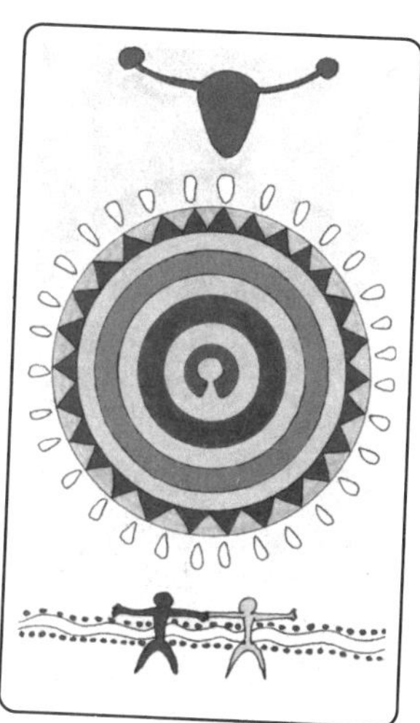

En el cuento de Rapunzel, después de que las lágrimas le curan los ojos al príncipe (véase la carta de La Estrella), él contempla un espectáculo asombroso. ¡Tienen hijos! Hay un niño y una niña juntos, concebidos en la torre y nacidos en los páramos silvestres, en el exilio. Quienes acostumbren a leer el tarot con la versión de la carta de El Sol del mazo Rider, donde hay un solo niño montado a caballo, quizá no se den cuenta de que el descubrimiento del príncipe forma la imagen clásica de la carta de El Sol de Marsella.

Según Paul Huson, Waite se inspiró en unos cuantos tarots de los siglos XVII y XVIII «del modelo belga»; o posiblemente, en la descripción de Lévi de esta carta como «un niño desnudo montado en un caballo blanco, que lleva un estandarte escarlata».

Para Waite, el caballo representaba el lado animal de nuestra naturaleza «en completa armonía» con el espíritu. La imagen de alejarse a caballo de un muro de piedra también transmite un sentimiento de liberación, un tema que encontramos con frecuencia en el mazo Rider.

Entonces, ¿por qué fijarnos en la imagen más antigua, la de Marsella? Yo diría que la respuesta está en ir más allá del dualismo. A lo largo de las cartas anteriores, hemos visto imágenes de separación, de masculino y femenino, luz y oscuridad. Comienza en La Suma Sacerdotisa, o hasta antes si pensamos en la androginia inocente de El Loco que se separa en masculino y femenino con El Mago y La Suma Sacerdotisa. En El Diablo, la separación parece alcanzar su límite y convertirse en una cadena de limitaciones. La Torre lo hace estallar y las aguas de la liberación se derraman en La Estrella. Necesitamos hacer nuestro camino de regreso a la vida cotidiana, viajando a través de la dualidad de sombras de las torres de La Luna, y del perro y el lobo, hasta que alcancemos El Sol de la conciencia clara.

Entonces, ¿por qué no solo el niño alegre, por separado? Porque esta imagen salta a El Juicio y a El Mundo. Yo lo veo así: en El Sol, vemos a un niño y una niña tomados de la mano. Simbolizan los dos principios que han permanecido separados a lo largo de las cartas anteriores. En El Sol de Marsella, ambos se unen y vemos figuras jóvenes, renovadas. Luego, en El Juicio, han madurado, y vemos un bebé entre ellos. Está de espaldas a nosotros, porque representa algo nuevo y desconocido, hasta para sí mismo. Por último, en la carta de El Mundo, una sola figura, que con frecuencia se describe como hermafrodita, nos mira de frente mientras baila en el espacio. Que El Sol nos muestre a un bebé cabalgando hacia nosotros me parece que confunde el simbolismo.

En la carta de El Sol de la Tribu Luminosa vemos figuras abstractas, una clara y otra oscura, que se unen en la parte inferior de la carta. Las mismas dos que habían aparecido en la parte inferior de El Mago, muy separadas entre sí. El camino punteado entre ellas simboliza el camino de la conciencia que recorre El Loco para unir los dos principios.

No pretendo que esta descripción de las últimas cartas se considere una verdad absoluta. Con demasiada frecuencia quienes leemos el tarot permitimos que una visión especial nos seduzca y nos haga creer que hemos encontrado la clave para una comprensión completa, no solo del tarot sino de «la vida, el universo y de todo» (para usar la satírica frase de Douglas Adams sobre la búsqueda de la verdad última).

Hay un problema con mi estructura esquemática y es que no todos los mazos de Marsella u otras versiones tempranas muestran un muchacho y una muchacha. Algunas muestran a dos muchachos. En la versión presentada aquí, son andróginos, y se hace difícil decir su género. Pero sin duda simbolizan la unión de los opuestos, porque el de la derecha lleva una tela roja y el de la izquierda, una azul. Los rayos del sol se alternan entre estos dos colores y el amarillo. En la tradición oculta, el amarillo es el color de la mente, a la vez que, claro, es el color del sol.

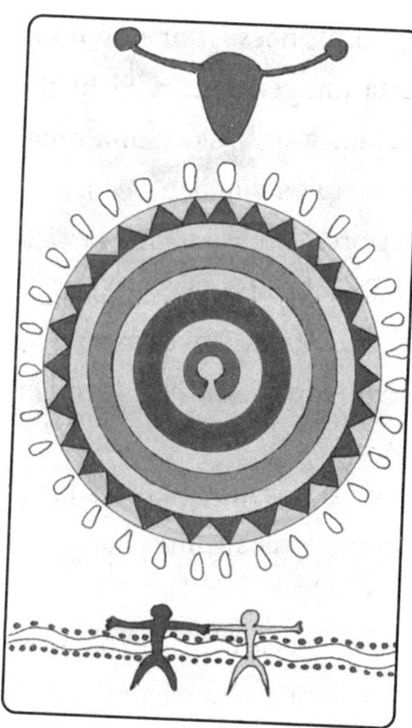

La Tribu Luminosa:
El Mago y El Sol

Alexandra Genetti, en su tarot de la Rueda del Cambio, identifica a los niños como Cástor y Pólux, hijos gemelos griegos de Leda y el Cisne y, por lo tanto, hermanos de Helena de Troya. Cástor y Pólux forman el signo de Géminis, que por lo general se relaciona con la carta de Los Amantes. Para Genetti, representan el nacimiento tanto del niño solar como de su sombra en el solsticio de invierno. Durante la primera mitad del año, crece la luz, reina el niño luminoso, solo para ser sacrificado luego como El Colgado en el solsticio de verano. Durante la siguiente mitad del año, a medida que los días se hacen más y más cortos, el niño oscuro, el Diablo, toma el control, hasta el solsticio de invierno, cuando los gemelos vuelven a renacer. Genetti basa su interpretación en la imaginería pagana de la Rueda del Año, e implica una reordenación de la numeración de las cartas. La reordenación no es ningún obstáculo. Ni siquiera sabemos cuál era la secuencia original anterior a Marsella, y fue la Aurora Dorada quien hizo el famoso cambio entre los números de La Fuerza y La Justicia.

Veamos las interpretaciones más antiguas.

Algunos significados que recibe El Sol

Extraído de *Los orígenes místicos del tarot*, de Paul Huson.

Cartomancia de Pratesi (1750): Día.

De Mellet (1781): El Sol. La Creación del Sol y la unión del hombre y la mujer.

Court de Gébelin (1773-1782): El Sol.

Lévi (1855): La letra hebrea Kaph. Un Sol radiante: compuestos, la cabeza, vértice, príncipe del cielo.

Christian (1870): Arcano XIX. La Luz Ardiente: la felicidad terrestre. En el mundo divino, el Cielo supremo; en el intelectual, la Verdad sagrada; en el físico, la Felicidad pacífica.

Mathers (1888): El Sol. Felicidad, alegría, júbilo. En posición invertida: todos estos en menor grado.

Aurora Dorada (1888-1896): Señor del Fuego del Mundo. Sol. Gloria, ganancias, riquezas, a veces también arrogancia. Invertida o con cartas maléficas: exhibición, vanidad.

Gran Oriente (Waite, 1889, 1909): Sol. Luz plena, felicidad intelectual y material, y terrenal, pero no alcanzada individualmente.

Waite (1910): El Sol. Felicidad material, matrimonio afortunado, satisfacción. Si aparece invertida: lo mismo en menor grado.

Pratesi habla de «día» para tener el equivalente de la «noche» de La Luna y, al igual que con la carta anterior, podemos preguntar qué significa la aparición de esta palabra en una lectura. De Mellet menciona la unión del hombre y la mujer, pero esta idea no parece seguirse demasiado. Lévi dice «príncipe del cielo», una idea a la que volveremos más adelante, pero esto tampoco parece haber inspirado a otros. En cambio, los significados se inclinan hacia la simple interpretación de la felicidad: satisfacción, riqueza y un buen matrimonio.

Cuando brilla el sol, hay alegría en el mundo, ¿verdad? ¿Verdad que tiene sentido? ¿Acaso no nos sentimos mejor cuando sale el sol? En los países desérticos, el sol puede traer la sequía y hasta la muerte. Pero en los climas nórdicos, el sol significa verano, florecimiento de las cosechas, placer.

Y la claridad. Aunque la lista no muestra este concepto, se ha vuelto parte de los significados modernos del sol y algo más que conocemos de nuestras vidas. Tenemos expresiones como «echar luz sobre el asunto» y «todo se aclarará por la mañana». Lo que parece extraño en la luz tenue y reflejada de la luna se vuelve simple y directo en el sol.

En el sistema de la Aurora Dorada, la letra hebrea para esta carta, Resh, significa «cabeza» y en la tradición se la considera la cabeza por delante, donde está situada la corteza cerebral, cuyas funciones son la racionalidad.

Para Grecia, el sol estaba vinculado a Apolo, el dios de la razón, el equilibrio, la civilización. Apolo tocaba la lira, instrumento de calma y proporciones matemáticas, si lo comparamos con las flautas salvajes de Pan (para mayor detalle sobre estos instrumentos, véanse las secciones de El Mago y El Diablo). Nietzsche acuñó el término «apolíneo» para la filosofía del arte que es mesurada y racional, en comparación con el relajo de Dioniso. Pero si nos apoyamos demasiado en esta visión de Apolo, puede que se nos escapen los aspectos más sutiles de la carta de El Sol. Apolo era el dios de la poesía y la profecía, y, a través de su hijo Asclepio, el dios del sueño chamánico y la sanación.

Las tantas culturas que identifican a la luna con lo femenino en general ven al sol como lo masculino. Los griegos los hicieron hermana y hermano, Artemisa y Apolo. Los cristianos posteriormente dejaron de lado la idea de una diosa luna pero asociaron al sol con Cristo, el príncipe de los cielos, en contraposición con Satán, que era «príncipe de este mundo». Esto parece retomar la idea de dualidad: los cielos le pertenecen a Dios, el mundo físico a Satán. El sol brilla tanto arriba como abajo.

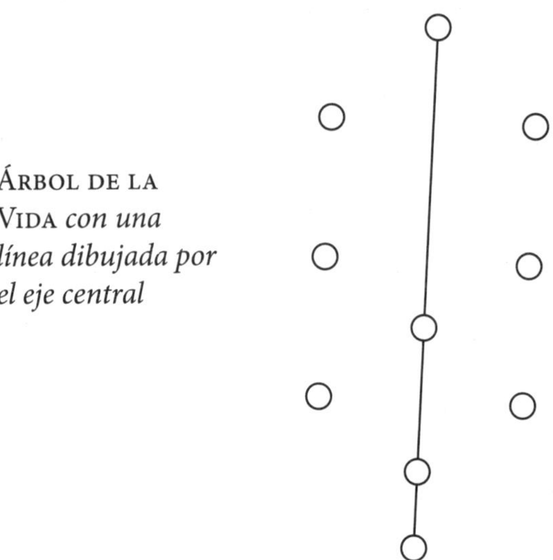

Árbol de la Vida *con una línea dibujada por el eje central*

La Aurora Dorada situaba El Sol en el centro del Árbol de la Vida, en la sefirá de Tipheret, o Belleza. El Sol quedaba asociado a los dioses que mueren y resucitan, que en general se ven como figuras de gran belleza, como el dios nórdico Balder o el amante de Afrodita, Adonis.

La columna central del árbol forma una línea directa desde la vida ordinaria en Malkuth, en la base, hasta la conciencia perfecta de Kether, en la cima. Al igual que la tercera fila de los Arcanos Mayores, este camino es sencillo en esencia. Desde el mundo físico de Malkuth, vamos al mundo mítico y onírico de la luna en Yesod, y luego vamos al sol en Tipheret. Desde esa luz, emprendemos el viaje más largo del árbol, directamente por el centro hasta Kether.

El número de El Sol nos da otra imagen de simplicidad: 19 se reduce a 10 (1 + 9), La Rueda de la Fortuna, pero 10 se reduce a 1, El Mago. Todo vuelve a lo básico. El Sol brilla en la rueda giratoria de nuestras vidas, pero dentro de estos acontecimientos reside la magia. El Sol es la primera de las tres cartas (o cuatro, si contamos a El Loco como carta 22) que se relacionan numerológicamente con otras dos cartas, pero solo El Sol lo hace de forma directa. Es decir, El Juicio, la carta 20, se reduce a 2, La Suma Sacerdotisa, y lo mismo ocurre con La Justicia, la carta 11. Tanto 21 como 12 se reducen a 3. Pero 20 y 11 no tienen conexión directa, ni tampoco 21 y 12; 19 va directamente a 10 y luego a 1. Tanto 21 como 12 se reducen a 3. Pero 20 y 11 no tienen conexión directa, ni tampoco 21 con 12; 19 va directamente a 10 y después, a 1.

La quinta tríada está formada por El Hierofante, El Colgado y El Sol. En el primer nivel, necesitamos la enseñanza y la tradición para guiarnos. Y aquí en el tercer nivel, experimentamos la luz directa y la belleza, como niños alegres. En el medio, viene la rendición y la inversión de El Colgado. En el mazo Rider, el halo que rodea el rostro del colgado ilumina la carta que está por debajo, o podríamos decir que es la luz del sol que ilumina el rostro del colgado.

* * *

En las lecturas, la carta de El Sol trae felicidad. Muestra un momento alegre, sencillo y satisfactorio. La sencillez es una de sus marcas principales, y si bien entre los significados tradicionales está la prosperidad, no se trata tanto de grandes riquezas como de disfrutar de la vida sin preocupaciones.

En las lecturas de salud, especifica buena salud en general. Si una persona ha estado enferma o en peligro, El Sol indica recuperación y felicidad. Y a un nivel muy literal, El Sol es la carta que querrás que aparezca si estás a punto de irte de vacaciones o hacer algo al aire libre.

El Sol también significa claridad, en especial cuando algo estuvo confundido. Si se ha ocultado alguna verdad o se han dicho mentiras, El Sol puede significar que los asuntos ocultos salen a la luz.

En el simbolismo del tarot, «lunar» significa «en dirección al interior, reflexivo y tranquilo», mientras que «solar» significa «en dirección al exterior, brillante y exuberante». Si aparecen ambas cartas (u otras relacionadas con ellas, como El Ermitaño o La Suma Sacerdotisa para La Luna, y El Mago o el cuatro de bastos para El Sol), mira con cuidado por si las cartas indican un cambio de una energía a la otra.

Cuando El Sol aparece invertido, pienso en la expresión de Waite, «lo mismo, en menor grado». Es como si El Sol portara una energía tan positiva, que no se da la vuelta ni se niega a sí mismo solo por salir en posición invertida. La frase «en menor grado» me hace pensar en cuando las nubes oscurecen el sol: la luz sigue brillando y nos da calor, pero no es tan brillante. La felicidad se mezcla con algo de tristeza, o hay alguna idea o algún asunto que no está tan claro.

Si El Sol aparece invertido con La Luna en posición correcta, la persona pasa de un estado solar a uno lunar.

Una lectura basada en El Sol

1. ¿Qué está claro en mi vida (o en un ámbito específico, como una relación o el trabajo)?
2. ¿Qué está nublado?
3. ¿Qué me ayuda a ver con claridad?
4. ¿Qué me confunde?
5. ¿Cómo puedo simplificar mi vida (situación)?

El Juicio: 20
Correspondencia astrológica: Plutón
Letra de la Kabbalah: ש Shin
Camino en el Árbol de la Vida: Hod (Gloria) a Malkuth (Reino)

Carta de El Juicio en los mazos: Visconti, Marsella, Rider, Ritual de la Aurora Dorada, Egipcio y de la Tribu Luminosa

El Juicio

Siempre me ha gustado esta carta, me encanta cada vez que aparece en una lectura. La veo como un cambio grande y positivo, un nuevo comienzo. Sin embargo, en los últimos años he descubierto que hay mucha gente que la ve de modo muy diferente. Leen la palabra «juicio» y suponen que alguien, por lo general ellos mismos, será juzgado, y en general con dureza. Sumemos a esto la escena de un ángel que toca un cuerno y los muertos que se levantan de la tumba, y se pondrán a recordar los sermones más temibles sobre el fuego del Infierno.

Se entiende esta reacción. De hecho, la imagen lleva ese título porque procede del mito cristiano de lo que pasará en el fin del mundo.

El ángel nos convocará y nos levantaremos de la tumba con el cuerpo para recibir el juicio de Dios. En el arte pictórico, esta escena se ha representado en forma de tríptico: el panel central muestra a los muertos resucitados, el de la izquierda a un pequeño grupo alegre que marcha por un camino florido hacia el Cielo, mientras que a la derecha un grupo más numeroso, con los brazos cruzados sobre el rostro en señal de miedo o vergüenza, que camina hacia una cueva ardiente, la entrada al Infierno, donde los demonios los esperan con sus horcas. Todo muy fuerte.

Pero en la imagen del tarot, ya sea en los mazos Visconti (por una vez, se parece a las versiones posteriores), Marsella, Rider, o el que sea. No se juzga a nadie. Nadie es enviado a ninguna parte. Los muertos se levantan en plan de celebración. En su extensa descripción de esta carta, Waite dice: «Todas las figuras son como una sola en estado de adoración, maravilla y éxtasis». Y luego agrega: «Que se siga representando con esta carta, para quienes no pueden ver más allá, el Juicio Final y la resurrección del cuerpo natural; pero para quienes tienen ojos interiores, que vean y descubran».

En el mazo de la Tribu Luminosa, con el fin de dejar muy en claro que no hay ningún juicio, titulé la carta «Despertar». El diseño de Waite añadió un segundo grupo de personas en el fondo, un cambio que Paul Foster Case vio con ojo crítico, porque consideraba que el hombre, la mujer y el niño originales eran suficiente simbolismo. Para mí, esta modificación sugiere que el cambio de conciencia no afecta solo a la persona, sino también a los demás. En mi versión, dejé en claro este punto al ambientar la escena en una ciudad moderna. Y aquí hay un poco de magia del arte del tarot: dibujé la imagen a mano alzada y después conté el número de algunos detalles. Allí descubrí que había hecho veintidós ventanas en la ciudad y veintidós rayos de sol alrededor de la cabeza del Espíritu.

La idea de despertar, como si viviéramos en un sueño, ha fascinado al esoterismo durante mucho tiempo. El maestro taoísta Chuang Tzu soñó con una mariposa que soñaba que era un hombre y se preguntó cuál sería la realidad. En los tiempos modernos, Gurdjieff convirtió el despertar en una de sus principales enseñanzas. Si despertamos de verdad, ¿será que el mundo se desvanece y surge una realidad totalmente distinta, como cuando despertamos de un sueño? Puede que sí. En mi libro *El viaje del tarot: Un paseo por el bosque de las almas* propuse que la teoría de la relatividad especial de Einstein afirma que la verdadera realidad es la luz, y que ciertas cosas en apariencia absolutas, como las dimensiones físicas y el tiempo, son en realidad relativas a la luz.

Y quizá la carta se refiera a un despertar de la conciencia. Creemos que actuamos deliberadamente en nuestra vida, pero con frecuencia lo hacemos por razones inconscientes o solo por costumbre, como robots o sonámbulos. Cuando despertamos, reclamamos nuestro libre albedrío con total conciencia.

Algo que siempre me ha gustado de El Juicio es la sensación de que el gran cambio ya se produjo en una persona (o en una situación), de que no es tanto que el ángel nos convoque sino que nos hace conscientes de algo.

Y vuelvo a Waite: «¿Qué hay dentro de nosotros que logra hacer sonar una trompeta y todo lo que es inferior en nuestra naturaleza se eleva para responder?». Más que ninguna otra carta, la de El Juicio no solo recomienda un cambio, sino que indica que las cosas ya han cambiado, y que la persona tiene que reconocerlo.

¿Qué dice el comentario histórico?

Algunos significados de El Juicio

Extraído de *Los orígenes místicos del tarot*, de Paul Huson.

Cartomancia de Pratesi (1750): Ángel, boda y acuerdo.

De Mellet (1781): El Ángel. La creación del hombre. Hombres y mujeres formados de la tierra, convocados por Osiris.

Court de Gébelin (1773-1782): La Creación o el Juicio Final.

Lévi (1855): La letra hebrea Resh. El Juicio. Principio vegetativo, virtud generadora de la tierra, vida eterna.

Christian (1870): Arcano XX. El Despertar de los Muertos: renovación. Representa el paso de la vida en la tierra a la vida del futuro. Signo del cambio que es el fin de todas las cosas, tanto del Bien como del Mal.

Mathers (1888): El Juicio Final. Renovación, resultado, determinación de un asunto. En posición invertida: aplazamiento del resultado, retraso, asunto reabierto más tarde.

Aurora Dorada (1888-1896): El Espíritu del Fuego Primordial. Juicio. Decisión final. Sentencia. Si aparece invertido: determinación de una materia sin apelación en su plano.

Gran Oriente (Waite, 1889, 1909): El Juicio Final. Resurrección, llamadas a lo nuevo, cambio en la faz de todo.

Waite (1910): El Juicio Final. Cambio de posición, renovación, desenlace. Otro relato más específico propone la pérdida total por una demanda legal. Si aparece invertido: debilidad, cobardía, simplicidad; también deliberación, decisión, sentencia.

Como hemos visto antes, los significados según Waite no reflejan su visión espiritual, aunque luego escribe con más compromiso cuando firma «Gran Oriente». De Mellet continúa su historia de la creación y añade que Osiris —que preside la resurrección— convoca al hombre y a la mujer creados de la tierra, una bonita mezcla de mito hebreo y egipcio. Una vez más, Paul Christian introduce los temas que luego serán centrales: el despertar, la renovación. El Bien acabará al igual que el Mal, porque en lugar de juzgarnos en función de los códigos morales humanos, la carta veinte nos lleva más allá del dualismo.

Mathers y la Aurora Dorada dan significados adivinatorios como «determinación de un asunto». Pero la imagen de la Aurora Dorada hace hincapié en que las posturas de las tres personas forman la letra Shin que acompaña a la carta.

* * *

Con sus tres puntas hacia arriba como llamas, la Shin representa el elemento fuego, al igual que el Aleph (El Loco) es aire y Mem (El Colgado) es agua. La palabra hebrea para Cielo, *sh/mayim*, consiste en la palabra para «agua», *mayim*, con un Shin añadido. Fuego y agua unidos = conciencia divina.

Veamos ahora la conexión entre El Juicio y La Justicia. La carta anterior nos dice que miremos la verdad de lo que somos, para equilibrar la balanza de nuestras vidas. En esta alegre carta posterior, aprendemos que nuestra existencia va más allá del equilibrio, más allá de lo que los economistas llaman «un juego de suma cero» —si alguien gana, otro tiene que perder—, hacia una creencia dinámica en la liberación, y más aún, en que toda existencia es algo que hay que abrazar.

Hay una visión ligeramente diferente: como mencioné antes, en una de mis clases un alumno había dicho que en El Juicio respondemos a la pregunta final de La Justicia, y solo una vez que podemos hacer esto nos levantamos de lo que sea que nos haya retenido. La Justicia y El Juicio se unen tanto en nombre como en número: 11 y 20 se reducen a 2, La Suma Sacerdotisa. Parte del conocimiento secreto de La Suma Sacerdotisa reside en la conexión de las dos cartas superiores.

El Juicio está por debajo de La Muerte en la sexta tríada: amor, muerte y resurrección.

Amamos y morimos. Es la verdad de nuestra vida. Si no podemos aceptar la muerte, puede que no nos permitamos amar. Pero el tarot nos dice que el amor y la muerte no son toda la verdad. Podemos abrir los ojos a la eternidad, y tal vez los oídos, porque «lo que suena dentro de nosotros» indica que escuchamos una música interior que solo nosotros podemos oír.

La imagen estándar muestra a un hombre, una mujer y un niño. En La Torre del mazo Rider, veíamos que el hombre y la mujer cambiaban de lugar con respecto a Los Amantes y El Diablo. La polaridad de adentro para afuera. Aquí podemos reconocer la trinidad fundamental de Padre-Madre-Hijo. En la mayoría de los mazos, vemos al niño solo de espaldas. Sea varón o mujer, ese niño representa algo nuevo que surge del viejo dualismo. En el sistema de Éliphas Lévi, El Loco se sitúa entre El Juicio y El Mundo. Me gusta pensar que va en ambos lugares, antes de todos los demás y justo antes del final.

Marsella:
Los Amantes,
La Muerte
y El Juicio

Quizás el niño nos muestra el renacimiento de El Loco como hijo de El Mago y La Suma Sacerdotisa.

Aleister Crowley rebautizó esta carta con el nombre de Eón y la llevó más allá de lo personal al concepto de Nueva Era (New Age). Un eón es una medida de tiempo precisa, 2160 años, una doceava parte del Gran Año que dura 25.920 años.

¿Qué significa esto para el tarot? Las cartas no tratan solo de nuestra vida y lo que nos sucede, sino que son un espejo del mundo. La astrología forma parte de ese espejo. El zodíaco gira y tiene doce signos. La cualidad de una era, o eón, proviene del signo en el que entra el sol en el equinoccio de primavera, el momento en que la luz y la oscuridad se equilibran, como la balanza de La Justicia, con un movimiento de más oscuridad a más luz. Alrededor de la época de Jesús, el sol entró en Piscis en el equinoccio, un cambio desde Aries y, antes de eso, de Tauro. Así, el mundo ha visto una era marcada por el terrenal Tauro, luego el ardiente Aries, más tarde el acuoso Piscis, y ahora llegamos a un nuevo tiempo con la cualidad de Acuario, un signo de aire. Para Crowley, el eón Pisciano era el tiempo de los dioses sacrificados, del sufrimiento y la resurrección. La Nueva Era, que él consideraba dedicada a Horus, hijo de Isis y Osiris, nos mostrará mayor cooperación, armonía e inventiva.

Volvamos a observar esa secuencia de luz de las últimas cartas de los Arcanos Mayores:

Oscuridad	Relámpago	Luz de estrellas	Luz de luna	Luz del sol	Luz del espíritu
El Diablo	La Torre	La Estrella	La Luna	El Sol	El Juicio

¿Y la carta final, El Mundo? A esa carta, podemos llamarla «la Carta del Yo».

En las lecturas, la carta veinte indica un nuevo comienzo. No recuerdo haber visto ninguna reelaboración de esta que enfatice que alguien, humano o divino, juzgue a otro. En cambio, vemos varias formas de elevación. Con esta carta, pienso con frecuencia que en algún nivel, por lo general por dentro de una persona pero a veces en circunstancias externas, el cambio ya se ha producido, y el desafío es reconocerlo. Una persona que ha permanecido mucho tiempo en un trabajo que odia se da cuenta de que ya se ha comprometido emocionalmente a dejarlo, pase lo que pase. Un escritor bloqueado vuelve a una novela inconclusa y sabe que responde a una llamada. Un alcohólico compra una botella de *whisky,* la mira y la descarta.

En todos estos ejemplos se implica algún modo de liberación. También podríamos ver a El Juicio cuando una pareja reaviva su matrimonio, o alguien que tuvo una desilusión con la experiencia espiritual redescubre la esperanza o el poder de la fe. Lo que más importa es la sensación de cambio dinámico.

El Juicio en posición invertida sugiere negación, miedo o duda. Oímos la trompeta que nos llama a abrazar una nueva existencia, pero no confiamos en ella todavía. Tal vez simplemente no sabemos qué hacer a continuación. O no queremos herir los sentimientos de alguien o avergonzarnos de nosotros mismos. Una vez conocí a una mujer que justo antes de casarse se dio cuenta de que no amaba a su prometido y no quería casarse con él. Pero no podía soportar la humillación de cancelar la boda, decirle a la gente que no viniera y decepcionar a su futuro esposo y a sus padres. Así que se casó con él y sufrió durante muchos años. A veces El Juicio en posición invertida nos advierte que nos quedamos estancados en algo porque no oímos «eso que suena dentro de nosotros», que nos dice que sigamos adelante.

Una lectura basada en El Juicio/Despertar

1. ¿Cuál es la pregunta oculta de la justicia?
2. ¿Cómo puedo responderla?
3. ¿Qué me llama a levantarme/convertirme en algo nuevo?
4. ¿En qué puedo convertirme?
5. ¿Cómo puede cambiar mi vida?
6. ¿Qué/quién cambiará a mi alrededor?
7. ¿Cómo estoy llamado a responder?

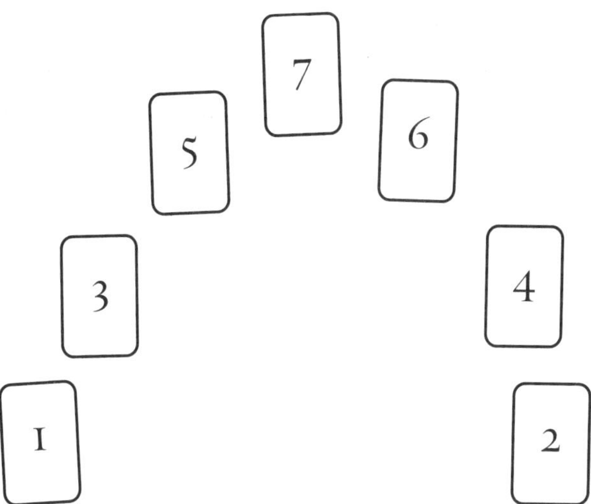

Una lectura de sabiduría basada en El Juicio/Despertar

1. ¿Quién es el ángel?
2. ¿Qué verdad revela?

El Mundo: 21
Correspondencia astrológica: Saturno
Letra de la Kabbalah: ת Tav
Camino en el Árbol de la Vida: Gevurah (Poder) a Tipheret (Belleza)

Carta de El Mundo de los mazos:
Visconti, Marsella, Rider, Ritual de la Aurora Dorada, Egipcio y de la Tribu Luminosa

El Mundo

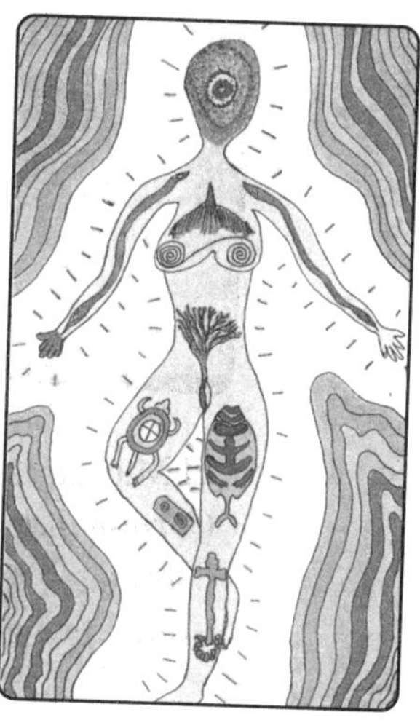

¡Qué imagen maravillosa! Una bailarina alegre, libre, grácil en medio del cosmos. Esta imagen de plenitud aparece en varias culturas. A veces se ve así al dios hindú Shiva, y también a la diosa Kali. Quienes practican la Kabbalah han imaginado la creación inicialmente como un único hombre perfecto llamado Adam Kadmon, y aunque no se lo representa en una pierna, sí está con los brazos extendidos a ambos lados.

Hace unos años, visité la Iglesia del Santo Sepulcro en Jerusalén, construida en el lugar donde, según la tradición, Cristo resucitó de entre los muertos. Por dentro, había un pequeño santuario con una puerta baja, había que agacharse para entrar.

Círculos que se superponen para crear una *mandorla*

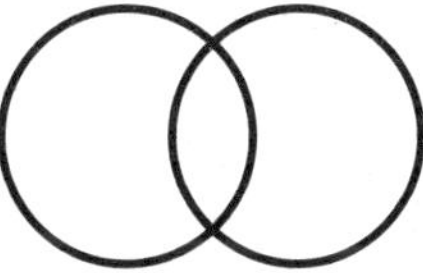

Por encima de la puerta había un cuadro de Cristo colgado, y salvo porque era un hombre en lugar de una mujer, era la misma imagen de la bailarina de la carta de El Mundo, con una faja alrededor de la ingle y dando giros hacia el cielo.

En el estudio de la historia del tarot, se cita esta imagen iconográfica como la fuente concreta de la carta de El Mundo, y se dice que originalmente la figura era Cristo. Lo que ahora aparece alrededor del cuerpo, como una guirnalda, en los mazos modernos era una mandorla, una figura en forma de almendra que se forma en la intersección de dos círculos.

Los círculos simbolizan la intersección del Cielo y la Tierra, mientras que la mandorla entre ellos representa el vientre de María.

De hecho si el mundo se originó como imagen de la resurrección de Cristo, ¿cómo apareció en una carta? ¿Y cómo cambió de género? La carta de El Mundo me parece uno de los desafíos a la visión de que el tarot se originó solo como juego, ya que parece un juego de significado espiritual. En cuanto a la segunda pregunta, hay una teoría que afirma que la impresión tosca hizo que una figura originalmente masculina pareciera tener unos senos pequeños, por lo que en la impresión posterior se asumió que era femenina. ¿Significa esto que no habrían reconocido una imagen estándar del Dios cristiano? Tal vez. Ya ha sucedido antes que con el error humano se produjeran símbolos poderosos. En cierto sentido, toda la tradición brillante del tarot oculto empieza con la creencia errónea de que las cartas provienen del antiguo Egipto.

Para nuestro objetivo no importa el origen exacto. A estas alturas del libro, quedará claro que yo no considero al tarot atado a su origen histórico ni a las intenciones de sus diseñadores originarios.

También es posible ver que la versión más antigua, la de Visconti, no se parece en nada a la imagen que conocemos del mazo Marsella. Una vez escuché decir que el tarot de Marsella es, de hecho, el verdadero tarot, y todos los mazos anteriores, incluido el de Visconti, son sus precursores. Entiendo este punto de vista, pero mi pregunta es: ¿por qué detenerse en el tarot de Marsella? ¿Por qué no describir el «verdadero» tarot como el de Rider, o el de Thoth, o el de la Tribu Luminosa o cualquier otro mazo moderno? Quizás el título de esta última carta del triunfo, El Mundo, nos recuerde que en verdad el tarot consiste en la totalidad de todos los mazos y todas las interpretaciones. El único tarot «auténtico» tendría que incluir al mundo entero, se convertiría en El Mundo.

En la sección sobre El Mago, vimos que un significado histórico primitivo se dio la vuelta en el enfoque de lo oculto, pero aun así ambos tienen sentido. Con El Mundo vemos diferentes interpretaciones solo dentro de la tradición esotérica. La Aurora Dorada colocó la carta en el camino final del árbol, de Yesod a Malkuth, del reino lunar al terrenal. Esto sitúa la carta en el punto más bajo, más alejado de lo espiritual.

Es de esperarse que yo no esté de acuerdo con algo así. Para mí, El Mundo representa la culminación, sin las limitaciones del dualismo o la ignorancia. Prefiero el punto de vista de Éliphas Lévi, que lo ve no como «el camino» más bajo, sino «la sefirá» más alta, Kether, la sefirá de luz pura que contiene toda la existencia.

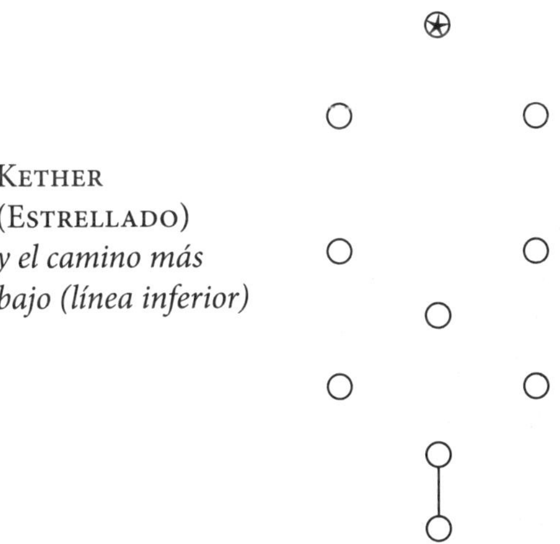

KETHER (ESTRELLADO) *y el camino más bajo (línea inferior)*

Astrológicamente, la Aurora Dorada le atribuye la carta de El Mundo a Saturno. Este planeta es visible en el cielo sin telescopio. En el ordenamiento de las cosas tiene sentido que la última carta reciba el último planeta (Urano, Neptuno y Plutón no estaban incluidos en el sistema original de la Aurora Dorada, pero sí se incluyen en una revisión posterior). Saturno significa las limitaciones y la mortalidad. Vimos que la carta de El Ermitaño probablemente derivaba de la imagen de Saturno como un anciano que sostiene un reloj de arena. Quienes trabajan con este sistema ven en la imagen de la bailarina la forma en que un bailarín utiliza la disciplina para que parezca que el cuerpo se libera de la gravedad (y le agradezco a Laura Triana por esta imagen).

Para mí, la carta de El Mundo no solo supera los límites sino que los trasciende para mostrarnos una visión de la existencia plenamente realizada. ¿Qué haría con ella astrológicamente? Quizá represente al cosmos en su integración, más que a una sola parte de él. Pero eso sería reordenar al menos parte de la estructura, y no intentaré hacer eso aquí. En la versión de la carta de El Mundo de la Tribu Luminosa intenté transmitir esa sensación de figura cósmica. El rostro del personaje irradia círculos de energía, y su cuerpo contiene imágenes de mitos, animales y construcciones humanas sagradas. En lugar de cuatro animales en las esquinas, hay ondas de color, lo cual sugiere los misterios más allá de la creación.

¿Qué dice el comentario histórico sobre esta carta?

Algunos significados que recibe El Mundo

Extraído de *Los orígenes místicos del tarot*, de Paul Huson.

Cartomancia de Pratesi (1750): Largo viaje.

De Mellet (1781): El Mundo. El universo, representado por Isis y las cuatro estaciones.

Court de Gébelin (1773-1782): El tiempo o el Mundo.

Lévi (1855): La letra hebrea Tau. Kether o la corona de la Kabbalah: en el medio de la corona está la Verdad con una vara en cada mano. El microcosmos, la suma de todo.

Christian (1870): Arcano XXI. La Corona de los Magos: la recompensa. Este es el arcano supremo del Magismo y está representado por una guirnalda de rosas doradas que rodea una estrella alrededor de la cual se sitúan, a igual distancia, las cabezas de un hombre, un toro, un león y un águila. Es el signo con el que se adorna el Mago cuando alcanza el más alto grado de iniciación y así adquiere un poder que solo se ve limitado por su propia inteligencia y sabiduría.

Mathers (1888): El Universo. Completitud, ser bien recompensado. Si aparece invertido: recompensa.

Aurora Dorada (1888-1896): El Grande de la Noche de los Tiempos. Universo. La materia en sí. Síntesis. Mundo. Reino. Muchas veces denota el tema de la pregunta en concreto, y depende enteramente de las cartas que la acompañan.

Gran Oriente (Waite, 1889, 1909): El Mundo. La gloria del mundo bajo los poderes de la providencia suprema, la suma de las cosas manifiestas; conclusión de cualquier tema.

Waite (1910): El Mundo. Una de las peores explicaciones al respecto es que la figura simboliza al Mago cuando ha alcanzado el grado más alto de iniciación. Éxito asegurado, recompensa, viaje, ruta, emigración, huida, cambio de lugar. Si aparece invertido: inercia, fijación, estancamiento, permanencia.

Tras el «largo viaje» de Pratesi —¿será alrededor del mundo?— descubrimos que, por una vez, el significado místico de la carta está presente en toda ella. De Mellet utiliza un término que Aleister Crowley titulará más tarde, «el universo», como para dejar claro que «mundo» significa todo y no solo nuestro planeta. También relaciona a la bailarina con Isis, la diosa suprema en la tradición hermética, y relaciona las figuras de las esquinas con las estaciones (véase la sección de La Rueda de la Fortuna para un detalle sobre las fuentes y los significados astrológicos de las cuatro estaciones).

Lévi asocia la carta de El Mundo con Kether y «la suma de todo», pero también el microcosmos, el ser único que contiene al cosmos, el Adam Kadmon de la Kabbalah. Paul Christian lo llama «el arcano supremo» y lo ve como el logro personal del Mago, porque para Christian los Arcanos Mayores pueden verse como el desarrollo del Magus. Con el desdén que lo caracteriza, Waite se refiere a esto como «una de las peores explicaciones», sin decir por qué.

Mathers introduce el tema más común dentro del ámbito de lo adivinatorio: «ser bien recompensado» o éxito junto con «culminación». Con su propio nombre, Waite también hace referencia al éxito y, en un guiño inconsciente fascinante a la cartomancia anónima de Pratesi (que no se conocía en la época de Waite), incluye los viajes. Bajo el seudónimo de «Gran Oriente», Waite da significados más profundos, y parafrasea a Lévi cuando hace referencia a «la suma de las cosas manifiestas», una idea que es, en realidad, mucho más limitada que «todas las cosas».

A veces hay una división en el mundo del tarot entre la espiritualidad y las lecturas. Es otro tipo de dualismo, y con él se debilitan ambas partes, porque si los «significados» no derivan de la verdad de los símbolos, ¿qué nos dicen realmente? Y si esa verdad queda al margen de la práctica del tarot, ¿cómo podemos encontrarla en nuestras vidas? Gran parte del tarot moderno intenta sanar esta división. Esa curación, *tikkun olam* para usar la frase de la Kabbalah, trae a la vida al mundo.

Algunas personas identifican a la bailarina con la idea alquímica del hermafrodita divino. Si masculino y femenino significan la dualidad fundamental, entonces un ser que encarna ambos se convierte en la completitud. Esta idea antiquísima se encuentra, entre otras fuentes, en los mitos griegos y hebreos. La palabra «hermafrodita» combina Hermes y Afrodita, modelos griegos de la sexualidad masculina y femenina, pero también de la mente y la emoción, los sefirot siete y ocho del Árbol de la Vida.

Platón afirma que los seres humanos se originaron de la unión de dos personas, ya sea un hombre y una mujer, como dos hombres o dos mujeres (lo que importa es el hecho de que sean dos, no el género). De esta manera, los seres humanos se volvieron autosuficientes y, por eso, Zeus los separó; y ahora cada uno de nosotros busca la mitad que le falta, su «alma gemela» como suele decirse.

En la Kabbalah se enseña que ese ser original, Adam Kadmon, era hermafrodita, y que también lo era Dios; como lo expresa la frase del Génesis «varón y hembra los creó», en la que «varón y hembra» se refiere tanto a Dios como a los humanos. Cuando este humano original comió del árbol del conocimiento del Bien y del Mal, que es dualismo, se produjo una escisión, no solo en la humanidad, sino también en Dios. Y así, la Shekinah, el aspecto femenino de lo divino, se separa del Rey, el aspecto masculino, y se exilia con los seres humanos. Como es arriba, es abajo. Para «sanar el mundo», debemos convertirnos en seres completos. Podríamos describir esto como la búsqueda de El Loco. Algunos ven a la bailarina de la carta de El Mundo como la propia Shekinah, pero —o quizá «también»— podamos verla como la divinidad hembra y macho reunidos.

Hay otra forma de ver la idea de una escisión primordial de la conciencia. Un ser único no puede conocerse plenamente a sí mismo y por eso se divide en masculino y femenino para tener una experiencia de diálogo. Del mismo modo, el espíritu no «cae» en la materia, sino que entra en ella voluntariamente. En la imagen del mazo Rider, El Loco baja del acantilado para conocer la vida y pasar por los diferentes escalones hacia el mundo con una conciencia hasta entonces desconocida. (Para más información sobre estas ideas véase mi libro *The Forest of Souls*, «El bosque de almas», donde escribí sobre el resultado que obtuve de pedir a las cartas que me mostraran la lectura que le dieron a Dios para crear el universo).

Aunque la imagen habitual muestra a una mujer, en el simbolismo sutil se implica al hermafrodita. El número 21 combina el 2 y el 1, La Suma Sacerdotisa y El Mago. En los mazos Marsella y Rider la bailarina tiene la varita del mago, el símbolo de lo masculino, pero en cantidad doble, como los pilares femeninos de La Suma Sacerdotisa.

RIDER: *El Colgado y El Mundo*

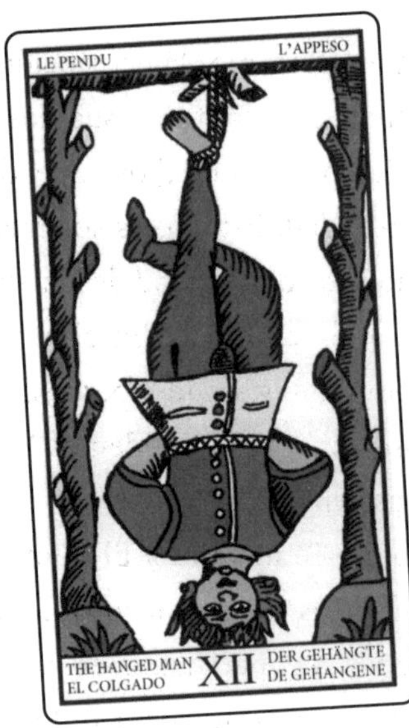

MARSELLA: *El Colgado y El Mundo*

El número 21 es el 12 al revés, o invertido. Si viramos la carta doce y la ponemos boca arriba veremos a El Colgado, casi la misma imagen que en la carta de El Mundo.

Ambas figuras contienen el Árbol de la Vida en el cuerpo. Para El Mundo, encontramos a Kether, 1, en el rostro; Hokhmah y Binah, 2 y 3, en los hombros; Chesed y Geburah, 4 y 5, en las manos; Tipheret, 6, en el centro del cuerpo; Netzach y Hod, 7 y 8, en la rodilla y el pie de la pierna izquierda horizontal; Yesod, 9, en la rodilla derecha y Malkuth, 10, en el pie derecho.

¿Cuál es, entonces, la diferencia entre El Colgado y El Mundo? Mientras que El Colgado debe dar vuelta el pensamiento convencional y ponerlo del revés, El Mundo ve con claridad la realidad. Mientras que El Colgado se ata a valores espirituales, El Mundo baila libremente.

Y el 21, al igual que el 12, se reduce a 3 (2 + 1 = 3). La carta tres, La Emperatriz, nos mostraba a la naturaleza como la Gran Madre. Las palabras «madre» y «materia» proceden ambas del latín *mater*. En El Mundo, nosotros mismos nos convertimos en la unión de espíritu y materia, Arriba y Abajo.

Dicho de otro modo: con La Emperatriz vimos la percepción de que el mundo, con todos sus miles de millones de criaturas, sus ríos y montañas, el cielo y las estrellas, era originalmente una diosa que, de algún modo, se desintegró para formar la realidad. Esto no es solamente una historia que busca explicar la variedad y la complejidad de la naturaleza. Procede de una conciencia inconsciente de unidad. En el mundo podríamos describir ese ser original como lo restaurado, pero en realidad la restauración ocurre dentro de nosotros, cuando podemos hacer que lo que era inconsciente se vuelva consciente.

La tríada de 7, 14 y 21 (El Carro, La Templanza y El Mundo) simboliza tres «victorias»: la primera sobre los retos de la vida, la segunda sobre nuestros miedos y limitaciones, en particular el miedo a la muerte, y por último, la victoria que se produce para todos cuando cualquier persona alcanza una auténtica comprensión espiritual. En la tradición budista, cuando Gautama se iluminó bajo el árbol Bodhi, toda la naturaleza y todos los dioses lo celebraron. En El Mundo, el yo da paso finalmente al Ser, al sentido de toda la existencia como un único ser radiante.

* * *

¿Debemos acaso dejar de lado estas ideas tan poderosas cuando aparece la carta en las lecturas? Desde ya que hay muy pocas lecturas en las que diríamos a quien consulta: «Te convertirás en un ser cósmico y restaurarás un universo roto». Al mismo tiempo, no es necesario reducir la carta a cuestiones tan mundanas como «recompensa, viaje» como hace Waite. ¿Será que podemos evocar la perfección de la carta sin dejar de lado la prosperidad y las relaciones?

Siempre me regocijo cuando veo aparecer la carta de El Mundo en una lectura. Cualquiera sea la pregunta, esta promete un resultado maravilloso. Y puede que sugiera un gran avance, alguna comprensión poderosa que lleve a la plenitud y a la libertad.

A veces, la carta puede indicar reconocimiento, como si fuese que El Mundo se fija en alguien. Más que nada es una promesa de éxito.

Hay quienes ven a El Mundo como el completarse un ciclo, que empieza de nuevo con El Loco. También en este caso, la carta mostraría satisfacción y un sentimiento de plenitud.

Si aparece invertida, la carta de El Mundo no significa desastre o fracaso, sino estancamiento. La felicidad o satisfacción llegará con demora. También puede significar una estructura firme, como si las situaciones permanecieran invariables en lugar de transformarse o de dar paso a algo nuevo. No todas las personas consideran esto como algo negativo. Hace unos años, una amiga pasaba por un momento muy inestable en su vida en casi todos los ámbitos, y le gustaba pensar en la carta de El Mundo invertida porque prometía estabilidad. Encontraba que en ese momento su mundo estaba tan revuelto que no quería más sorpresas.

Una lectura basada en El Mundo

Puede hacerse como lectura de sabiduría o personal.

Se basa en cartas elegidas al azar del tarot de la Tribu Luminosa. Las cartas del listado no son las respuestas sino las preguntas. Dado que la carta de El Mundo teóricamente contiene a todas las demás, me pareció apropiado mezclar el mazo, elegir algunas cartas y ver las preguntas que me sugerían.

1. La Suma Sacerdotisa
   ¿Cuál es la verdad interior?

2. La Estrella
   ¿Qué esperanza promete?

3. La Luna
   ¿Qué viaje debemos emprender?

4. Despertar
   ¿Qué gran cosa despierta?

5. El Don de los Ríos
   ¿Cuál es el don?

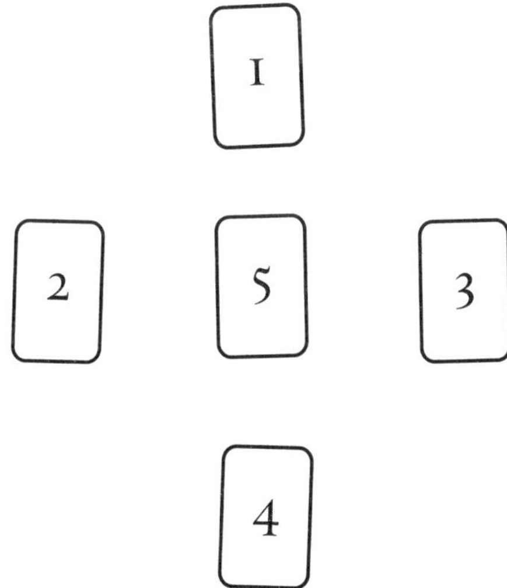

XXI
EL MUNDO

Bibliografía

Amaral, Geraldine y Cunningham, Nancy Brady (1997), *Tarot Celebrations*, Red Wheel / Weiser, York Beach.

Amberstone, Ruth Ann y Amberstone, Wald (2008), *The Secret Language of Tarot*, Red Wheel / Weiser. San Francisco.

Anonymous (1985), *Meditations on the Tarot,* Element Books Ltd. Nueva York.

Banzhaf, Hajo (2011), *El Tarot y el viaje de Héroe,* Edaf, Madrid.

Boer, Charles (1970), *The Homeric Hymns,* Swallow Press. Chicago.

Braden, Nina Lee (2002), *Tarot for Self Discovery,* Llewellyn Publications.

Butler, Bill (1975), *The Definitive Tarot*, Rider and Company, Londres.

Calasso, Roberto (1990), *Las bodas de Cadmo y Harmonía*, Anagrama, Barcelona.

Calvino, Italo (1976), *The Castle of Crossed Destinies,* Harcourt Brace Jovanovich, Nueva York.

Case, Paul Foster (1947), *The Tarot: A Key to the Wisdom of the Ages,* Macoy Publishing Company, Nueva York.

Cavendish, Richard (1975), *The Tarot,* Crescent Books, Londres.

Chatwin, Bruce (2015), *Los trazos de la canción,* Ediciones Península, Barcelona.

Critchlow, Keith (1980), *Time Stands Still,* St. Martin's, Nueva York.

Crowley, Aleister (2006), *El libro de Thoth,* Luis Cárcamo Editor, Madrid.

D'Agostino, Joseph (1976), *Tarot: The Royal Path to Wisdom,* Samuel Weiser, Nueva York.

Decker, Ronald, De Paulis, Thierry, y Dummett, Michael (1996) *A Wicked Pack of Cards,* St. Martin's, Nueva York.

Dillard, Annie (1999), *For the Time Being,* Knopf, Nueva York.

Douglas, Alfred (1976), *El Tarot,* Bruguera, Barcelona.

Dummett, Michael (1980) *The Game of Tarot,* U.S. Games Systems, Londres.

Dummett, Michael, y Decker, Ronald (2001), *A History of the Occult Tarot,* International Publishers Marketing, Nueva York.

Dunn, James David (2008) *Window of the Soul,* Red Wheel/Weiser.

Eliade, Mircea (2007), *El Chamanismo y Las Tecnicas Arcaicas del Extasis*, Fondo Cultura Económica, Madrid.

Fairfield, Gail (1998), *Cómo tomar decisiones con el tarot,* Urano, Barcelona.

Gettings, Fred (1993), *Tarot: How to Read the Future*, Chancellor Press, Londres.

Giles, Cynthia (1992), *The Tarot: History, Mystery, and Lore*, Paragon House, St. Paul, Minnesota.

Giles, Cynthia (1996), *The Tarot: Methods, Mastery, and More,* Simon & Schuster, Nueva York.

Gray, Eden (1960), *The Tarot Revealed*, Inspiration House,

Greer, Mary K. (2006), *21 Ways to Read a Tarot Card*, Llewellyn Publications, Woodbury, Minnesota.

Greer, Mary K. (2002), *The Complete Book of Tarot Reversals*, Llewellyn Publications, Woodbury, Minnesota.

Greer, Mary K. (1995), *Women of the Golden Dawn*, Park Street Press, Rochester, Vermont.

Greer, Mary K. (2021), *El tarot, un viaje interior*, Sirio, Málaga.

Guilley, Rosemary Ellen, y Robert M. Place (1995), *The Alchemical Tarot*, Thorsons, Londres.

Haich, Elizabeth (2002), *La sabiduría del tarot*, Luciérnaga, Barcelona.

Hazel, Elizabeth (2004), *Tarot Decoded: Understanding and Using Dignities and Correspondences*, Weiser Books.

Huson, Paul (2004), *Mystical Origins of the Tarot*, Destiny Books, Rochester, Vermont.

Huson, Paul (1971), *The Devil's Picturebook*, G. P. Putnam's Sons, Nueva York.

Kaplan, Stuart (1978, 1986, 1990, 1999), *The Encyclopedia of Tarot*, U.S. Games Systems, Stamford, Connecticut, Vols. 1-4

Kerenyi, Carl (2004), *Eleusis: Imagen arquetípica de la madre y la hija*, Siruela, Madrid.

Kerenyi, Carl (1951), *Los dioses griegos*, Atalanta, Vilaür.

Kliegman, Isabel Radow (1997), *Tarot and the Tree of Life*, Quest, Coral Gables, Florida.

Knight, Gareth (1986), *The Treasure House of Images*, The Aquarian Press, Detroit.

Knight, Gareth (2019), *Guía práctica del Simbolismo Cabalístico*, Equipo Difusor del Libro, S.L., Madrid.

Lao Tzu (1989), *The Tao Te Ching*, trans. Gia-Fue Feng and Jane English, Vintage.

Lotterhand, Jason C. (1989), *The Thursday Night Tarot*, Newcastle Publishing, ***

Mathers, S. L. MacGregor (1993), *The Tarot: A Short Treatise on Reading Cards*, Samuel Weiser,

Matthews, John (2002) *At the Table of the Grail*, Watkins Publishing, Londres.

Maxwell, Joseph (1997) *El Tarot*, Editorial Antiqua Sapienta, Pontevedra.

Moakley, Gertrude (1966) *The Tarot Cards Painted*, Biblioteca Pública de Nueva York.

Moore, Daphna (2007) *The Rabbi's Tarot*, Hughes Henshaw Publications, Palm Bay.

O'Neill, Robert V. (1986), *Tarot Symbolism*, Fairways Press, Ohio.

Opsopaus, John (2001) *Guide to the Pythagorean Tarot*, Llewellyn Publications, Saint Paul.

Papus (1986) *El tarot de los bohemios*, Edicomunicación, Barcelona.

Patai, Raphael (1967) *The Hebrew Goddess*, Avon Books, Nueva York.

Payne-Towler, Christine (1999) *The Underground Stream: Esoteric Tarot Revealed*, Noreah Press.

Place, Robert M. (2005), *The Tarot: History, Symbolism, and Divination*, Tarcher/Penguin, Nueva York.

Pollack, Rachel (2004) *The Kabbalah Tree: A Journey of Balance & Growth*, Llewellyn Publications, Saint Paul.

Pollack, Rachel (2005) *Seeker: The Tarot Unveiled,* Llewellyn Publications, Saint Paul.

Pollack, Rachel (2003) *The Forest of Souls: A Walk Through the Tarot,* Llewellyn Publications, Saint Paul.

Pollack, Rachel (2024), *El viaje del tarot,* Diana, Barcelona.

Pollack, Rachel (1999), *Complete Illustrated Guide to the Tarot,* Element, Boston.

Pollack, Rachel (1989), *The New Tarot,* Aquarian, Wellingborough.

Pollack, Rachel (2012), *Los setenta y ocho grados de sabiduría del tarot,* Urano, Bracelona.

Pollack, Rachel (2001), *Shining Tribe Tarot,* Llewellyn Publications.

Pollack, Rachel (1994), *Shining Woman Tarot,* Thorsons, Londres.

Pollack, Rachel (1989), *El tarot del laberinto abierto*, Urano, Barcelona.

Pollack, Rachel, y Matthews, Caitlin (1989) *Tarot Tales,* Legend, Londres.

Regardie, Israel (2002), *The Golden Dawn: The Original Account of the Teachings, Rites & Ceremonies of the Hermetic Order,* Llewellyn Publications, Woodbury.

Sadhu, Mouni (1994), *El tarot: concurso contemporáneo de la quinta esencia del ocultismo hermético,* Editorial Kier, Buenos Aires.

Scholem, Gershom (2012), *Las grandes tendencias de la mística judía,* Ediciones Siruela, Madrid.

Scholem, Gershom (2006), *Lenguajes y Cábala*, Ediciones Siruela, Madrid.

Schwartz, Howard (2004), *Tree of Souls: The Mythology of Judaism,* Oxford University Press.

Thomson, Sandra A. (2003), *El corazón del tarot*, St. Martin's Griffin, Madrid.

Waite, Arthur Edward (1911), *The Pictorial Key to the Tarot*, William Rider and Son.

Wang, Robert (1983), *The Qabalistic Tarot: A Textbook of Mystical Philosophy*, Samuel Weiser, Inc.

Wang, Robert (1978), *An Introduction to the Golden Dawn*, Aquarian Press.

Williams, Brian (1994), *A Renaissance Tarot: A Guide to the Renaissance Tarot*, U. S. Games Systems, Inc.

Williams, Charles (1932), *The Greater Trumps*, Victor Gollancz.

Wilson, Peter Lamborn, Christopher Bamford, y Kevin Townley (2007), *Green Hermeticism: Alchemy and Ecology*, Lindisfarne Books.

Wirth, Oswald (1990), *The Tarot of the Magicians*, Samuel Weiser, Inc.